校企合作职业本科教育精品教材

经济学基础

主审　许　鹏
主编　郝海霞　杨泽伟

时代出版传媒股份有限公司
安徽科学技术出版社

图书在版编目(CIP)数据

经济学基础 / 郝海霞，杨泽伟主编. --合肥：安徽科学技术出版社，2025.1. -- ISBN 978-7-5337-9255-8

Ⅰ.F0

中国国家版本馆 CIP 数据核字第 2025F594H6 号

JINGJIXUE JICHU

经济学基础　　　　　　　　　　　　主编　郝海霞　杨泽伟

出版人：王筱文　　　　选题策划：王 利　　责任编辑：王丽君
责任校对：张晓辉　王一帆　　责任印制：梁东兵　　装帧设计：北京金企鹅
出版发行：安徽科学技术出版社　　　　http://www.ahstp.net
（合肥市政务文化新区翡翠路 1118 号出版传媒广场，邮编：230071）
电话：（0551）63533330
印　　制：北京时代华都印刷有限公司　　电话：（010）61015014
（如发现印装质量问题，影响阅读，请与印刷厂商联系调换）

开本：787×1092　1/16　　　印张：21.75　　　字数：503 千
版次：2025 年 1 月第 1 版　　印次：2025 年 1 月第 1 次印刷

ISBN 978-7-5337-9255-8　　　　　　　　　　　　　定价：59.80 元

版权所有，侵权必究

前言

在当今这个快速变化且高度互联的世界里，经济学作为一门研究资源配置、生产、分配和消费等经济活动规律的社会科学，其重要性愈发显著。无论是国家的政策制定、企业的战略规划，还是个人的理财决策，都离不开对经济学原理的深入理解和应用。经济学基础是中华人民共和国教育部规定的职业本科院校财经商贸类专业的一门重要专业基础课，对于从事财经商贸工作的相关人员而言，也是必备的基础知识。

随着科学技术与经济的快速发展，经济学的理论与实践需要不断与时俱进，进行总结与完善。因此，我们依托国内外经济学研究的新成果，结合我国经济发展的实际情况，组织编写了本书。本书内容与我国经济发展实践同步更新，旨在帮助学生构建起经济运行原理的基本思维框架，培养运用经济学理论解决现实经济问题的能力，使他们能够正确分析、判断国家主要经济政策及其产生的经济效果，并充分认识到新发展理念的重要现实意义，从而为学生的经济思维培养、决策能力提升，以及未来职业生涯发展和社会责任履行奠定坚实的基础。

整体而言，本书具有以下特点。

春风化雨，立德树人

党的二十大报告指出："育人的根本在于立德。"本书有机融入党的二十大精神，积极践行"立德树人"的教育理念，以培养学生正确的世界观、人生观和价值观为己任，设置了"素养之窗""经济指南"等特色模块，传承中华优秀传统文化，同时弘扬科技强国理念、创新发展精神、终身学习意识等主旋律，培养学生的爱国主义情怀，引导学生树立正确的价值追求，养成规范的行为习惯，促进学生实现专业知识、实践能力、综合素养"三位一体"的融合发展。

校企合作，职业引领

本书由一线"双师型"教师与企业人员合作编写而成，聚焦经济学的理论与实践，紧跟时代发展的步伐，体例设计充分考虑教学大纲要求与企业人才需求，提升了教材的职业属性。同时，本书精选案例，并按照学生的认知特点和认知水平精心设计任务实施、项目实训等实践环节，注重内容的针对性、实用性和可操作性。

通俗易懂，实用性强

在编写本书的过程中，我们秉持着"简化理论，强化应用"的原则，力求将经济学的核心概念以最清晰、最直观的方式呈现出来。我们认识到，经济学往往因其复杂的理论和数学模型而显得晦涩难懂，因此，我们特别注重将理论与实践相结合，通过生动的案例分析、实用的图表解释及贴近生活的实例，让经济学变得既有趣又实用。

内容新颖，时效性强

本书紧跟我国经济改革步伐，依据最新的经济政策，结合新颖案例，全面、系统地介绍了经济学的相关理论和方法，使学生能够更加直观地理解其在当前实际工作中的应用，确保教材内容的时效性。

活页理念，工单驱动

本书采用活页式、工单式理念进行编写，以"任务工单"为载体将理念贯穿整个教学过程，实现"翻转课堂"的教学模式。本书采用项目任务教学法编排，形式新颖，模块丰富。每个任务都包含"任务工单""任务检测"模块。

此外，本书根据需要设置了多种特色小栏目，包括"学习札记""随堂巩固""课堂讨论""经典案例""视野拓展"等，并在每个项目的最后设置了"项目实训"模块，以丰富教师的课堂教学形式，调动学生的学习积极性，提高学生的课堂参与度。

数字资源，丰富多彩

本书配有丰富的数字资源，将教材、在线课堂和教学资源进行融合，构建了线上、线下相结合的教学模式。学生可借助智能手机或其他移动设备扫描扉页二维码获取相关内容，教师可登录文旌综合教育平台"文旌课堂"查看和下载本书配套资源，如"任务检测"答案、课件、教案、课程标准等。

此外，本书还提供了在线题库，支持"教学作业，一键发布"。教师只需登录"文旌课堂"App，即可迅速选题、一键发布作业、智能批改作业，以及查看学生的作业分析报告，提高教学效率，提升教学体验。学生可在线完成作业，巩固所学知识，提高学习效率。

本书由许鹏担任主审，郝海霞和杨泽伟担任主编，孔德宏、张春光、刘蕾、李志、苏生花担任副主编。由于编者水平有限，书中难免存在疏漏或不当之处，敬请广大读者批评指正。

特别说明：

（1）本书所选案例均来源于真实事件，但为了避免引起误会，部分人物使用了化名。

（2）本书没有注明资料来源的案例均为编者根据真实事件改编。

本书配套资源下载网址和联系方式

网址：https://www.wenjingketang.com

电话：400-117-9835

邮箱：book@wenjingketang.com

目 录

项目一 认识经济学 / 1

项目概览 / 2
学习目标 / 2
任务一 走进经济学 / 3
 任务工单 / 3
  一、经济学的概念 / 5
  二、经济学研究的基本问题 / 5
  三、微观经济学与宏观经济学 / 10
 任务检测 / 15
任务二 掌握经济学的研究方法 / 17
 任务工单 / 17
  一、实证分析法与规范分析法 / 19
  二、均衡分析法与边际分析法 / 19
  三、静态分析法与动态分析法 / 20
  四、定性分析法与定量分析法 / 21
  五、经济模型分析法 / 22
 任务检测 / 23
项目实训——用经济学思维看待身边的现象 / 25

项目二 需求、供给与价格理论 / 27

项目概览 / 28
学习目标 / 28
任务一 掌握需求、供给理论 / 29
 任务工单 / 29
  一、需求理论 / 31
  二、供给理论 / 35
 任务检测 / 39

任务二 掌握价格理论 / 41
 任务工单 / 41
  一、均衡价格的决定 / 43
  二、均衡价格的变动 / 44
  三、价格与资源配置 / 45
 任务检测 / 47
任务三 认识弹性理论 / 49
 任务工单 / 49
  一、弹性的概念 / 51
  二、需求弹性 / 52
  三、供给价格弹性 / 56
 任务检测 / 59
项目实训——调研手机市场价格 / 61

项目三 消费者行为理论 / 63

项目概览 / 64
学习目标 / 64
任务一 认识效用 / 65
 任务工单 / 65
  一、效用 / 67
  二、基数效用论 / 69
  三、序数效用论 / 73
 任务检测 / 81
任务二 了解消费者选择 / 83
 任务工单 / 83
  一、价格变动对消费者选择的影响 / 85
  二、收入变动对消费者选择的影响 / 86
 任务检测 / 89
项目实训——探索物价对消费的影响 / 91

项目四 生产者行为理论 / 93

项目概览 / 94
学习目标 / 94
任务一 掌握生产理论 / 95
  任务工单 / 95
    一、生产及生产函数 / 97
    二、短期生产函数 / 98
    三、长期生产函数 / 101
  任务检测 / 107
任务二 掌握成本理论 / 109
  任务工单 / 109
    一、成本及成本函数 / 111
    二、短期成本函数 / 113
    三、长期成本函数 / 116
    四、利润最大化原则 / 118
  任务检测 / 121
项目实训——走进企业内部 / 123

项目五 市场结构理论 / 125

项目概览 / 126
学习目标 / 126
任务一 认识完全竞争市场 / 127
  任务工单 / 127
    一、市场的概念和划分 / 129
    二、完全竞争市场的条件 / 130
    三、完全竞争厂商的需求与收益曲线 / 131
    四、完全竞争厂商的短期均衡 / 132
    五、完全竞争厂商的长期均衡 / 134
    六、完全竞争市场的评价 / 136
  任务检测 / 137
任务二 认识不完全竞争市场 / 139
  任务工单 / 139
    一、垄断市场 / 141
    二、寡头市场 / 144
    三、垄断竞争市场 / 148

  任务检测 / 151
项目实训——帮助企业提升竞争力 / 153

项目六 收入分配理论 / 155

项目概览 / 156
学习目标 / 156
任务一 走进生产要素市场 / 157
  任务工单 / 157
    一、生产要素市场概述 / 159
    二、生产要素的需求 / 159
    三、生产要素的供给 / 161
  任务检测 / 163
任务二 掌握要素价格的决定方式 / 165
  任务工单 / 165
    一、劳动与工资 / 167
    二、土地与地租 / 169
    三、资本与利率 / 170
    四、企业家才能与利润 / 172
  任务检测 / 175
任务三 了解收入分配 / 177
  任务工单 / 177
    一、收入分配不平等程度的衡量 / 179
    二、收入分配不平等的原因 / 180
    三、收入再分配 / 181
  任务检测 / 183
项目实训——了解我国精准扶贫 / 185

项目七 市场失灵与政府干预 / 187

项目概览 / 188
学习目标 / 188
任务一 认识市场失灵 / 189
  任务工单 / 189
    一、市场失灵的概念 / 191
    二、市场失灵的原因 / 191
  任务检测 / 197

任务二　认识政府干预 / 199
　任务工单 / 199
　　一、垄断的管制 / 201
　　二、外部性的纠正 / 201
　　三、公共物品的提供 / 203
　　四、信息不对称的应对 / 204
　　五、政府失灵 / 205
　任务检测 / 207
项目实训——分析生活中的市场
　　　　　失灵现象 / 209

项目八　国民收入的衡量与决定理论 / 211

项目概览 / 212
学习目标 / 212
任务一　核算国民收入 / 213
　任务工单 / 213
　　一、国内生产总值概述 / 215
　　二、国内生产总值的核算 / 217
　　三、国内生产总值的评价 / 219
　　四、国民收入的其他衡量指标 / 220
　任务检测 / 223
任务二　掌握国民收入决定理论 / 225
　任务工单 / 225
　　一、简单的国民收入决定理论 / 227
　　二、IS-LM 模型 / 230
　　三、AD-AS 模型 / 234
　任务检测 / 237
项目实训——探讨 GDP 对国民经济的
　　　　　重要性 / 239

项目九　宏观经济政策 / 241

项目概览 / 242
学习目标 / 242

任务一　了解宏观经济政策的
　　　　目标和工具 / 243
　任务工单 / 243
　　一、宏观经济政策目标 / 245
　　二、宏观经济政策工具 / 246
　任务检测 / 249
任务二　认识财政政策与货币政策 / 251
　任务工单 / 251
　　一、财政政策 / 253
　　二、货币政策 / 257
　　三、财政政策与货币政策的组合 / 261
　任务检测 / 263
项目实训——了解我国的宏观
　　　　　经济政策 / 265

项目十　失业与通货膨胀理论 / 267

项目概览 / 268
学习目标 / 268
任务一　认识失业 / 269
　任务工单 / 269
　　一、失业的概念与分类 / 271
　　二、失业率 / 271
　　三、失业的影响 / 272
　任务检测 / 275
任务二　认识通货膨胀 / 277
　任务工单 / 277
　　一、通货膨胀的概念与分类 / 279
　　二、通货膨胀的原因 / 280
　　三、通货膨胀的影响 / 282
　　四、通货膨胀与失业的关系 / 283
　任务检测 / 287
项目实训——理性面对就业与失业 / 289

项目十一　经济周期与经济增长 / 291

项目概览 / 292
学习目标 / 292

任务一　认识经济周期 / 293
　　任务工单 / 293
　　　　一、经济周期的概念与阶段 / 295
　　　　二、经济周期的分类 / 296
　　　　三、经济周期的成因 / 296
　　任务检测 / 301
任务二　洞察经济增长 / 303
　　任务工单 / 303
　　　　一、经济增长的概念与特征 / 305
　　　　二、经济增长的原因 / 305
　　　　三、经济增长的方式 / 307
　　　　四、经济增长模型 / 307
　　任务检测 / 311
项目实训——探索我国经济发展成就
　　　　　与高质量发展之路 / 313

项目十二　开放条件下的宏观经济 / 315

项目概览 / 316
学习目标 / 316

任务一　了解国际贸易 / 317
　　任务工单 / 317
　　　　一、国际贸易的概念与分类 / 319
　　　　二、国际贸易理论 / 320
　　　　三、贸易保护 / 323
　　　　四、国际贸易政策 / 324
　　任务检测 / 327
任务二　认识汇率理论和国际收支 / 329
　　任务工单 / 329
　　　　一、汇率理论 / 331
　　　　二、国际收支 / 333
　　任务检测 / 337
项目实训——探讨人民币汇率变动对
　　　　　我国宏观经济和人们
　　　　　日常生活的影响 / 339

项目一

认识经济学

　　经济学家常谈论"大炮与黄油的矛盾"。其中,"大炮"代表军用品,是维护国家安全必不可少的;"黄油"代表民用品,是提高国民生活水平的必需品。一个国家为了保卫本国的安全,所需要的"大炮"是无限的;为了提高本国人民的生活水平,所需要的"黄油"也是无限的。但一个国家拥有的资源是有限的,且会用于生产各种物品,某一种物品生产得多了,用于生产其他物品的资源就会减少,即多生产"大炮"就要少生产"黄油",多生产"黄油"也就要少生产"大炮"。这种"大炮"与"黄油"不可兼得的情况就是"大炮与黄油的矛盾"。

　　当今世界,经济失衡、经济冲突、通货膨胀、失业等问题,都是各国面临的"大炮与黄油的矛盾"。我们在日常生活中也面临着很多矛盾,例如,中午吃米饭还是面条?这学期是多花时间在学习上还是在实践活动上?毕业后选择工作还是深造?选择做一名老师还是业务员?上班坐公交车还是出租车?凡此种种,均是在有限资源下的分配选择行为,体现了经济学研究的内容。简单地讲,经济学是选择的学问。

　　经济学既能提纲挈领地掌握国家甚至世界的经济脉动,又能解释日常看似平凡却蕴藏基本经济学道理的行为活动,帮我们做出最优的选择。因此,学好经济学至关重要。

　　本项目主要介绍经济学的相关概念、研究内容与研究方法,内容包括经济学、资源稀缺性、资源配置的概念,微观经济学和宏观经济学的内容与关系,实证分析法与规范分析法的区别等。

项目概览

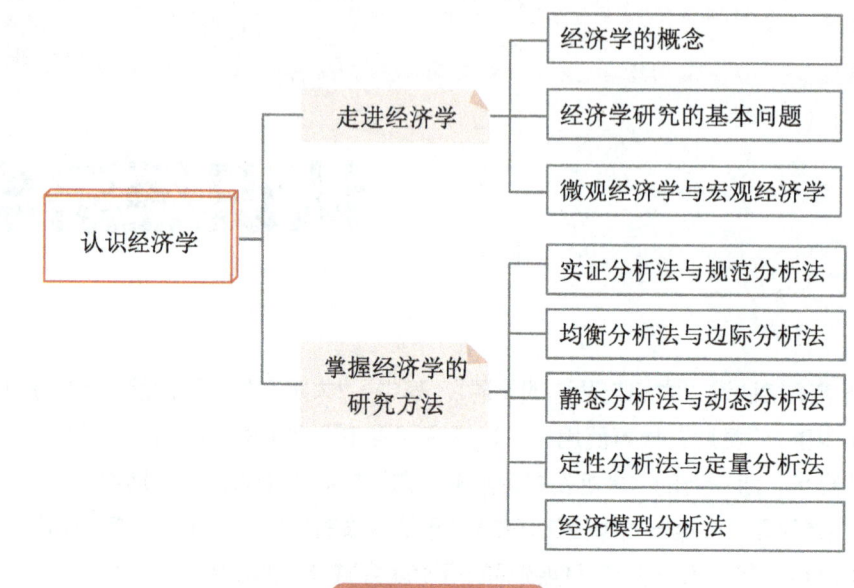

学习目标

知识目标

（1）理解经济学的概念。
（2）了解微观经济学与宏观经济学的关系。
（3）掌握经济学的研究方法。

能力目标

（1）能用经济学理论解释某些经济现象。
（2）能选择合适的研究方法分析经济学问题。

素质目标

（1）通过了解经济学的内涵，提高学习经济学的兴趣，培养经济思维。
（2）通过学习经济运行原理、资源配置方法等内容，深刻理解我国经济发展理念的意义与重要性。

班级_____ 姓名_____ 学号_____

任务一　走进经济学

（一）任务描述

如果有人邀请你看电影，他出钱，而且不附带任何条件，这对你来说一定是一件好事吗？这场电影真的是免费的吗？在经济学家眼中，答案是否定的。你知道为什么吗？

以小组为单位，探讨什么是微观经济学，什么是宏观经济学。

（二）任务分工

全班学生以 3～5 人为一组进行分组，每组设组长 1 名，小组讨论任务分工并将分工情况填写至表 1-1-1 中。

表 1-1-1　小组成员及分工情况

小组成员	姓　名	学　号	任务分工
组长			
组员			

（三）任务准备

请各组长组织组员进行预习，收集和整理相关资料，讨论并用通俗易懂的语言结合具体事例回答下列问题。

（1）什么是经济学？

（2）经济学研究的基本问题是什么？

班级_____ 姓名_____ 学号_____

（四）任务实施

通过课堂学习、小组合作查阅资料等，完成表 1-1-2。

表 1-1-2 微观经济学和宏观经济学的概念、基本假设及内容

类　型	微观经济学	宏观经济学
概　念		
基本假设		
内　容		

（五）任务评价

各组派代表展示任务实施成果，并配合指导老师完成表 1-1-3 所示的任务评价。

表 1-1-3 任务评价

评价项目	评价内容	分　值	评价分数		
			自　评	组　评	师　评
职业素养考核目标（40%）	考勤、仪容仪表	10 分			
	责任意识、纪律意识	10 分			
	团队合作与交流	20 分			
专业能力考核目标（60%）	任务准备过程讨论及记录的完成度	20 分			
	任务实施过程记录的完成度	20 分			
	任务实施成果的展示效果	20 分			
	合计	100 分			
综合评价	综合分数_____（自评×25%+组评×25%+师评×50%） 综合等级_____ 综合评语：				

指导老师签字_____

项目一　认识经济学

一、经济学的概念

关于经济学是什么，不同的经济学家有不同的答案。美国著名经济学家萨缪尔森给出了一个大多数经济学家都认同的经济学的一般定义："经济学研究的是一个社会如何利用稀缺资源生产有价值的商品和劳务，并将它们在不同的人中间进行分配。"

基于以上定义，我们可以从三个方面理解经济学的概念，具体如图 1-1-1 所示。

经济学
- 前提：资源的稀缺性 —— 这里的稀缺性不是绝对数量的稀少，而是相对于人的欲望来说，再多的资源也是不足的
- 分析的对象：选择 —— 简单地讲，经济学是一门关于如何选择的科学
- 分析的中心目标：资源的有效配置 —— 依据人们欲望的轻重缓急程度来分配有限的资源，做到合理利用

图 1-1-1　经济学

经济人物

保罗·萨缪尔森（1915—2009），美国著名经济学家，1970 年诺贝尔经济学奖获得者。

萨缪尔森融合了新古典主义经济学，创立了新古典综合学派。他的经典著作《经济学》将西方经济学理论第一次系统地带进中国，并使这种思考方式和视野在中国落地生根。

二、经济学研究的基本问题

经济学研究的两个基本问题是如何对资源进行选择以及如何利用相对稀缺的资源最大限度地满足人们的需要，即资源配置问题和资源利用问题。

（一）欲望与资源

1. 欲望

人类的生存和发展过程就是不断地用物品和服务来满足自身需要的过程，这种需要即欲望，是一种与生俱来的天性。

马克思将人的需要分为三个层次，由低到高依次为生存需要、享受需要和发展需要。美国心理学家马斯洛将人的需要分为五个层次，由低到高依次为生理需要、安全需要、情感需要、尊重需要和自我实现需要。人类的欲望具有无限性，当低层次的需要得到满足后，人们便开始追求更高层次的需要。例如，饥寒交迫时想要吃饱穿暖，吃饱穿暖了又想吃得

更好、穿得更好，还想获得安全、受人尊重、要求公平正义等。从某种程度来说，欲望是推动这个世界发展的动因之一。

视野拓展

清代胡澹庵在《解人颐》中写道："终日奔波只为饥，方才一饱便思衣。衣食两般皆俱足，又想娇容美貌妻。娶得美妻生下子，恨无田地少根基。买到田园多广阔，出入无船少马骑。槽头扣了骡和马，叹无官职被人欺。县丞主簿还嫌小，又要朝中挂紫衣。作了皇帝求仙术，更想登天跨鹤飞。若要世人心里足，除是南柯一梦西。"由此可知，我国古代便有人认识到了欲望的无限性和层次性。

2．资源

人们在进行经济活动时，所需要的各种要素或条件统称为资源。按其丰裕程度，资源可分为自由取用资源和经济资源。自由取用资源是指供给无限、取用无成本的资源，如阳光、风力等。而经济学的研究仅限于经济资源。

经济资源是指供给有限、取用需付出代价的资源，在经济学中又被称为生产要素或投入，它能够产生经济价值以提高人类当前和未来的福利。现代经济学家一般把经济资源分为四类，如表1-1-4所示。

表1-1-4 经济资源的类型

类　型	简　介
土地	不仅指土地本身，还包括地上和地下的一切自然资源，如河流、湖泊、海洋、矿藏、森林等
劳动	指劳动者提供的劳务，包括体力劳动和脑力劳动
资本	可分为实物资本和货币资本。其中，实物资本又称"有形资本"，是指用于生产的物质资料，包括厂房、设备、存货、原料和燃料等；货币资本主要指资金
企业家才能	指企业管理者对生产活动的计划、组织、领导协调和控制的能力，他们通过对资源进行整合及合理利用，实现资源配置的最优化

3．资源的稀缺性

相对于人们无限的欲望而言，经济资源总是有限的、不足的，这就是资源的稀缺性。可见，稀缺性是相对意义上的，贫苦的人固然缺少生活资料，但亿万富翁也会对有些东西感到稀缺，比如时间。但稀缺性也是绝对存在的，它存在于所有的社会以及人类历史的各个时期。资源稀缺性的存在是经济学产生的前提。

课堂讨论

（1）哪些成语可以说明欲望的无限性？

（2）俗语"物以稀为贵"说明了资源的稀缺性可以用什么来衡量？

（二）资源配置

资源配置就是资源的选择与分配。

1. 选择

经济学又被称为"选择的科学"，面对无限的欲望和有限的资源，人们必须做出选择，选择的问题包括以下几个。

（1）生产什么（what）商品和劳务以及生产多少（how much），一般来说，这主要取决于消费者的购买需求和厂商的利润高低。

（2）如何（how）生产，即选择用什么资源来生产（如资本密集、劳动密集），一般来说，应选择成本最低、经济效益最高的方式。

（3）为谁（for whom）生产，这主要取决于生产要素市场上的供给与需求。

（4）何时（when）生产，即现在生产还是将来生产。

在做出选择时，一个重要的原则就是要使从这种选择中所得到的收益与为此付出的代价达到平衡，利用有限的资源达到最优化或经济化。

2. 机会成本

在使用资源的过程中，必然会面临一个问题，即为了满足某种欲望，不得不放弃另一种欲望的满足，或者为了生产某种产品，不得不放弃其他产品的生产。而人们将资源用于某种用途而放弃的在其他用途中所能得到的最高收益，称为这一选择的机会成本。例如，当接受大学教育，把时间用于听课和读书时，就不得不放弃工作，对于绝大多数学生而言，为上大学而放弃的工作收入是他们接受高等教育的最大单项成本，即上大学的机会成本。

随堂巩固

某人有一笔资金，若将这笔资金存进银行则一年可获取利息0.5万元，若将其用于开花店则一年可获利2万元，若将其用于开奶茶店则一年可获利3万元，若将其投资期货则一年可获利4万元。此人最终选择投资期货，那么机会成本是多少？

【参考答案】在所放弃的选项中，最高的收益项目是开奶茶店（可获利3万元），所以机会成本是3万元。

素养之窗

任何经济活动都会有得有失，"得"就是收益，"失"就是机会成本。人们在现实生活中，常常会被眼前的一时利益冲昏头脑，做出不理智的决策，最终付出更大的代价。运用机会成本这个工具进行选择和决策，人们会变得更加明智，因此在平常的经济活动中，应做到理性分析，不停留于事物表面，坚持稳中求进，以更好地实现经济目标，避免得不偿失。

3. 生产可能性曲线

由于资源的多用途性和需求的多样性,现实中常常出现用一种稀缺资源生产两种或两种以上产品的情况。生产可能性曲线便反映了既定资源所生产的不同产品之间的组合关系,它是在一定技术条件下,既定资源所能生产的最大产量组合的轨迹。

假设某厂商在一定技术条件下,将所拥有的既定资源用于生产戒指(X)和手镯(Y),其最大产量组合如表 1-1-5 所示。

表 1-1-5 某厂商最大产量组合 单位:万个

产量组合	A	B	C	D	E	F
戒指(X)	0	10	20	30	40	50
手镯(Y)	15	13	12	9	6	0

构建坐标系,画出表中各数据点,再用光滑的曲线连接,即可得出对应的生产可能性曲线,如图 1-1-2 所示。曲线 AF 上任意一点都表示在一定技术条件下,既定资源所能生产的戒指和手镯最大产量的组合,资源实现了优化配置;曲线 AF 以外(右上方)区域的点,如点 H,为以现有的技术和资源无法达到的产量组合;曲线 AF 以内(左下方)区域的点,如点 G,为现有的技术和资源可以达到的,但是资源还有剩余或未得到有效利用的产量组合。

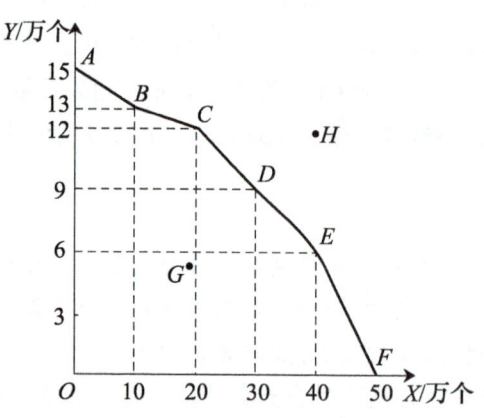

图 1-1-2 生产可能性曲线

> **学习札记**
>
> 生产可能性曲线也反映了选择的机会成本,如在点 C,手镯的产量为 12 万个,如果要多生产 3 万个手镯,则需要放弃生产 20 万个戒指。

课堂讨论

生产可能性曲线的平移代表了什么?如何使生产可能性曲线向外平移?

(三)资源利用

资源利用是指人们充分利用现有的稀缺资源创造更多的产品。在现实生活中,人们还常常面临资源稀缺与资源得不到充分利用的双重矛盾,这就是资源稀缺性引出的资源利用效率问题。例如,经济危机时期,工厂设备闲置,工人失业,社会产量达不到生产可能性曲线水平，比如图 1-1-2 中的点 G。资源利用涉及以下三个方面的问题。

（1）为什么资源得不到充分利用？如何解决失业问题，实现充分就业？

（2）在技术水平和资源既定的条件下，产量为何时高时低？如何实现经济长期稳定增长？

（3）货币如何影响资源配置？如何保持物价基本稳定？

（四）资源配置与利用的方式

实现资源的合理配置与利用，要依靠正确的方法，这通常被称为"经济体制问题"。经济体制是社会做出选择的方式，或者说是解决资源配置与利用的方式。从历史上看，经济体制大体可分为四种，即自然经济体制、市场经济体制、计划经济体制和混合经济体制，它们分别以不同的方式解决资源配置与利用问题。但当今世界的经济体制主要是后三种类型。

1. 市场经济体制

市场经济体制是借助市场，依靠供求、竞争和价格等机制，组织社会经济运行并调节社会资源配置和收入分配的经济体制。市场经济体制的基本特征是产权明晰，经济行为决策高度分散，资源配置与利用完全由多元化的市场主体决策。因此，生产经营者的积极性被充分调动起来，经济效率较高。自由竞争固然推动了经济增长，但过度竞争也会造成资源浪费，容易出现社会贫富悬殊、经济波动甚至周期性经济危机等问题。

2. 计划经济体制

由于市场经济体制带来一系列问题，因此一些国家爆发了革命，建立起生产资料公有制，开始实行计划经济。计划经济体制是以计划调节作为资源配置主要工具的一种经济体制，其基本特征是生产资料归政府掌握，政府用计划来解决资源配置与利用问题，产品数量、品种、价格、消费和投资等均由政府以指令性计划决定，以此达到资源的合理配置与利用。计划经济的优点是能集中力量办大事，缺点是效率低下，还可能造成资源的巨大浪费。

3. 混合经济体制

混合经济体制是市场经济和政府调控相结合的一种经济体制，又称为"现代市场经济体制"。在这种经济体制下，一方面，市场机制协调着人们的经济行为，另一方面，政府也对一些经济活动进行有意识的干预。当今社会中，多数国家的经济体制在某种程度上都是混合经济体制，只是在程度上有所差异或者在所有制上有根本区别。

 经济指南

坚持社会主义市场经济改革方向，核心问题是处理好政府和市场的关系。使市场在资源配置中起决定性作用、更好地发挥政府作用，是我们党在理论和实践上的又一重大推进。

党的十四大提出了我国经济体制改革的目标是建立社会主义市场经济体制，提出

"要使市场在社会主义国家宏观调控下对资源配置起基础性作用"。此后，对政府和市场关系，我们党一直在根据实践拓展和认识深化寻找新的科学定位。党的十八大提出"更大程度更广范围发挥市场在资源配置中的基础性作用"。党的十八届三中全会把市场在资源配置中的"基础性作用"修改为"决定性作用"。党的十九大再次强调"使市场在资源配置中起决定性作用"。党的二十大继续指出"充分发挥市场在资源配置中的决定性作用"。

三、微观经济学与宏观经济学

根据研究对象的不同，经济学可分为微观经济学与宏观经济学。

（一）微观经济学

1. 微观经济学的概念

微观经济学是研究单个经济单位的经济活动规律的学科，主要解决稀缺资源的合理配置问题。

在理解微观经济学的概念时，应该注意以下几点。

（1）研究对象是单个经济单位的经济活动。单个经济单位是指组成经济的最基本单位——家庭和厂商。家庭是经济中的消费者和生产要素的提供者，经济活动包括如何消费、如何提供生产要素以及以有限的收入来获取尽可能大的满足；厂商是经济中的生产者和生产要素的需求者，经济活动包括如何经营、如何以有限的资源投入来获取尽可能多的利润。

（2）解决的问题是资源配置。资源配置即前文提到的生产什么、如何生产、为谁生产与何时生产的问题。

（3）中心理论是价格理论。在市场经济中，价格起着极为重要的作用，它像一只"看不见的手"，指引甚至决定着单个经济单位的行为，如购买什么、购买多少、生产什么、何时生产等，调节着整个社会的经济活动，从而使资源的配置实现最优化。因此，微观经济学也被称为"价格理论"或"市场经济学"。

（4）研究方法是个量分析。个量是单个经济单位或变量的单项数值，例如，某商品的价格，就属于价格这个经济变量的单项数值。微观经济学研究单个经济单位的行为，与此相适应，它必须使用个量分析方法，研究单位商品的供给、需求、价格等如何决定，单个厂商的投入、产出、利润等如何决定，以及各种个量之间的相互关系。

 课堂讨论

你还知道哪些个量？

2. 微观经济学的基本假设

微观经济学理论的建立是以一定的假设条件作为前提的，其中有三个基本假设是普遍存在的，它们分别是理性人假设、完全信息假设与市场出清假设，如表 1-1-6 所示。

表 1-1-6 微观经济学的三个基本假设

假 设	简 介
理性人假设	也称为"经济人假设"，是指假设参与经济活动的所有人都是以利己为目的的理性经济人。也可以说，每一个从事经济活动的人所采取的经济行为都是力图以最小的经济代价获得最大的经济利益
完全信息假设	是指假设市场上的每一个消费者和生产者都掌握着与自己的经济决策有关的一切信息。也可以说，单个经济单位可以免费、快速、及时、准确地获取各种市场信息
市场出清假设	是指假设无须政府干预，市场完全有能力通过价格调节资源配置与利用，使整个社会达到充分就业的供求平衡状态。因此，微观经济学就是在假设资源永远被充分利用的情况下，集中研究资源配置问题

尽管以上三个假设在实际社会生活中难以真正实现，但是微观经济学的分析必须以此为前提，否则无法获得结论。

3．微观经济学的内容

微观经济学主要包括研究商品价格如何决定的供求与价格理论，研究消费者如何购买消费品的消费者行为理论，研究厂商如何生产产品的生产者行为理论，研究厂商在不同结构的市场上的行为与市场均衡的市场结构理论，研究工资、利息、利润等是如何被决定的收入分配理论，以及市场失灵与政府干预等，如图 1-1-3 所示。

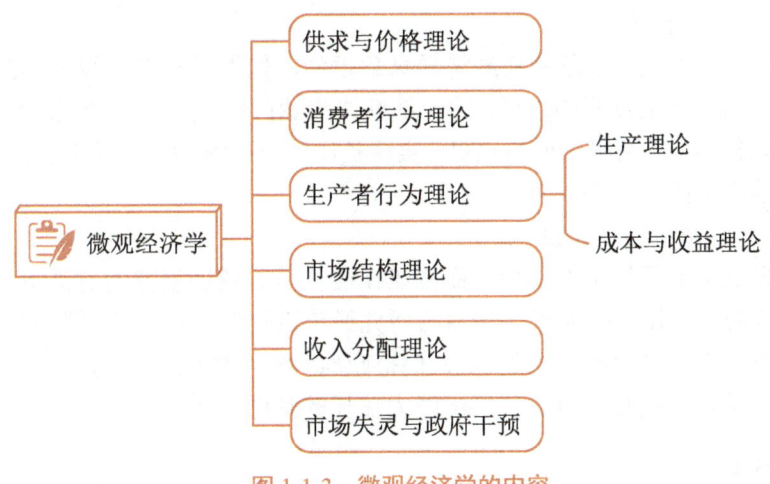

图 1-1-3 微观经济学的内容

（二）宏观经济学

1．宏观经济学的概念

宏观经济学是研究整个国民经济活动规律的学科，主要通过研究经济总量的决定及其变化，来解决资源的充分利用问题。在理解宏观经济学的概念时，应该注意以下几点。

（1）研究对象是国民经济。宏观经济学要研究整个国民经济的运行方式与规律，在现代社会表现为社会经济波动、物价水平变动、国家财政收支、经济周期等。

（2）解决的问题是资源利用。宏观经济学把资源配置作为既定的前提，研究资源为什么没能得到充分利用、如何能得到充分利用以及如何增长等问题。

 视野拓展

> 微观经济学把资源的充分利用作为既定的前提，但20世纪30年代的经济大危机打破了这一前提。因此，资源利用就成为经济学的另一个组成部分——宏观经济学所要解决的问题。

（3）中心理论是国民收入决定理论。宏观经济学把国民收入作为最基本的总量，以国民收入的决定和变动为中心研究资源利用问题，并分析整个国民经济的运行状态。因此，宏观经济学又被称为"国民收入决定理论"。

（4）研究方法是总量分析。总量是指能反映整个经济运行情况的经济变量，它分为两类：一类是个量的总和，例如国民收入、总投资、总消费；另一类是平均量，例如价格水平。总量分析就是分析这些总量的决定、变动及相互关系，进而决定经济政策。因此，宏观经济学又被称为"总量经济学"。

2. 宏观经济学的基本假设

宏观经济学理论的建立以两个基本假设条件作为前提，分别是市场机制不完善假设和政府有能力调节经济假设。

1）市场机制不完善假设

20世纪30年代的经济大危机使经济学家意识到，如果只靠市场经济的自发调节，就会在资源稀缺的同时产生资源的浪费，将无法解决失业问题，无法自行渡过危机。所以说，市场机制是不完善的，要克服失业与危机，实现资源的充分利用，仅靠市场机制是不够的。这是宏观经济学产生的必要性。

2）政府有能力调节经济假设

人们不能只顺从市场机制的作用，而应该在遵从基本经济规律的前提下，对经济进行调节，这就是政府的作用。政府可以观察与研究经济运行的规律，并采取适当的手段进行调节。相对于市场这只"看不见的手"，人们把政府对经济的调节称为"看得见的手"，整个宏观经济学就是建立在对政府调节经济能力信任的基础上的。

 经济人物

> 约翰·梅纳德·凯恩斯（1883—1946），英国经济学家，现代经济学最有影响的经济学家之一，宏观经济学之父。他创立的宏观经济学被称为"20世纪人类知识界的三大革命之一"。
>
> 凯恩斯主张政府应积极干预经济，他认为只有依靠政府对经济的全面干预，资本主义国家才能摆脱经济萧条和失业问题。

3. 宏观经济学的内容

宏观经济学主要包括研究国民收入决定及其变动规律的国民收入决定理论，研究失业与通货膨胀的原因、关系及应对措施的失业与通货膨胀理论，研究财政与货币政策的宏观经济政策理论，研究国民收入短期波动的原因和长期增长来源的经济周期与经济增长理论，以及研究国家间经济相互影响的国际经济理论，如图1-1-4所示。

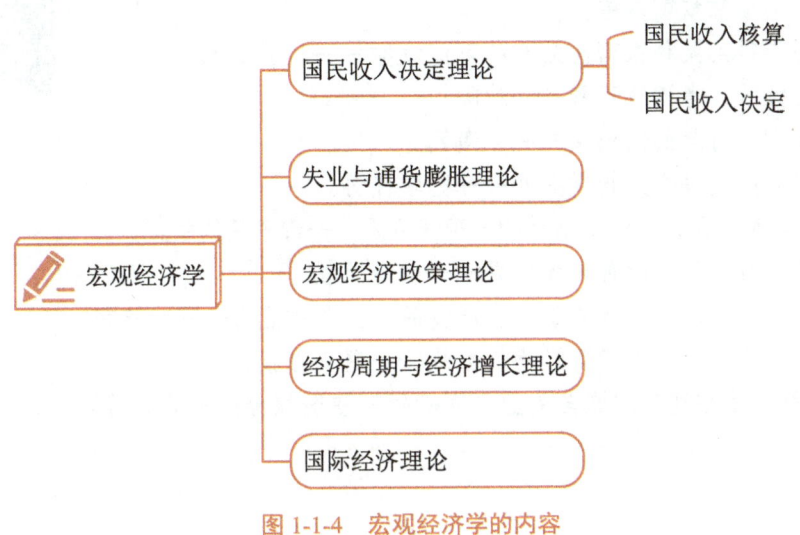

图1-1-4 宏观经济学的内容

（三）微观经济学与宏观经济学的关系

从微观经济学和宏观经济学的概念及其理解可以看出，二者的研究对象、解决的问题、中心理论和分析方法都有很大的不同，但同时它们也是互相联系的，主要体现在以下三点。

（1）二者的研究目的相同。不论是微观经济学的资源配置，还是宏观经济学的资源利用，它们的目的都是为人类经济活动提供正确的指导，以实现整个社会经济福利最大化。

（2）二者的研究内容相互补充。实现社会经济福利的最大化，就是既要实现资源的最优配置，又要实现资源的充分利用，二者缺一不可。微观经济学是在假定资源已实现充分利用的前提下，分析如何达到最优配置；宏观经济学则是在假定资源已实现最优配置的前提下，分析如何达到充分利用。二者互为前提，相互补充。

（3）微观经济学是宏观经济学的基础。整体经济是单个经济的总和，因此宏观经济学的总量分析是以微观经济学的个量分析为基础的。

课堂讨论

"价格"在微观经济学和宏观经济学中的概念一样吗？你还知道哪些类似的词？

经济人物

格里高利·曼昆，美国著名经济学家。他于1998年出版的经济学教材《经济学原理》介绍了经济学十大原理，并运用它们对微观和宏观经济学理论进行阐述，成为最负盛名的经济学教材之一。

（1）人们面临权衡取舍。
（2）为了得到某种东西而放弃的可能收益——机会成本。
（3）理性的人考虑边际量——边际。
（4）人们会对激励做出反应——激励。
（5）贸易能使每个人状况更好——比较优势。
（6）市场通常是组织经济活动的一种好方式——看不见的手。
（7）政府有时可以改善市场结果——政府干预。
（8）一国的生活水平取决于它生产物品与劳务的能力——生产率。
（9）当政府发行过多货币时物价上涨——通货膨胀。
（10）社会面临通货膨胀与失业之间的短期权衡取舍——菲利普斯曲线。

班级_____ 姓名_____ 学号_____

任务检测

一、单选题

1. 资源的稀缺性是指（   ）。
   A．世界上的资源最终会因为人们生产更多的物品而消耗殆尽
   B．生产某种产品所需资源的绝对数量很少
   C．相对于人们无限的欲望而言，资源总是不足的
   D．以上答案都不正确

2. 在当今经济社会中，（   ）。
   A．因为资源是稀缺的，所以不存在资源浪费
   B．因为存在资源浪费，所以资源不是稀缺的
   C．虽然资源是稀缺的，但也存在资源浪费
   D．既不存在资源稀缺，也不存在资源浪费

3. 当资源不能满足所有人的需要时，（   ）。
   A．政府必须做出决定优先满足谁的需要   B．必须做出选择
   C．价格必定上升   D．市场可以自己调节

4. 一国生产可能性曲线以内的点表示（   ）。
   A．该国在经历通货膨胀   B．该国资源存在浪费
   C．该国可利用的资源很少   D．该国生产处于最佳状态

5. 花 20 元钱剪发的机会成本是（   ）。
   A．20 元钱的其他最好用途的收益
   B．用来剪发的时间的其他最好用途的收益
   C．20 元钱和用来剪发的时间的其他最好用途的收益
   D．给理发师的 20 元钱的价值

二、多选题

6. 资源的稀缺性是（   ）。
   A．相对的   B．绝对的
   C．可变的   D．不变的

7. 微观经济学研究的基本问题包括（   ）。
   A．生产什么及生产多少   B．如何生产
   C．为谁生产   D．何时生产

班级_____ 姓名_____ 学号_____

三、简答题

8. 简要说明微观经济学与宏观经济学的区别与联系。

9. 简述生产可能性曲线与资源稀缺性及机会成本之间的关系。

四、应用题

10. 某人具有极佳的篮球天赋，他在 17 岁时选择签约篮球队而不是读大学，在 31 岁时却又重新选择进入大学读书，他做出这些选择的原因是什么？请从机会成本的角度进行分析。

班级_____　　　姓名_____　　　学号_____

任务二　掌握经济学的研究方法

任务工单

（一）任务描述

每一个学科都有自己的研究方法，经济学也不例外。面对同一经济现象，不同的研究方法会得出不同的结论。例如，面对房价的回落现象，有人会研究其对经济造成的影响，有人会研究政府应采取哪些措施，有人会研究未来的经济趋势，有人会得出某一段时间经济发展函数等。学习经济学的研究方法，即学习经济学家的思考方式，能帮助人们从多种角度看待经济现象。

以小组为单位，用不同的经济学研究方法研究房价回落这一现象。

（二）任务分工

全班学生以 3~5 人为一组进行分组，每组设组长 1 名，小组讨论任务分工并将分工情况填写至表 1-2-1 中。

表 1-2-1　小组成员及分工情况

小组成员	姓　名	学　号	任务分工
组长			
组员			

（三）任务准备

请各组长组织组员进行预习，收集和整理相关资料，讨论并用通俗易懂的语言结合具体事例回答下列问题。

（1）经济学有规律吗？

（2）经济学有哪些研究方法？

班级_____ 姓名_____ 学号_____

（四）任务实施

通过课堂学习、小组合作查阅资料等，完成表 1-2-2。

表 1-2-2　不同的经济学研究方法对房价回落这一现象的研究

研究方法	研究结果

（五）任务评价

各组派代表展示任务实施成果，并配合指导老师完成表 1-2-3 所示的任务评价。

表 1-2-3　任务评价

评价项目	评价内容	分　值	评价分数		
			自　评	组　评	师　评
职业素养考核目标（40%）	考勤、仪容仪表	10 分			
	责任意识、纪律意识	10 分			
	团队合作与交流	20 分			
专业能力考核目标（60%）	任务准备过程讨论及记录的完成度	20 分			
	任务实施过程记录的完成度	20 分			
	任务实施成果的展示效果	20 分			
	合计	100 分			
综合评价	综合分数_____（自评×25%+组评×25%+师评×50%） 综合等级_____ 综合评语： 指导老师签字_____				

项目一　认识经济学

一、实证分析法与规范分析法

在面对经济现象时，经济学家区分了两种研究方法。一种是只研究经济现象是什么，称为"实证分析法"；另一种是研究经济现象好不好、该不该，称为"规范分析法"。实证分析法和规范分析法的具体介绍如表 1-2-4 所示。

表 1-2-4　实证分析法与规范分析法

分析法	简　介	回答的问题	举　例
实证分析法	是指只对经济现象、经济行为或经济活动及其发展趋势进行分析，从而得出一些规律性的结论的分析方法	是什么，即只分析客观事物，而不对事物的好坏进行评价，且其得出的结论一般可以得到经验事实的检验	讨论鸡蛋价格时，小张说每千克鸡蛋价格超过20元了
规范分析法	是指依据一定的价值判断，提出某些分析、处理问题的标准，研究怎样才能符合这些标准的理论和政策的分析方法	应该是什么，即分析不具有客观性的事物，并对事物的好坏进行评价，通常得出的结论无法得到经验事实的检验	讨论鸡蛋价格时，小张说政府应该控制鸡蛋价格了

随堂巩固

近期，多家旅游平台纷纷推出了"机票盲盒"产品，消费者购买后可随机获得一张未知目的地的机票，从而让消费者实现一场"说走就走"的旅行。"机票盲盒"划算的价格和刺激的玩法引发了一波抢购热潮。

作为"横空出世"的旅游网红产品，机票盲盒的热度一直在延续，也裂变出更多玩法。对于"机票盲盒"案例，利用实证分析法和规范分析法分别可以研究哪些内容？

【参考答案】分析"机票盲盒"收益如何、发展趋势如何等，这是实证分析，结论并不会因为人们的看法不同而改变；研究"机票盲盒"火起来好不好、该不该、是否公平等，这是规范分析，体现了人们对同一问题的不同看法。

实证分析法与规范分析法虽然研究重点不同，但是也难以截然分开：实证分析法是规范分析法的基础，同时，规范分析法也为实证分析法提供指导，二者相互联系、相互补充，常常结合使用。比如：对于通货膨胀这一问题，分析通货膨胀的后果，一般属于实证分析；讨论采用何种措施反通货膨胀，则是规范分析的内容。

> **学习札记**
>
> 用实证分析法（规范分析法）分析经济问题和经济现象，称为实证经济学（规范经济学）。

二、均衡分析法与边际分析法

根据研究对象的状态不同，经济学家区分了两种研究方法：均衡分析法与边际分析法。

(一)均衡分析法

经济学中的均衡是指变动着的各种力量正好平衡，经济系统变动趋势为零的状态。例如，市场中买者总希望价格低一些，卖者总希望价格高一些，但经过讨价还价，最终还是会达成一致，形成均衡价格。经济学中分析由矛盾对立走向统一均衡的现象的方法，称为均衡分析法。均衡分析法不考虑时间因素，只考察达到均衡状态时的情况和实现均衡应具备的条件。

> **学习札记**
> 经济学中的均衡并非指不再变化，而是指没有变化的必要，因为这种状态是最好的情况，变化只会使情况恶化。

均衡分析法可分为局部均衡分析法和一般均衡分析法。局部均衡分析是指假定在其他条件不变的情况下，分析某一时间、某一市场的某种商品（或生产要素）的供给与需求达到均衡时的价格决定。一般均衡分析则是在各种商品和生产要素的供给、需求、价格相互影响的条件下，分析所有商品和生产要素的供给和需求同时达到均衡时，所有商品的价格如何被决定。一般均衡分析法是关于整个经济体系的价格和产量结构的一种研究方法，非常复杂，所以在经济学研究中，大多采用局部均衡分析法。

(二)边际分析法

边际的含义是因变量关于自变量的变化率，属于导数和微分的概念。简单地说，就是指自变量变化一个单位时，因变量的变化情况。边际分析法是分析自变量变动和因变量变动关系的一种方法。在经济学中，边际有额外、追加的意思，是指处于边缘时，再增加一个单位所发生的变化。例如，厂商多生产一件产品所带来的利润变化。

边际分析法是经济学的基本研究方法之一，被广泛地运用于经济行为和经济变量的分析过程之中，经常用到的边际量有边际效用、边际成本、边际产量、边际利润等。

三、静态分析法与动态分析法

静态分析法与动态分析法是与均衡分析法密切相关的两种研究方法。

(一)静态分析法

静态分析就是分析经济现象的均衡状态以及有关的经济变量达到均衡状态所具备的条件。静态分析法完全抽掉了时间因素和具体的变化过程，是一种静止地、孤立地考察某种经济事物的方法。例如，研究均衡价格时，舍掉时间、地点等因素，并假定影响均衡价格的其他因素，如消费者偏好、收入及相关商品的价格等静止不变，单纯分析该商品的供求达到均衡状态的产量和价格的决定。也就是说，静态分析只考察某一时点上的均衡状态。

静态分析法中最常用的方法是比较静态分析法。比较静态分析法是在均衡条件发生变化以后，对新形成的静态均衡结果与原来的静态均衡结果进行比较。比较静态分析法比较的是一个经济变量变动过程的起点和落点。

> **经典案例**
>
> 已知猪肉的供求状况，考察其供求达到均衡时的价格和需求量，是静态分析法。
>
> 由于消费者的收入增加而导致对猪肉的需求增加，从而产生新的均衡，均衡价格和需求量都较以前提高。把新的均衡所达到的价格和需求量与原均衡的价格和需求量进行比较，是比较静态分析法。

（二）动态分析法

动态分析是对经济变动的实际过程进行分析，包括分析有关变量在一段时间内的变动、这些变量在变动过程中相互影响和彼此制约的关系，以及它们在每一个时点上变动的速率等。动态分析法的一个重要特点是要考虑时间因素的影响，并把经济现象的变化当作一个连续的过程来看待。例如，根据前一个时期有关经济变量的变化预测当前时期某经济变量的变化，根据当前有关经济变量的变化预测下一时期某经济变量的变化等。

动态分析法考虑各种经济变量随时间延伸而变化时对整个经济体系的影响，因而难度较大。在微观经济学中，迄今占有重要地位的仍是静态分析法和比较静态分析法。在宏观经济学中，则主要采用比较静态分析法和动态分析法，特别是在经济周期和经济增长的研究中，动态分析法占有重要的地位。

四、定性分析法与定量分析法

根据研究对象是内在规律还是表面量的关系，经济学家区分了两种研究方法：定性分析法与定量分析法。定性分析法与定量分析法的具体介绍如表 1-2-5 所示。

表 1-2-5　定性分析法与定量分析法

分析法	简 介	举 例	优缺点
定性分析法	是说明经济现象的性质及其内在的规定性与规律性的研究方法	在其他条件不变的情况下，需求增加会使价格上升	主要优点是简单明了，主要缺点是不够准确
定量分析法	是分析经济现象之间数量关系的研究方法	在其他条件不变的情况下，某产品需求下降 20%，会使价格下降 10%	优点是更具有应用价值，缺点是其结论只适用于特定环境，缺乏普遍意义

相比定性分析法来说，定量分析法使经济学更能运用于实际。通过定量分析，许多经济现象可以用一定的数量表示，各种经济现象之间量的关系也可以更精确地反映经济运行的内在规律。

定性分析法与定量分析法的不同

五、经济模型分析法

研究经济现象,需要从错综复杂的现象中抽出最重要、最本质的东西来研究其中的经济规律,因此经济学家常用经济模型来使复杂的理论变得清楚明了。

经济模型分析法是指把经济理论用变量的函数关系来表示的研究方法。它的表达形式有三种:文字、数学函数和几何图形。文字表达比较浅显、细腻,数学函数表达比较严谨、精练,几何图形表达比较直观、简明。

例如,研究人们对乘坐飞机出行的需求量 Q 时,Q 的大小主要取决于机票的价格 P。这个经济模型可分别用上述三种形式来表达。

(1)用文字表达:人们乘坐飞机出行的需求量 Q,取决于机票的价格 P,并且与价格 P 成反比。即价格越高,需求量越小;价格降低,需求量增加。

(2)用数学函数表达为

$$Q = a - bP \quad (a,b 为参数)$$

(3)用几何图形表达如图 1-2-1 所示。

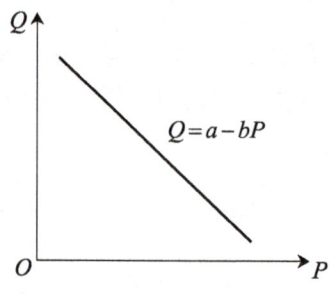

图 1-2-1　几何图形表达

经济学中存在着大量的经济模型,如生产可能性曲线、需求曲线、生产函数等,它们能直观且深刻地揭示经济活动的内在规律。

班级_____   姓名_____   学号_____

任务检测

一、单选题

1. 实证经济学与规范经济学的根本区别是（　　）。
   A．研究的方法不同　　　　　　B．研究的对象不同
   C．研究的范围不同　　　　　　D．研究的内容不同

2. 下列命题中，属于规范分析范畴的是（　　）。
   A．2024年某型号电脑的价格为5 000元
   B．我国城乡居民恩格尔系数呈下降趋势
   C．2024年我国国内生产总值增长速度为5.0%
   D．政府应多关注养老问题

3. 下列表述中，属于实证分析的是（　　）。
   A．通货膨胀有利于经济的发展
   B．通货膨胀不利于经济的发展
   C．控制货币量可以抑制通货膨胀
   D．治理通货膨胀比减少失业更重要

4. 下列表述中，属于规范分析的是（　　）。
   A．由于收入水平低，只有少数中国人买得起小轿车
   B．随着收入水平的不断提高，买得起小轿车的人会越来越多
   C．鼓励购买小轿车有利于促进汽车工业的发展
   D．提倡小轿车文明是盲目向西方学习的行为，不适合我国国情

二、多选题

5. 经济学的基本分析方法有（　　）。
   A．均衡分析法　　　　　　　　B．边际分析法
   C．模型分析法　　　　　　　　D．因素分析法

6. 经济模型分析法的表达形式有（　　）。
   A．文字　　　　　　　　　　　B．照片
   C．函数　　　　　　　　　　　D．图形

班级_____   姓名_____   学号_____

项目实训——用经济学思维看待身边的现象

一、实训目标

提升学生用经济学思维和所学知识分析生活中的经济学问题的能力。

二、实训内容和要求

1. 准备工作

学生自由分组,以组为单位确定一个经济问题或现象进行分析研讨,可以通过报纸、网络来搜集参考资料。

2. 小组研讨

(1)每组由一名学生大致介绍所要讨论的经济问题或现象。

(2)小组内部研讨,学生自由发言。研讨内容包括但不限于以下几点:该经济问题或现象的实质是什么?涉及什么经济理论或哪一方面的经济学主题?它产生的原因有哪些?解决该问题的对策有哪些?不同对策的效果有什么不同?如何选择最佳方案?

3. 班级交流

班级组织经济交流会,每组推选一名代表进行演讲发言,其他学生提问和探讨,小组成员可以作补充回答。

4. 考核

每个小组提交一份对所选经济问题或现象的交流总结,学生和教师根据学生平时课堂表现、所提交的总结、班级交流发言情况在表 1-3-1 中进行评估打分,综合评定本项目的成绩。

表 1-3-1 项目考核表

考核内容	分值	考核分数		
		自评	组评	师评
日常考勤和课堂纪律	10分			
学习态度和课堂参与	10分			
完成任务检测并保证题目的正确率	50分			
参与项目实训并积极完成各项任务	30分			
合计	100分			
综合评价	综合分数_____ (自评×25%+组评×25%+师评×50%) 综合等级_____ 综合评语: 指导老师签字_____			

项目二

需求、供给与价格理论

"要想看最新的剧情，就必须再次按一集 3 元的价格购买，否则就不能看。"小刘最近正在追一部热门电视剧，但在网络视频平台上，即使已经购买了会员，仍需要二次付费购买才能观看。

这是视频网站推出的一项增值服务，在购买会员的基础上再付费，可以提前解锁剧集内容。"左 3 元，右 3 元，等过一天再 3 元。"这一模式引发许多网友吐槽，那这一模式出现和发展的原因是什么呢？

从供需关系的角度看，商业模式迭代更新，观众越来越愿意为好作品付费。近几年来，越来越多的观众不吝于花钱以提早享受喜爱的剧集，在短视频平台也有类似的现象出现。

本项目主要介绍需求和供给的相关概念、影响因素及相关定理，从需求和供给这两方面深入分析市场均衡价格是如何形成的，以及需求弹性和供给弹性的相关知识。

项目概览

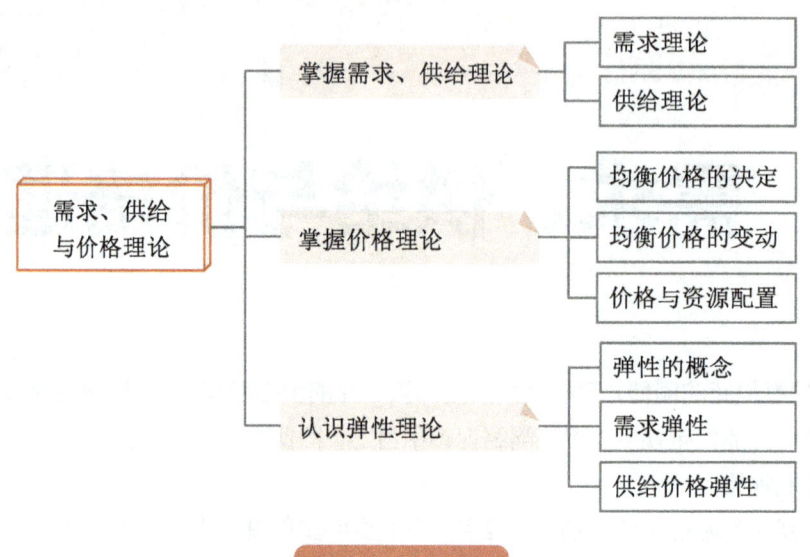

学习目标

知识目标

(1) 掌握需求和供给的概念及影响因素。
(2) 理解均衡价格的决定及影响因素。
(3) 理解不同弹性的概念及分类。

能力目标

(1) 能熟练掌握需求和供给变动的图形表示。
(2) 能够用供求与价格理论解释生活中常见的经济问题。

素质目标

(1) 通过了解生活中商品价格变动的原因，提高学习经济学的兴趣，培养经济思维。
(2) 通过学习供求的相关知识，深刻理解我国供给侧结构性改革的意义与重要性。

班级_____ 姓名_____ 学号_____

任务一 掌握需求、供给理论

任务工单

（一）任务描述

鲁迅先生在《朝花夕拾》中的《藤野先生》一文中有这样的句子："大概是物以稀为贵罢。北京的白菜运往浙江，便用红头绳系住菜根，倒挂在水果店头，尊为'胶菜'；福建野生着的芦荟，一到北京就请进温室，且美其名曰'龙舌兰'。"为什么当时白菜在浙江能卖出好价钱？而芦荟在北京也能卖出好价钱？

经济学家萨缪尔森曾说过："学习经济学是再简单不过的事了，你只需要掌握两件事，一个叫需求，另一个叫供给。"

以小组为单位，走访一个超市或商店，调研某一种商品在不同时期的销售量、进货量与其价格的变动情况，研究三者变动的关系。

（二）任务分工

全班学生以 3~5 人为一组进行分组，每组设组长 1 名，小组讨论任务分工并将分工情况填写至表 2-1-1 中。

表 2-1-1　小组成员及分工情况

小组成员	姓　名	学　号	任务分工
组长			
组员			

（三）任务准备

请各组长组织组员进行预习，收集和整理相关资料，讨论并用通俗易懂的语言结合具体事例回答下列问题。

（1）什么是需求？什么是供给？

（2）影响需求的因素有哪些？

班级_____ 姓名_____ 学号_____

（3）影响供给的因素有哪些？

（四）任务实施

通过课堂学习、小组合作调查等，完成表 2-1-2。

表 2-1-2　某商品的销售量、进货量与其价格的变动情况

研究对象						
时　期						
销售量/个						
进货量/个						
价格/元						
备　注						
结　论						

（五）任务评价

各组派代表展示任务实施成果，并配合指导老师完成表 2-1-3 所示的任务评价。

表 2-1-3　任务评价

评价项目	评价内容	分　值	评价分数		
			自评	组评	师评
职业素养考核目标（40%）	考勤、仪容仪表	10 分			
	责任意识、纪律意识	10 分			
	团队合作与交流	20 分			
专业能力考核目标（60%）	任务准备过程讨论及记录的完成度	20 分			
	任务实施过程记录的完成度	20 分			
	任务实施成果的展示效果	20 分			
	合计	100 分			
综合评价	综合分数_____（自评×25%+组评×25%+师评×50%） 综合等级_____ 综合评语： 指导老师签字_____				

项目二 需求、供给与价格理论

一、需求理论

（一）需求的相关概念

1. 需求

一种商品的需求是指在一定时期内，在各种可能的价格水平下，人们愿意而且能够购买的商品量。根据定义，消费者对某种商品的需求必须具备两个条件，一是购买欲望，二是购买能力，两者缺一不可。

随堂巩固

下列哪种说法是关于需求的表述？
- A. 小周一直想买一套属于自己的房子，为此，他努力工作，认真理财，终于在30岁时购买了心仪的住房。
- B. 低保户老李一直想住海景房，但是由于家庭条件的限制，只能望洋兴叹。
- C. 小马是个富二代，他的父亲每月都给他非常充足的资金，但是小马却对别墅毫无兴趣。

【参考答案】A

经济学中的需求包括个人需求和市场需求。一般来说，市场需求可以通过个人需求加总而得到。

2. 需求量

一种商品的需求量是指在某一个价格水平下，人们愿意并且能够购买的商品量。一般情况下，需求量直接受价格的影响，对于同一种商品，当价格偏高时，需求量较小，当价格偏低时，需求量较大。

> **学习札记**
>
> 需求不是需求量的总和，但可以理解为，需求是由很多个需求量构成的。

3. 需求表

需求表是表示商品的价格水平和需求量之间一一对应关系的数字序列表。例如，Z 商品的需求表如表 2-1-4 所示。其中，每一个组合代表的是某一价格下商品的需求量，而整个表代表的是对这一商品的需求。

表 2-1-4　Z 商品的需求表

价格-数量组合	A	B	C	D	E	F	G
价格/元	1	2	3	4	5	6	7
需求量/件	70	60	50	40	30	20	10

4. 需求曲线

需求曲线是根据需求表中商品不同的价格与对应需求量的组合在平面坐标图上绘制

的一条曲线。曲线上的一个个点代表着不同价格及对应的需求量。例如，根据 Z 商品的需求表中的价格与需求量之间的组合（A，B，C，D，E，F，G）绘制的需求曲线如图 2-1-1 所示。需求曲线是向右下方倾斜的，即它的斜率为负值，表示需求量（Q）和价格（P）之间呈反方向变动。

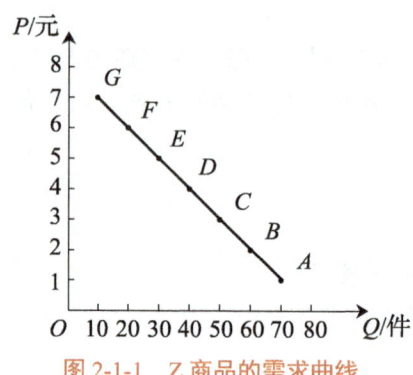

图 2-1-1　Z 商品的需求曲线

（二）需求函数

1. 需求函数的概念

需求函数表示一种商品的需求量和该商品的价格之间存在着一一对应的关系。假定其他因素保持不变，只分析商品价格对商品需求量的影响，那么，商品的需求量可以表示为其价格的函数，公式为

$$Q^d = f(P) \qquad (2\text{-}1\text{-}1)$$

式（2-1-1）中，P 为商品的价格，Q^d 为商品的需求量。

例如，根据 Z 商品的需求表和需求曲线，可以得出其需求函数为

$$Q^d = -10P + 80$$

Z 商品的需求函数是线性函数，因此需求曲线是一条直线，而实际上，需求曲线可以是直线，也可以是曲线。当需求函数为非线性函数时，相应的需求曲线为曲线。在微观经济学分析中，不影响分析结论的前提下，大多选择线性需求函数，其通常形式为

$$Q^d = -\beta \cdot P + \alpha \qquad (2\text{-}1\text{-}2)$$

式（2-1-2）中，α，β 为大于 0 的常数。

 视野拓展

> 广义需求函数表示一种商品的需求量和影响该需求量的各种因素之间存在着的对应关系。其中，影响需求量的各种因素都是自变量，需求量是因变量。用 Q^d 代表需求量，a，b，c，d 等代表影响需求量的各种因素，则需求函数可以表示为
>
> $$Q^d = f(a,b,c,d,\cdots) \qquad (2\text{-}1\text{-}3)$$

2. 影响需求量的因素

一种商品的需求量是由多个因素共同决定的，除了前面提到的商品价格，还包括消费者的收入水平、相关商品价格、消费者偏好、消费者预期和消费者人数等，如表 2-1-5 所示。

表 2-1-5 影响需求量的因素

因 素	影 响
消费者的收入水平	对于大多数商品来说，当消费者的收入水平提高时，商品的需求量也会增加，两者呈正方向变动。需要注意的是，由于消费者对各种商品的需求程度不同，商品需求量对收入变化的反应幅度也不同。通常生活必需品的需求量随着收入增加而增加的幅度很小，而奢侈品和耐用消费品的需求量随着收入增加而增加的幅度很大
相关商品价格	当一种商品本身的价格保持不变，而与它相关的其他商品的价格发生变化时，这种商品本身的需求量也会发生变化。例如，当雨伞的价格不变，而其替代品雨衣的价格上升时，人们往往会减少对雨衣的购买，增加对雨伞的购买；当羽毛球拍的价格不变，而其互补品羽毛球的价格上升时，人们往往会同时减少对羽毛球和羽毛球拍的购买
消费者偏好	消费者偏好是指消费者对一种商品的喜好程度。当消费者对某种商品的偏好程度增强时，该商品的需求量就会增加；相反，偏好程度减弱，需求量就会减少
消费者预期	当消费者预期某种商品的价格即将上升时，消费者往往会增加对该商品的现期需求量，以减少以后在价格高位时对该商品的需求量；反之，就会减少对该商品的现期需求量
消费者人数	一般情况下，当一个商品市场上消费者人数增多时，对商品的需求量也会增多

课堂讨论

（1）什么是互补品和替代品？
（2）我国私家车为何越来越多？

素养之窗

厂商形象也是影响需求的因素之一，很多厂商由于被曝光虚假宣传、缺斤少两、原料劣质、卫生不达标等问题，商品需求呈现断崖式下降。因此，在日常生产经营的过程中，厂商应坚持诚实守信，注重服务质量，努力为消费者提供物美价廉的商品，自身形象得到提升，商品需求自然而然便会增多。

3. 需求量变动与需求变动

在需求量和需求曲线部分讲到，需求量的变动是指在其他条件不变时，由某商品的价格变动所引起的该商品的需求数量的变动。需求量变动在需求曲线上表现为组合点沿着一条既定的需求曲线运动，即"点动线不动"。

而需求的变动是指在某商品价格不变的条件下，由于其他因素（如上文讲到的五种因素）变动所引起的该商品的需求数量的变动。需求变动在需求曲线上表现为需求曲线位置发生移动。如图 2-1-2 所示,在商品价格不变的前提下,消费者收入水平提高使得需求增加,于是需求曲线 D_1 向右平移到 D_2 的位置,当既定价格为 P_0 时,需求数量从 Q_1 增加为 Q_2;同样,消费者预期将来商品会降价使得需求减少,需求曲线 D_1 向左平移到 D_3 的位置,需求数量从 Q_1 减少为 Q_3。所以,需求变动不仅表示需求数量的变化,也表示整个需求状态的变动,即"点动线也动"。

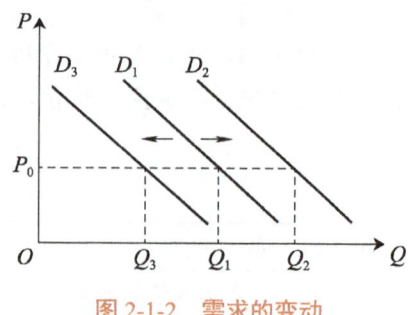

图 2-1-2　需求的变动

课堂讨论

情人节和超市促销期间鲜花需求的变化相同吗?为什么?

(三)需求定理

在其他因素不变时,商品的价格越高,人们愿意购买的数量就越少;价格越低,人们愿意购买的数量就越多,这被称为需求定理。但是也有一些特殊的商品不符合需求定理,如珠宝、豪宅和古董等用于显示拥有者社会地位与身份的奢侈品,当这些商品的价格下降时,其需求量反而会减少。

视野拓展

吉芬商品

吉芬商品指的是一些需求量与价格呈同向变动的特殊商品,也被称为"低档生活必需品",是由英国统计学家罗伯特·吉芬最早发现的。1945 年爱尔兰发生大灾荒,马铃薯价格上升,但是其需求量反而增加了。通过调查,吉芬发现是因为灾荒使爱尔兰人民收入减少,没有能力购买马铃薯之外的其他食物,所以,尽管马铃薯价格上涨,其需求也没有减少,反而增加了。

吉芬商品

课堂讨论

还有哪些特殊商品不符合需求定理?

二、供给理论

(一) 供给的相关概念

1. 供给

一种商品的供给是指生产者在一定时期内,在各种可能的价格下,愿意并且能够提供出售的该种商品的数量。和需求一样,生产者对某种商品的供给也必须具备两个条件,一是出售愿望,二是出售能力,两者缺一不可。

课堂讨论

生产者惜售能形成商品供给吗?食品生产者能形成衣物供给吗?

经济学中的供给包括个人供给和市场供给。个人供给是市场供给的基础和前提,市场供给可以通过个人供给加总而得到。

2. 供给量

一种商品的供给量是指在某一个价格水平下,生产者愿意并且能够出售的商品量。供给量表现为供给曲线上的某个点。供给是与不同价格水平相对应的各供给量的总称,表现为整条供给曲线。

3. 供给表

一种商品的供给表是表示商品的价格水平和供给量之间一一对应关系的数字序列表。例如,Y 商品的供给表如表 2-1-6 所示。

表 2-1-6 Y 商品的供给表

价格-数量组合	A	B	C	D	E
价格/元	2	3	4	5	6
供给量/个	0	20	40	60	80

4. 供给曲线

一种商品的供给曲线是根据供给表中商品不同的价格与对应供给量的组合在平面坐标图上所绘制的一条曲线。例如,根据 Y 商品的供给表中的价格 P 与供给量 Q 之间的组合(A,B,C,D,E)绘制该商品的供给曲线如图 2-1-3 所示。供给曲线是向右上方倾斜的,表示此商品的供给量和价格之间呈正方向变动。

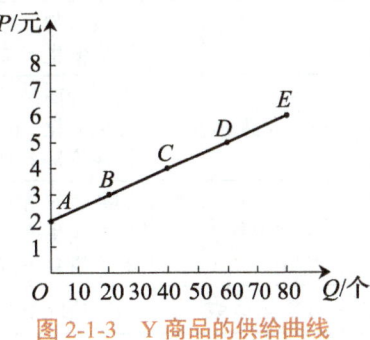

图 2-1-3 Y 商品的供给曲线

(二) 供给函数

1. 供给函数的概念

供给函数表示一种商品的供给量和该商品价格之间存在着一一对应的关系。假定其他

因素保持不变，只分析商品价格对商品供给量的影响，那么，商品的供给量可以表示为其价格的函数，其公式为

$$Q^s = f(P) \tag{2-1-4}$$

式（2-1-4）中，P 为商品的价格，Q^s 为商品的供给量。

例如，根据 Y 商品的供给表和供给曲线，得出其供给函数为 $Q^s = 20P - 40$。

同需求曲线一样，实际上，供给曲线可以是直线，也可以是曲线。当供给函数为非线性函数时，相应的供给曲线为曲线。在微观经济学分析中，不影响分析结论的前提下，大多选择线性供给函数，其通常形式为

$$Q^s = \gamma \cdot P - \delta \tag{2-1-5}$$

式（2-1-5）中，γ，δ 为大于 0 的常数。

> **视野拓展**
>
> 广义供给函数表示一种商品的供给量和影响该供给量的各种因素之间存在着的对应关系。其中，影响供给量的各种因素都是自变量，供给量是因变量。用 Q^s 代表供给量，a，b，c，d 等代表影响供给量的各种因素，则供给函数可以表示为
>
> $$Q^s = f(a, b, c, d, \cdots) \tag{2-1-6}$$

2. 影响供给量的因素

一种商品的供给量是由多个因素共同决定的，除了商品价格，还包括生产成本、生产技术水平、相关商品价格、生产者预期及生产者人数等，如表 2-1-7 所示。

表 2-1-7　影响供给量的因素

因　素	影　响
生产成本	一般来说，商品的供给量与生产成本呈反方向变动。在商品自身价格不变的条件下，生产成本上升会减少利润，从而使得商品的供给量减少；反之，生产成本下降会增加利润，从而使得商品的供给量增加
生产技术水平	一般来说，商品的供给量与生产技术水平呈正方向变动。生产技术水平的提高可以降低生产成本，增加生产者的利润，从而使得商品的供给量增加
相关商品价格	当一种商品的价格不变，而其他相关商品的价格发生变化时，该商品的供给量会发生变化。例如，对某个种植花生和油葵的农户来说，在花生油价格不变和葵花籽油价格上升时，该农户就可能减少花生的耕种面积而增加油葵的耕种面积
生产者预期	如果生产者对未来的预期是乐观的，如预期商品的价格会上涨，那么生产者往往会扩大生产，增加商品供给量。如果生产者对未来的预期是悲观的，如预期商品的价格会下降，那么生产者往往会缩减生产，减少商品供给量
生产者人数	一般情况下，当一个商品市场上生产者人数增多时，商品的供给量也会增多

课堂讨论

（1）花生油和葵花籽油是互补品还是替代品？试举出另一种相关商品的例子。

（2）你认为，影响供给的因素还有哪些？

3. 供给量变动与供给变动

供给量的变动是指在其他条件不变时，由某商品的价格变动所引起的该商品供给数量的变动。在供给曲线中，供给量的变动表现为组合点沿着一条既定的供给曲线的运动，整个供给曲线并未发生变动，即"点动线不动"。

供给的变动是指在某商品价格不变的条件下，由于其他因素（如上文讲到的五种因素）变动所引起的该商品的供给数量的变动。在供给曲线中，供给的变动表现为供给曲线的位置发生移动。如图 2-1-4 所示，在商品价格不变的前提下，生产成本降低使得供给增加，于是供给曲线 S_1 向右平移到 S_2 的位置，既定价格为 P_0 时，供给数量从 Q_1 增加为 Q_2；同样，生产成本增加使得供给减少，供给曲线 S_1 向左平移到 S_3 的

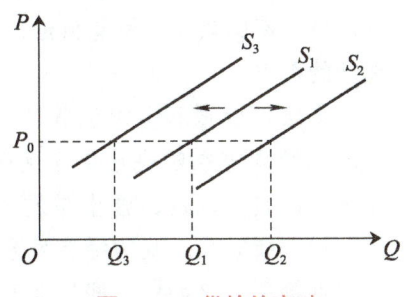

图 2-1-4 供给的变动

位置，供给数量从 Q_1 减少为 Q_3。可以看出，供给变动可以引起每一个既定的价格水平供给量都增加或者都减少。所以，供给变动不仅表示供给数量的变化，也表示整个供给曲线的变动，即"点动线也动"。

（三）供给定理

在其他因素不变时，商品的价格越高，生产者的供应量就越大；商品的价格越低，生产者的供应量就越小。这被称为供给定理。但是，也有一些商品具有特殊性，比如劳动。劳动的供给曲线是一条向后弯曲的曲线，如图 2-1-5 所示，在开始阶段，随着工资的提高，劳动供给慢慢增加；但当工人的工资已经很高的时候，对闲暇的需求增加了，工作较少的时间就能获得与之前同样或更多的收入。因此，当工资高到一定程度时，劳动供给反而随着工资的提高慢慢减少，劳动者选择增加更多的娱乐和休息的时间。

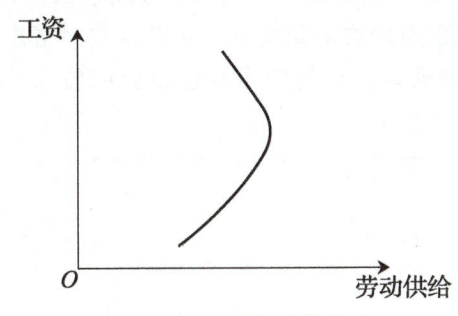

图 2-1-5 劳动的供给曲线

经济学基础

课堂讨论

还有哪些商品不符合供给定理？

经济指南

供给侧改革

供给和需求是市场经济内在关系的两个基本方面，它们之间是既对立又统一的辩证关系。没有需求，供给就无从实现，新的需求可以催生新的供给；没有供给，需求就无法满足，新的供给可以创造新的需求。

供给侧改革

供给侧管理和需求侧管理是调控宏观经济的两个基本手段。需求侧管理重在解决总量性问题，注重短期调控。供给侧管理重在解决结构性问题，注重激发经济增长动力。

进入新时代，我国经济发展面临的问题，供给和需求两侧都有，但矛盾的主要方面在供给侧。比如，一些行业和产业产能严重过剩，同时大量关键装备、核心技术、高端产品仍依赖进口；农业发展形势很好，但一些供给没有很好地适应需求变化；一些有大量购买力支撑的消费需求在国内得不到有效供给，消费者将大把钞票花费在出境购物、"海淘"购物上等。

事实证明，我国不是需求不足，或是没有需求，而是需求变了，供给的产品却没有变，质量、服务跟不上。有效供给能力不足带来大量"需求外溢"，消费能力严重外流。面对我国经济发展中供给与需求的深层次结构性矛盾和问题，党中央做出推进供给侧结构性改革的重大战略决策。

推进供给侧结构性改革，是在全面分析国内经济阶段性特征的基础上调整经济结构、转变经济发展方式的治本良方，是培育增长新动力、形成先发新优势、实现创新引领发展的必然要求。

供给侧结构性改革，既强调供给又关注需求，既突出发展社会生产力又注重完善生产关系，既要发挥市场在资源配置中的决定性作用又要更好地发挥政府作用，既着眼当前又立足长远。推进改革的内涵是增强供给侧结构对需求变化的适应性、灵活性，不断让新的需求催生新的供给，让新的供给创造新的需求，在相互推动中实现经济发展。

班级_____　　姓名_____　　学号_____

任务检测

一、单选题

1. 需求定理说明（　　）。
   A. 药品价格上涨会使药品质量提高
   B. 计算机价格下降导致销售量增加
   C. 门票价格提高，游览公园的人数增加
   D. 汽油价格提高，小汽车的销售量减少

2. 黄瓜需求数量的变动，可能是由于（　　）。
   A. 黄瓜的价格提高了　　　　B. 消费者得知黄瓜有益健康
   C. 消费者预期黄瓜将降价　　D. 以上都对

3. 当牙膏的价格下降时，对牙刷的需求将（　　）。
   A. 减少　　　　　　　　　　B. 不变
   C. 增加　　　　　　　　　　D. 视具体情况而定

4. 养牛所需饲料的价格上升了，假定其他条件不变，则生牛的（　　）。
   A. 需求减少　　　　　　　　B. 需求增加
   C. 供给减少　　　　　　　　D. 供给增加

5. 某一时期，洗衣机的供给曲线向右移动的原因可能是（　　）。
   A. 洗衣机的价格下降　　　　B. 生产者对洗衣机的预期价格上升
   C. 消费者收入上升　　　　　D. 生产洗衣机的要素成本上升

二、多选题

6. 供给的构成要件是（　　）。
   A. 商品用途　　　　　　　　B. 生产者有出售欲望
   C. 生产者有出售能力　　　　D. 商品价格

三、简答题

7. 简要说明需求变动与需求量变动的区别与联系。

班级_____   姓名_____   学号_____

8．影响供给量的因素有哪些？

四、计算题

9．已知某店一天的枣仁蛋糕供给如表 2-1-8 所示，画出此店的供给曲线并求出其供给函数。

表 2-1-8　某店一天枣仁蛋糕供给表

价格-数量组合	A	B	C	D	E
价格/元	2	4	6	8	10
供给量/个	1	2	3	4	5

班级_____   姓名_____   学号_____

任务二　掌握价格理论

（一）任务描述

不同歌手演唱会的门票价格有很大差别，一般来说，美声歌手的门票比较便宜，比如某著名美声歌手的门票只需 180 元；通俗歌手的门票比较贵，比如普通歌手的门票可以达到 600 元，而偶像歌手的门票甚至高达千元。一般来说，美声歌手专业培训费用比通俗歌手高很多，应该是美声歌手的门票贵一些才对，但事实却相反，这是为什么呢？

以小组为单位，调研国家的限价措施及效果。

价格到底由什么决定

（二）任务分工

全班学生以 3~5 人为一组进行分组，每组设组长 1 名，小组讨论任务分工并将分工情况填写至表 2-2-1 中。

表 2-2-1　小组成员及分工情况

小组成员	姓　名	学　号	任务分工
组长			
组员			

（三）任务准备

请各组长组织组员进行预习，收集和整理相关资料，讨论并用通俗易懂的语言结合具体事例回答下列问题。

（1）什么是均衡价格？

（2）最低限价指的是什么？

班级_____   姓名_____   学号_____

（四）任务实施

通过课堂学习、小组合作调查等，完成表 2-2-2。

表 2-2-2　国家的限价措施及效果

措　施	效　果

（五）任务评价

各组派代表展示任务实施成果，并配合指导老师完成表 2-2-3 所示的任务评价。

表 2-2-3　任务评价

评价项目	评价内容	分　值	评价分数 自　评	评价分数 组　评	评价分数 师　评
职业素养考核目标（40%）	考勤、仪容仪表	10 分			
职业素养考核目标（40%）	责任意识、纪律意识	10 分			
职业素养考核目标（40%）	团队合作与交流	20 分			
专业能力考核目标（60%）	任务准备过程讨论及记录的完成度	20 分			
专业能力考核目标（60%）	任务实施过程记录的完成度	20 分			
专业能力考核目标（60%）	任务实施成果的展示效果	20 分			
	合计	100 分			
综合评价	综合分数_____（自评×25%+组评×25%+师评×50%） 综合等级_____ 综合评语： 指导老师签字_____				

项目二 需求、供给与价格理论

一、均衡价格的决定

（一）均衡

在经济学中，均衡是一个被广泛运用的重要概念，是指经济事物中有关的变量在一定条件的相互作用下所达到的一种相对静止的状态。经济事物之所以能够处于这样一种静止状态，是因为在这样的状态中，有关该经济事物的各参与者的力量能够相互制约和相互抵消，也由于在这样的状态中，有关该经济事物的各方面的经济行为者的愿望都能得到满足。

（二）均衡价格

市场均衡是指市场上供给和需求相等时的状态，此时对应的数量和价格分别被称为均衡数量和均衡价格。如图 2-2-1 所示，需求曲线 D 和供给曲线 S 相交于点 E，点 E 对应的价格 $\overline{P}$ 为均衡价格，数量 $\overline{Q}$ 为均衡数量。

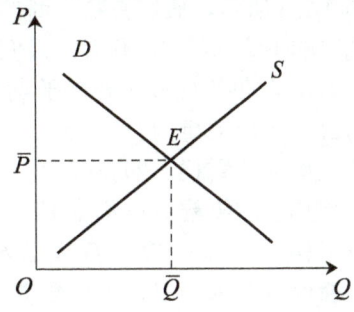

图 2-2-1　均衡价格和均衡数量

（三）均衡价格的决定

均衡价格是供给和需求这两种相反的力量共同作用的结果，是在供求双方的交易过程中自发形成的。均衡价格的形成或者说商品市场达到均衡的过程可以用图 2-2-2 来说明。商品价格为 P_1 时，需求量为 Q_1，供给量为 Q_2，供给大于需求，存在商品过剩，于是价格会下降，导致供给减少，趋于均衡点 E；商品价格为 P_2 时，供给量为 Q_1，需求量为 Q_2，需求大于供给，存在商品短缺，于是价格会上升，导致供给增多，趋于均衡点 E。由此可见，市场上总存在着变化的力量，使供求双方各自做出调整，最终达到市场的均衡。

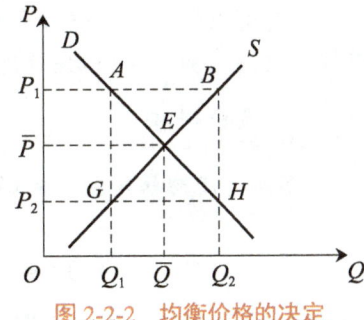

图 2-2-2　均衡价格的决定

课堂讨论

球鞋市场中，溢价球鞋产生的原因是什么？

随堂巩固

假设 X 商品的需求函数为 $Q^d = 200 - 5P$，供给函数为 $Q^s = 50 + 10P$，试确定 X 商品的均衡价格和均衡数量。

【参考答案】均衡时，$Q^d = Q^s$，即 $200 - 5P = 50 + 10P$，得 $\overline{P} = 10$，$\overline{Q} = 150$。

因此，X 商品的均衡价格为 10，均衡数量为 150。

二、均衡价格的变动

（一）需求变动对均衡的影响

我们先来讨论在供给不变的条件下，需求变动对均衡的影响。当影响需求的因素，如消费者的收入水平、相关商品价格、消费者偏好等发生变动时，会引起需求曲线发生变动，进而引起均衡价格和均衡数量的变动。

例如，考察天气情况如何影响雪糕市场。如图2-2-3所示，假定雪糕厂商的供给不变，即存在既定的供给曲线S。春天，人们对雪糕的需求曲线是D_1，与供给曲线S相交于点E_1，此时均衡价格为P_1，均衡数量为Q_1；夏天，炎热的天气使人们想吃更多的雪糕，即在任何一种既定价格下，人们想购买的雪糕数量都增多了，所以需求曲线向右平移至D_2的位置，D_2与S相交于点E_2，此时均衡价格P_2大于P_1，均衡数量Q_2大于Q_1；同理，

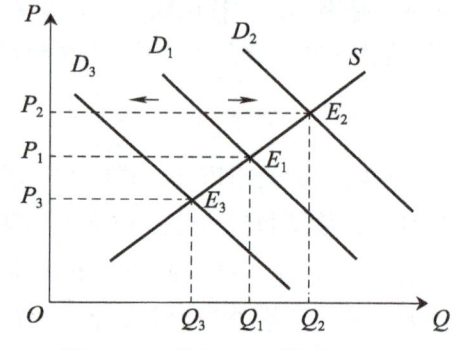

图 2-2-3　需求变动对均衡的影响

冬天，人们对雪糕的需求减少，需求曲线向左平移至D_3的位置，D_3与S相交于点E_3，此时均衡价格P_3小于P_1，均衡数量Q_3小于Q_1。

由此可以得出：在供给不变的情况下，需求增加会使均衡价格和均衡数量都增加；需求减少会使均衡价格和均衡数量都减少。

 课堂讨论

冬季，流感暴发会怎样影响口罩市场？

（二）供给变动对均衡的影响

接着我们讨论在需求不变的条件下，供给变动对均衡的影响。当影响供给的因素，如生产成本、生产技术水平、相关商品价格、生产者预期等因素发生变动时，会引起供给曲线发生变动，进而引起均衡价格和均衡数量的变动。

例如，考察糖的价格如何影响雪糕市场。如图2-2-4所示，假定消费者的需求不变，即存在既定的需求曲线D，正常时候厂商对雪糕的供给曲线是S_1，与需求曲线D相交于点E_1，此时均衡价格为P_1，均衡数量为Q_1；自然灾害导致糖的价格上涨，雪糕的生产成本增加，生产者对雪糕的供给减少，供给曲线向左平移至S_2的位置，S_2与D相交于点E_2，此时均衡价格P_2大于P_1，均衡数量Q_2小于Q_1；同理，糖的价格下降时，厂商对雪糕的供给增加，供给曲线向右平移至S_3的位置，S_3与D相交于点E_3，此时均衡价格P_3小于P_1，均衡数量Q_3大于Q_1。

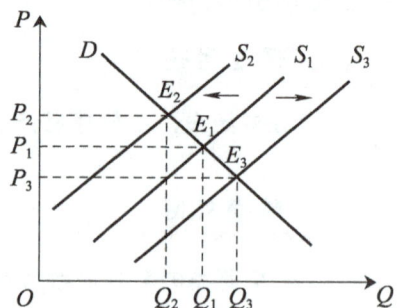

图 2-2-4　供给变动对均衡的影响

由此可以得出：在需求不变的情况下，供给增加会使均衡价格下降，均衡数量增加；供给减少会使均衡价格上升，均衡数量减少。

综上所述，可以得到供求定理：在其他条件不变的情况下，需求变动分别引起均衡价格和均衡数量的同方向变动；供给变动引起均衡价格的反方向变动，引起均衡数量的同方向变动。

（三）供求同时变动对均衡的影响

需求与供给同时变动对均衡的影响需要分情况讨论。

1. 需求和供给同方向变动

需求和供给同时增加或减少，会引起均衡数量同方向变动，而这时均衡价格会出现提高、降低或保持不变三种情况，这主要取决于需求和供给各自变动的幅度。例如，需求和供给同时增加，但供给增加的幅度大于需求增加的幅度，如图 2-2-5 所示，需求曲线 D_1 和供给曲线 S_1 分别向右平移至 D_2 和 S_2，均衡点从 E_1 变为 E_2，均衡数量增加了，均衡价格下降了。

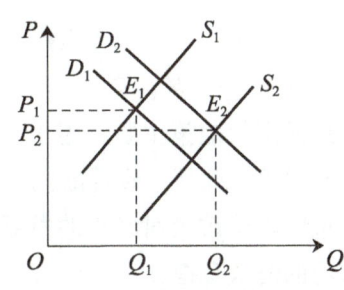

图 2-2-5　供求同时变动对均衡的影响

2. 需求和供给反方向变动

需求增加而供给减少，或者需求减少而供给增加时，会引起均衡价格与需求同方向变动，而这时均衡数量的变动会出现提高、降低或保持不变三种情况，这也取决于需求和供给各自变动的幅度。此处的解析方法同上。

课堂讨论

（1）供求同时增加时，在什么情况下会使均衡价格不变或升高？

（2）分析供求反方向变化的几种状况。

由此可以得出：当供求同向变动时，均衡数量与供求同向变动，均衡价格如何变动取决于供求变动的幅度；当供求反方向变动时，均衡价格与需求同向变动，均衡数量如何变动取决于供求变动的幅度。

中央定价目录

三、价格与资源配置

价格机制对市场的调节并不是万能的，且有时均衡价格对经济发展并不是最有利的，因此政府会根据具体的经济形势采取一系列的经济政策，对市场进行干预，比如限价。

（一）最低限价

1. 最低限价的概念

最低限价又称"保护价格"或"支持价格"，是指政府为了扶持某一行业发展而规定的该行业产品的最低价格。最低限价总是高于市场均衡价格，目的是保护生产者的利益。如图 2-2-6 所示，某行业产品的市场均衡价格为 $\overline{P}$，均衡数量为 $\overline{Q}$，政府为了支持这一行业的发展，规定产品价格为 P_1，此时市场供给为 Q_2，需求为 Q_1，出现产品过剩的情况。

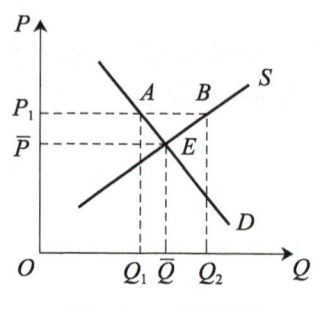

图 2-2-6　最低限价

> **学习札记**
> 为了维持最低限价，政府通常会收购市场上过剩的产品用于国家储备或出口。

2. 最低限价的应用

最低限价政策主要适用于少数农产品，现阶段在我国主要是小麦和稻谷。此外，设置最低工资标准也属于最低限价政策。

最低限价政策对经济的发展和稳定有很大的作用，但也会增加政府的财政负担。

最低工资标准情况

（二）最高限价

1. 最高限价的概念

另一种限价方式是最高限价，也称"限制价格"，是政府为了限制某些产品（主要是生活必需品）的价格上涨而规定的最高市场价格。最高限价总是低于市场均衡价格，目的是保护消费者的利益。如图 2-2-7 所示，某产品的市场均衡价格为 $\overline{P}$，均衡数量为 $\overline{Q}$，政府为了限制价格过高，规定产品价格为 P_1，此时市场供给为 Q_1，需求为 Q_2，出现产品短缺的情况。

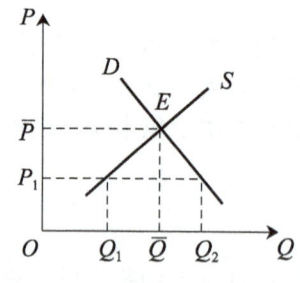

图 2-2-7　最高限价

> **学习札记**
> 为了维持最高限价，政府通常会采取配给制。

2. 最高限价的应用

最高限价主要适用于重要公用事业、公益性服务和一些垄断领域的产品，如天然气、电力、特殊药品等。

最高限价有利于社会平等与安定，但也易导致消费者排队抢购及黑市交易现象。

班级_____ 姓名_____ 学号_____

任务检测

一、单选题

1. 在需求和供给同时减少的情况下，（ ）。
   A．均衡价格和均衡交易量都将下降
   B．均衡价格将下降，均衡交易量的变化无法确定
   C．均衡价格的变化无法确定，均衡交易量将减少
   D．均衡价格将上升，均衡交易量将下降

2. 如果市场价格高于均衡价格，则存在（ ）。
   A．产品过剩   B．产品短缺
   C．黑市交易   D．难以确定

3. 政府为了支持农业，对农产品规定了高于其均衡价格的最低限价。政府为了维持价格，应采取的措施是（ ）。
   A．增加对农产品的税收   B．实行农产品配给制
   C．收购过剩的农产品   D．给予农产品生产者补贴

二、多选题

4. 某商品在需求不变的情况下，供给增加的结果是（ ）。
   A．均衡数量增加   B．均衡数量减少
   C．均衡价格上升   D．均衡价格下降

5. 一般情况下，政府实施最高限价可能产生的结果是（ ）。
   A．生产者变相涨价   B．产品短缺
   C．黑市交易   D．过度生产

三、简答题

6. 均衡价格是怎样形成的？

班级_____ 姓名_____ 学号_____

四、应用题

7．限制住房价格及租金，能否解决住房短缺问题？

五、计算题

8．假设某商品的需求曲线是 $Q^d = 30\,000 - 20P$，供给曲线是 $Q^s = 5\,000 + 5P$，试求：

（1）分别画出该商品的需求和供给曲线；

（2）该商品的均衡价格；

（3）在均衡价格下，市场的供给量与需求量；

（4）若政府规定该商品的最高限价为400，则该商品的供求关系将会受到怎样的影响？

班级_____ 姓名_____ 学号_____

任务三 认识弹性理论

任务工单

(一) 任务描述

我们平时会看到很多商品打折销售的消息,但同时也会发现,有的商品即使打折,购买的消费者也不会增加很多,例如食盐、纸笔;而有的商品打折之后,消费者的需求量会显著增加,例如化妆品、电影票。这种现象产生的原因是什么呢?

以小组为单位,探讨需求价格弹性和需求交叉价格弹性的共同点和区别。

(二) 任务分工

全班学生以 3~5 人为一组进行分组,每组设组长 1 名,小组讨论任务分工并将分工情况填写至表 2-3-1 中。

表 2-3-1 小组成员及分工情况

小组成员	姓 名	学 号	任务分工
组长			
组员			

(三) 任务准备

请各组长组织组员进行预习,收集和整理相关资料,讨论并用通俗易懂的语言结合具体事例回答下列问题。

(1) 什么是弹性?

(2) 什么是需求价格弹性?

班级_____   姓名_____   学号_____

（四）任务实施

通过课堂学习、小组合作查阅资料等，完成表2-3-2。

表2-3-2 需求价格弹性和需求交叉价格弹性的共同点和区别

共同点	
区　别	

（五）任务评价

各组派代表展示任务实施成果，并配合指导老师完成表2-3-3所示的任务评价。

表2-3-3 任务评价

评价项目	评价内容	分　值	评价分数		
			自　评	组　评	师　评
职业素养考核目标（40%）	考勤、仪容仪表	10分			
	责任意识、纪律意识	10分			
	团队合作与交流	20分			
专业能力考核目标（60%）	任务准备过程讨论及记录的完成度	20分			
	任务实施过程记录的完成度	20分			
	任务实施成果的展示效果	20分			
	合计	100分			
综合评价	综合分数_____（自评×25%+组评×25%+师评×50%） 综合等级_____ 综合评语： 指导老师签字_____				

一、弹性的概念

食盐和化妆品需求对降价的反应程度不同,可以从图 2-3-1 的需求曲线中更为直观地看出。对于同样单位的价格变动(P_1 到 P_2),食盐的需求反应程度小,需求量变动小(Q_1 到 Q_2);化妆品的需求反应程度大,需求量变动大(Q_3 到 Q_4)。

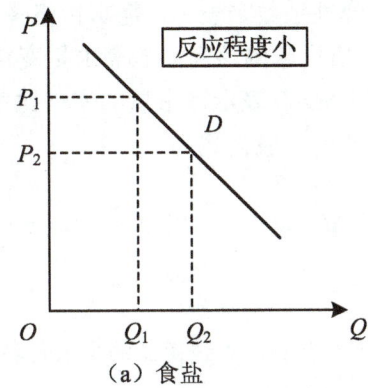 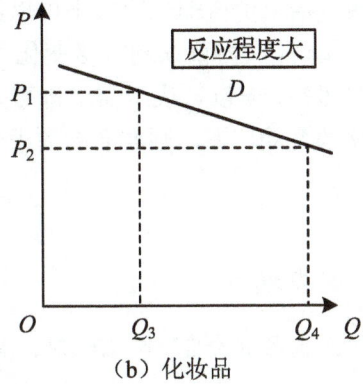

图 2-3-1　食盐和化妆品的需求曲线

价格的变动所引起的需求量的变化程度,需要用弹性理论来说明。

在经济学中,弹性是用来表示因变量对自变量变化反应的敏感程度。弹性大小可以用弹性系数来表示,即当一个经济变量发生百分之一的变动时,由它引起的另一个经济变量变动的百分比。

在经济学中,弹性系数的一般公式为

$$\text{弹性系数} = \frac{\text{因变量的变动比例}}{\text{自变量的变动比例}} \quad (2\text{-}3\text{-}1)$$

假设两个经济变量之间的函数关系为 $Y = f(X)$,则弹性系数的一般公式还可以表示为

$$e = \frac{\Delta Y/Y}{\Delta X/X} = \frac{\Delta Y}{\Delta X} \cdot \frac{X}{Y} \quad (2\text{-}3\text{-}2)$$

式(2-3-2)中,e 为弹性系数;ΔX,ΔY 分别为 X,Y 的变动量。该式表示,当自变量 X 变化百分之一时,因变量 Y 随之变动的幅度。

随堂巩固

商品的价格为 10 元每件时,供给量为 150 件;价格为 14 元每件时,供给量为 180 件。这一商品的供给价格弹性系数为多少?

【参考答案】这一商品的供给价格弹性系数 $e = \dfrac{\Delta Y/Y}{\Delta X/X} = \dfrac{(180-150)/150}{(14-10)/10} = 0.5$。

二、需求弹性

(一) 需求价格弹性

1. 需求价格弹性的概念

需求价格弹性表示在一定时期内一种商品的需求量的变动对于该商品的价格变动的反应程度。需求价格弹性的大小可以用需求价格弹性系数来表示。需求价格弹性系数表示在一定时期内，一种商品的价格变化百分之一时，所引起的该商品的需求量变化的百分比。根据定义可知，若以 e_d 表示需求价格弹性系数，以 $\Delta Q/Q$ 表示需求量的变动比率，以 $\Delta P/P$ 表示价格的变动比率，则商品的需求价格弹性系数的一般公式为

$$e_d = -\frac{\Delta Q/Q}{\Delta P/P} = -\frac{\Delta Q}{\Delta P} \cdot \frac{P}{Q} \tag{2-3-3}$$

随堂巩固

已知 A 商品的价格下降 20% 时，其需求量上升了 30%，求该商品的需求价格弹性系数。

【参考答案】该商品的需求价格弹性系数 $e_d = -\dfrac{\Delta Q/Q}{\Delta P/P} = -\dfrac{30\%}{-20\%} = 1.5$。

在理解需求价格弹性的含义时，应注意以下几点。

（1）在需求量和价格这两个经济变量之间，价格 P 是自变量，需求量 Q 是因变量。

（2）需求价格弹性不是需求量变动的绝对值与价格变动的绝对值的比值，而是需求量变动比率与价格变动比率的比值。

（3）弹性系数的数值可以为正，也可以为负。一般来说，商品需求量与价格呈反方向变动。因此，需求价格弹性系数通常为负值。但在实际运用中，为了便于分析与比较，就在式（2-3-3）前加了一个负号。

（4）需求价格弹性系数越大，则说明需求量的变动对价格变动越敏感。

（5）在同一条需求曲线上不同点的斜率虽然相同，但是需求价格弹性系数的大小并不相同。

视野拓展

在实际计算中，为了消除价格下降和价格上升时计算的需求价格弹性系数值的差别，价格和需求量都取变动前后的平均值。因此，需求价格弹性系数的计算公式可以写为

$$e_d = -\frac{\Delta Q}{\Delta P} \cdot \frac{P}{Q} = -\frac{Q_2 - Q_1}{P_2 - P_1} \cdot \frac{(P_1 + P_2)/2}{(Q_1 + Q_2)/2} \tag{2-3-4}$$

例如，已知 A 商品的需求函数为 $Q = 20 - 4P$，需求曲线上 $P_1(P_1 = 2)$ 到 $P_2(P_2 = 4)$ 的需求价格弹性系数 $e_d = -\dfrac{Q_2 - Q_1}{P_2 - P_1} \cdot \dfrac{(P_1 + P_2)/2}{(Q_1 + Q_2)/2} = -\dfrac{4 - 12}{4 - 2} \times \dfrac{(2 + 4)/2}{(12 + 4)/2} = 1.5$。

2. 需求价格弹性的分类

一般来说，富有弹性商品的需求曲线相对平坦，缺乏弹性商品的需求曲线相对陡峭。需求价格弹性一般可分为以下五种类型。

（1）$e_d=0$，完全无弹性。如图 2-3-2（a）所示，无论商品价格变动多少，消费者的需求量都不会发生改变，如特效药、火葬服务等无替代品的必需品。

（2）$0<e_d<1$，缺乏弹性。如图 2-3-2（b）所示，商品价格变动一个百分点时，需求量变动小于一个百分点，这表明消费者对价格变动很不敏感，如食物、衣服等必需品。

（3）$e_d=1$，单位弹性。如图 2-3-2（c）所示，商品价格变动一个百分点时，需求量也变动一个百分点。

（4）$e_d>1$，富有弹性。如图 2-3-2（d）所示，商品价格变动一个百分点时，需求量变动大于一个百分点，这表明消费者对价格变动很敏感，如旅行、首饰、化妆品等奢侈品。

（5）$e_d=\infty$，完全弹性。如图 2-3-2（e）所示，价格的微弱变化会导致需求量的急剧变化，即价格提升会导致需求量为零，价格降低则需求无限，如货币。

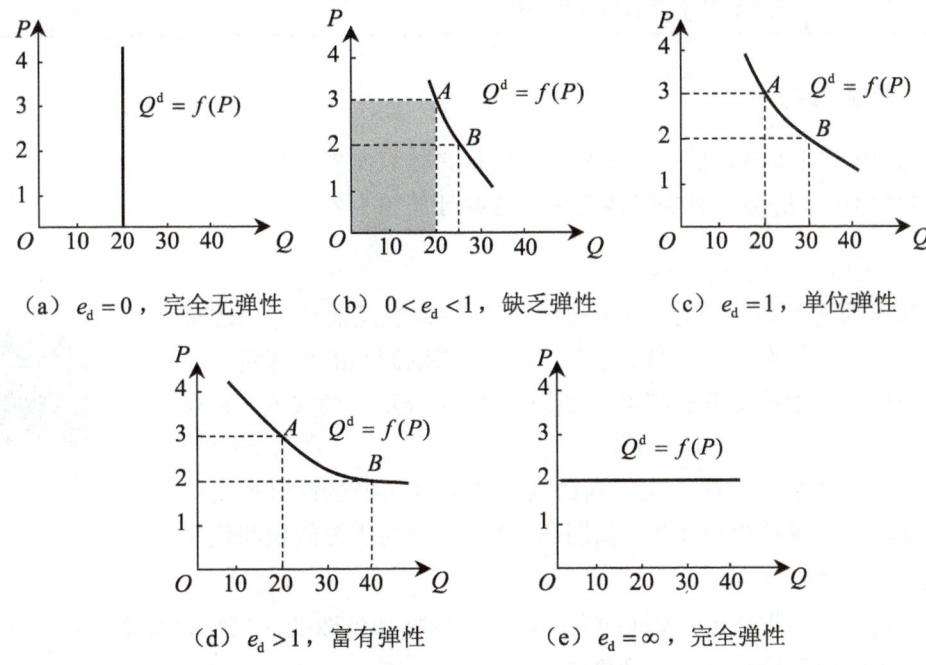

图 2-3-2 需求价格弹性的五种类型

3. 需求价格弹性的影响因素

影响需求价格弹性的因素主要有商品的可替代性、商品用途的广泛性、商品对消费者的重要程度、商品消费支出在消费者总支出中所占的比重等，如表 2-3-4 所示。

表 2-3-4 需求价格弹性的影响因素

因 素	影 响
商品的可替代性	商品的可替代性和需求价格弹性呈正方向变动,即可替代品越多,该商品的需求价格弹性也就越大;反之,商品的需求价格弹性也就越小。例如,红豆面包有较多替代品,当红豆面包价格上升时,消费者就会减少红豆面包的需求量,转而购买椰蓉面包、肉松面包等,所以其需求价格弹性较大;而食盐的可替代性较小,其需求价格弹性也较小
商品用途的广泛性	商品用途的广泛性和需求价格弹性呈正方向变动,即用途越广泛,该商品的需求价格弹性也就越大;反之,商品的需求价格弹性也就越小。这是因为,如果一种商品具有多种用途,当它的价格较高时,消费者会购买较少的数量用于最重要的用途;当它的价格逐步下降时,消费者购买的数量就会逐渐增加,将商品越来越多地用于其他用途
商品对消费者的重要程度	商品对消费者的重要程度和需求价格弹性呈反方向变动,即生活必需品的需求价格弹性较小,非必需品的需求价格弹性较大。例如,食盐、馒头的需求价格弹性较小,电影票的需求价格弹性较大
商品消费支出在消费者总支出中所占的比重	商品消费支出在消费者总支出中所占的比重和需求价格弹性呈正方向变动,即商品消费支出在消费者总支出中所占的比重越大,该商品的需求价格弹性就越大;反之,需求价格弹性则越小。因为消费者每月在这些商品上的支出很小,所以他们往往不太重视这类商品价格的变化

课堂讨论

(1) 哪些商品因为用途广泛而需求价格弹性较高?
(2) 你还知道哪些影响商品需求价格弹性的因素?

4. 需求价格弹性与厂商收入

厂商在调整商品价格时,商品的需求价格弹性是需要考虑的重要因素之一。厂商收入等于商品的价格(P)乘以商品的销售量。在此假定销售量等于消费者的需求量(Q),用 TR 表示厂商收入,则有

$$TR = P \cdot Q \quad (2\text{-}3\text{-}5)$$

为什么机票提前买更便宜?

厂商收入在需求曲线上表现为曲线上的某点向坐标轴引垂线,垂线与坐标轴组成的矩形面积,如图 2-3-2(b)中的阴影面积即代表点 A 的销售收入。

(1) $e_d = 0$,即完全无弹性的商品,无论价格如何改变,需求量都不变。因此,理论上厂商可无限提高价格来增加销售收入。

(2) $0 < e_d < 1$,即缺乏弹性的商品,在图 2-3-2(b)中,点 B 的销售收入小于点 A 的销售收入。因此,厂商可通过提高价格来增加销售收入。

(3) $e_d = 1$,即单位弹性的商品,在图 2-3-2(c)中,点 B 的销售收入等于点 A 的销售收入。因此,价格改变对销售收入无影响。

> **学习札记**
> 完全弹性和完全无弹性都是极端情况,完全弹性的商品在现实生活中几乎不存在。

（4）$e_d > 1$，即富有弹性的商品，在图2-3-2（d）中，点B的销售收入大于点A的销售收入。因此，厂商最好降低价格来增加销售收入。

（5）$e_d = \infty$，即完全弹性的商品，在图2-3-2（e）中，价格提高一点，需求量骤变至0；价格降低则需求无限。因此，厂商不可改变价格。

综上所述，弹性系数小于1的商品，总收益与价格呈同方向变动；弹性系数大于1的商品，总收益与价格呈反方向变动；弹性系数等于1的商品，总收益不受价格变动影响。

课堂讨论

请用弹性相关知识解释"薄利多销"和"谷贱伤农"。

（二）需求收入弹性

1. 需求收入弹性的概念

需求收入弹性表示在一定时期内一种商品的需求量的变动对于消费者的收入变动的反应程度。若以e_M表示需求收入弹性系数，以$\Delta Q/Q$表示需求量的变动比率，以$\Delta M/M$表示收入的变动比率，则商品的需求收入弹性系数的一般公式为

$$e_M = \frac{\Delta Q/Q}{\Delta M/M} = \frac{\Delta Q}{\Delta M} \cdot \frac{M}{Q} \qquad (2\text{-}3\text{-}6)$$

2. 需求收入弹性的分类

按照商品需求收入弹性的大小，可以把商品分为低档品和正常品两类。

（1）低档品，即$e_M < 0$的商品。该类商品的需求与收入呈反方向变动，即消费者的收入增加，其对此类商品的需求反而减少；消费者的收入减少，其对此类商品的需求反而增加。

（2）正常品，即$e_M > 0$的商品。该类商品的需求与收入呈正方向变动，即消费者的收入增加，其对此类商品的需求也增加；消费者的收入减少，其对此类商品的需求也减少。正常品又可分为必需品和奢侈品两类。

① 必需品，即$0 < e_M < 1$的商品。该类商品的需求量变动率小于消费者的收入变动率，即消费者的收入增加不会对商品的需求造成很大影响，此类商品包括油、盐、米、面等。

② 奢侈品，即$e_M > 1$的商品。该类商品的需求量变动率大于消费者的收入变动率，即消费者的收入增加会对商品的需求造成很大影响，此类商品包括名车、名表、豪宅等。

（三）需求交叉价格弹性

1. 需求交叉价格弹性的概念

需求交叉价格弹性表示在一定时期内一种商品的需求量变动对于与它相关商品价格变动的反应程度。需求交叉价格弹性系数的一般公式为

$$需求交叉价格弹性系数 = \frac{X商品需求量变动比率}{Y商品价格变动比率} \qquad (2\text{-}3\text{-}7)$$

根据定义可知，若以e_{XY}表示需求交叉价格弹性系数，以$\Delta Q_X/Q_X$表示X商品需求量

变动比率，以 $\Delta P_Y/P_Y$ 表示 Y 商品价格变动比率，则商品的需求交叉价格弹性系数的一般公式还可以表示为

$$e_{XY} = \frac{\Delta Q_X/Q_X}{\Delta P_Y/P_Y} \qquad (2\text{-}3\text{-}8)$$

随堂巩固

已知 B 商品的价格下降 20% 时，其相关商品 A 的需求量上升了 30%，求它们的需求交叉价格弹性系数。

【参考答案】A，B 商品的需求交叉价格弹性系数 $e_{XY} = \dfrac{\Delta Q_X/Q_X}{\Delta P_Y/P_Y} = \dfrac{30\%}{-20\%} = -1.5$。

2. 需求交叉价格弹性的分类

按照需求交叉价格弹性系数的正负，可以把商品之间的关系分为两类，分别是互为替代品和互为互补品。其中，互为替代品是指两种商品都可以满足消费者的某一种愿望，比如牛肉和羊肉；互为互补品是指两种商品必须同时使用才能满足消费者的某一种愿望，比如羽毛球和羽毛球拍。

（1）$e_{XY} > 0$ 时，两者互为替代品，一种商品的价格与另一种商品的需求量呈正方向变动，即一种商品的价格上升了，消费者会增加其替代品的消费。比如不粘锅价格上升，消费者可能会转而购买铁锅。

（2）$e_{XY} < 0$ 时，两者互为互补品，一种商品的价格与另一种商品的需求量呈反方向变动。即一种商品的价格上升了，消费者会减少其互补品的消费。比如乒乓球拍的价格上升，消费者也会减少乒乓球的购买。

三、供给价格弹性

（一）供给价格弹性的概念

供给价格弹性表示在一定时期内一种商品的供给量的变动对于该商品的价格变动的反应程度。供给价格弹性大小可以用供给价格弹性系数来表示，它表示在一定时期内，一种商品的价格变化百分之一所引起的该商品的供给量变化的百分比。根据定义可知，若以 e_s 表示供给价格弹性系数，以 $\Delta Q/Q$ 表示供给量的变动比率，以 $\Delta P/P$ 表示价格的变动比率，则商品的供给价格弹性系数的一般公式为

$$e_s = \frac{\Delta Q/Q}{\Delta P/P} = \frac{\Delta Q}{\Delta P} \cdot \frac{P}{Q} \qquad (2\text{-}3\text{-}9)$$

供给价格弹性也可以分为五种类型，分别是完全无弹性（$e_s = 0$）、缺乏弹性（$0 < e_s < 1$）、单位弹性（$e_s = 1$）、富有弹性（$e_s > 1$）和完全弹性（$e_s = \infty$）。

(二)供给价格弹性的影响因素

影响供给价格弹性的因素主要包括生产周期的长短、生产的难易程度、生产要素的替代性等,如表 2-3-5 所示。

表 2-3-5　供给价格弹性的影响因素

因　素	影　响
生产周期的长短	一般来说,生产周期长的产品较难提供,厂商往往需要一定的时间和资本才能生产出一定量的产品,因此产品的供给价格弹性较小;投资小、生产周期短的产品较容易提供,厂商可以在短期内生产出一定量的产品,因此它的供给价格弹性较大。例如,农产品和学术著作的供给价格弹性较小,早点的供给价格弹性较大
生产的难易程度	对于生产技术水平低、容易生产的产品,其生产厂商较多,因此其供给价格弹性较大;对于生产技术水平高、较难生产的产品,其生产厂商较少,因此其供给价格弹性较小。例如,牛奶的供给价格弹性较大,石油、房子的供给价格弹性较小
生产要素的替代性	对于生产要素替代性较强的产品,其生产厂商有多种生产要素可供选择,可以保证一定的产量,因此其供给价格弹性较大;反之,其供给价格弹性较小

课堂讨论

影响商品供给价格弹性的因素还有哪些?

班级_____ 姓名_____ 学号_____

任务检测

一、单选题

1. 计算需求价格弹性的方法是（　　）。
   A. 需求量变动量除以价格变动量
   B. 价格变动量除以需求量变动量
   C. 需求量变动百分比除以价格变动百分比
   D. 价格变动百分比除以需求量变动百分比

2. 如果人们收入水平提高，则食物支出在总支出中的比重将（　　）。
   A. 大大增加　　　　　　　　B. 稍有增加
   C. 下降　　　　　　　　　　D. 不变

3. 如果价格上升20%能使买者总支出增加4%，则该商品的需求价格（　　）。
   A. 缺乏弹性　　　　　　　　B. 富有弹性
   C. 具有单位弹性　　　　　　D. 无弹性

4. 政府对某企业出售的商品每单位征税5元，假定这种商品的需求价格弹性为0，可以预期价格上升（　　）。
   A. 多于5元　　　　　　　　B. 少于5元
   C. 等于5元　　　　　　　　D. 以上都不对

二、多选题

5. 若某种商品的需求价格富有弹性，则价格一定程度的下降将会导致（　　）。
   A. 卖者总收益增加　　　　　B. 买者需求量减少
   C. 买者总支出减少　　　　　D. 买者需求量增加

6. 下列选项中，影响供给价格弹性的因素有（　　）。
   A. 生产周期长短　　　　　　B. 生产技术难易
   C. 生产规模大小　　　　　　D. 生产要素替代性

三、计算题

7. 假设某商品的需求价格弹性系数 $e_d = 0.5$，该产品原销售量为800件，每件售价10元。若该产品价格上调10%，则该产品提价后厂商的销售收入变动多少元？假设该商品的需求量等于销售量。

班级_____　　姓名_____　　学号_____

项目实训——调研手机市场价格

一、实训目标

让学生亲自进入市场了解商品的价格变化,并能够用供求与价格理论解释价格变动的原因和判断价格变动的方向。

二、实训内容和要求

1. 小组工作

(1)学生自由分组,以组为单位到不同品牌手机的市场进行调研。调研时应选择正规的品牌和场所。

(2)采访产品营销人员,搜集出三个不同的新产品上市后其价格变动的实际数据,同时询问营销人员价格变动时期与产品相关的新闻。调研完成后,总结归纳新产品上市后价格变动的规律并运用所学的供求与价格理论进行分析。

2. 班级交流

班级组织经济交流会,每组推选一名代表进行演讲发言,其他学生可以提问和探讨,小组成员可以作补充回答。小组之间还可以进行横向的比较。

3. 考核

每个小组提交一份关于手机价格变动原因的总结,学生和教师根据学生平时课堂表现、提交的总结、班级交流发言情况在表2-4-1中进行评估打分,综合评定本项目的成绩。

表2-4-1 项目考核表

考核内容	分值	考核分数		
		自评	组评	师评
日常考勤和课堂纪律	10分			
学习态度和课堂参与	10分			
完成任务检测并保证题目的正确率	50分			
参与项目实训并积极完成各项任务	30分			
合计	100分			
综合评价	综合分数_____(自评×25%+组评×25%+师评×50%) 综合等级_____ 综合评语: 指导老师签字_____			

项目三

消费者行为理论

"雪中送炭"和"锦上添花"常被人们用来形容他人对自己的帮助,那么这两种帮助,哪一种价值更大呢?

这个问题其实很容易回答,对于处在困境中的人来说,别人的一点点帮助也许就足以改变他的一生;而对于一个已经功成名就、风头正劲的人来说,同样的帮助可能就不值一提。我们举一个极端的例子,将一块面包给一个饥肠辘辘的流浪汉,可能就救活了他的生命,而如果给一个百万富翁,他也许不屑一顾。因此,"雪中送炭"的价值远远超过"锦上添花"。

同样的一块面包,不同的选择产生了截然不同的效果。经济学是关于选择的学问,对于消费者来说也是一样。消费的目的是获得幸福,而不同的商品给人们带来的幸福感是不同的,即使是同一种商品,给不同的人带来的幸福感也是不同的。那么,一件商品带来的幸福感的大小有没有一个衡量标准呢?如何才能用有限的资金获得"雪中送炭"般的幸福感呢?

本项目主要介绍效用的相关概念和衡量方法以及消费者均衡是如何决定的,内容包括基数效用理论、序数效用理论、边际效用递减规律等,通过这些知识来解释消费者的行为,帮助消费者做出最优选择。

项目概览

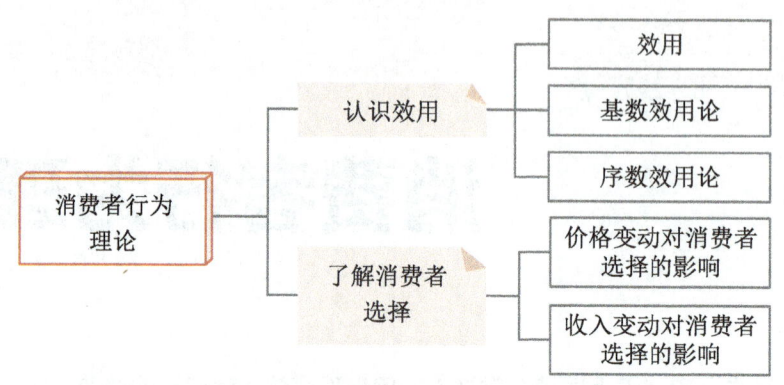

学习目标

知识目标

（1）理解效用、总效用和边际效用的概念。
（2）理解边际效用递减规律和边际替代率递减规律。
（3）掌握消费者均衡的实现条件。

能力目标

（1）能够对消费者均衡进行分析并解释现实生活中常见的经济现象。
（2）在生活中，能利用消费者均衡原则实现效用最大化。

素质目标

（1）通过了解生活中消费者行为的原因，提高学习经济学的兴趣，培养经济思维。
（2）通过学习消费者行为相关知识，建立理性消费意识。

班级_____ 姓名_____ 学号_____

任务一　认识效用

任务工单

（一）任务描述

鱼和鸟争论，世界上哪里最舒服。鱼说："世界上最舒服的地方是水里。我在水里能自由自在地呼吸和觅食。"鸟不同意，说："世界上最舒服的地方是树上。大树能为我遮风挡雨，我的窝就在那里！"鱼和鸟相持不下，跑去请羊评理。羊听了，不由得大笑起来："世界上最舒服的地方在哪里？当然是草原了！草原上不仅空气清新，而且还长着吃不完的、味道鲜美的草。"鱼和鸟听得直摇头。那么，世界上到底哪里最舒服呢？

以小组为单位，探讨基数效用论和序数效用论的基本观点，以及它们各自分析消费者行为的方法。

（二）任务分工

全班学生以 3~5 人为一组进行分组，每组设组长 1 名，小组讨论任务分工并将分工情况填写至表 3-1-1 中。

表 3-1-1　小组成员及分工情况

小组成员	姓　名	学　号	任务分工
组长			
组员			

（三）任务准备

请各组长组织组员进行预习，收集和整理相关资料，讨论并用通俗易懂的语言结合具体事例回答下列问题。

（1）什么是效用？

（2）边际效用递减规律指的是什么？

班级_____   姓名_____   学号_____

(3) 什么是消费者剩余?

(4) 如何理解偏好?

(四) 任务实施

通过课堂学习、小组合作查阅资料等,完成表 3-1-2。

表 3-1-2 基数效用论和序数效用论

名 称	基本观点	分析消费者行为的方法
基数效用论		
序数效用论		

(五) 任务评价

各组派代表展示任务实施成果,并配合指导老师完成表 3-1-3 所示的任务评价。

表 3-1-3 任务评价

评价项目	评价内容	分 值	评价分数		
			自评	组评	师评
职业素养考核目标(40%)	考勤、仪容仪表	10 分			
	责任意识、纪律意识	10 分			
	团队合作与交流	20 分			
专业能力考核目标(60%)	任务准备过程讨论及记录的完成度	20 分			
	任务实施过程记录的完成度	20 分			
	任务实施成果的展示效果	20 分			
	合计	100 分			
综合评价	综合分数_____(自评×25%+组评×25%+师评×50%) 综合等级_____ 综合评语:				

指导老师签字_____

一、效用

(一) 效用的概念

效用是消费者对商品满足自己需求能力的一种主观心理评价，或者说，效用是指消费者在消费商品时所感受到的需求满足程度。例如，在寒冷的冬天，你喝到热汤后感到满足，这就是你得到了效用。

视野拓展

"什么是幸福？"这个问题困扰了人类几千年，答案也是千差万别：文学家把浪漫情调视为幸福，哲学家把实现精神自由视为幸福，企业家把拥有财富视为幸福，老百姓把平安过日子视为幸福……

萨缪尔森在其著作《经济学》中提出了一个经典公式：幸福=效用/欲望。这就是说，幸福取决于效用与欲望这两个因素，即当欲望既定时，效用越大越幸福；当效用既定时，欲望越小越幸福。

效用是一种很主观的感受，它没有客观标准。一般来说，消费者的需求满足程度越高，效用就越大；消费者的需求满足程度越低，效用就越小。需要注意的是，效用的大小和有无也会因人、因时、因地而不同，这取决于消费者是否有消费这种商品的欲望，以及这种商品是否具有满足消费者欲望的能力。

经典案例

朱元璋与"珍珠翡翠白玉汤"

相传，朱元璋在一次战争中，寡不敌众，落荒而逃。为了躲避敌兵追捕，他住在一个小破庙里，三天没有吃东西，又冷又饿，最终病倒。两个路过的乞丐把他救起，将乞讨来的剩饭、烂白菜和馊豆腐加水煮开，端给朱元璋吃。朱元璋因为太饿，连豆腐的馊味儿都没闻出来，"咕咚咕咚"把这锅剩菜汤喝了下去，出了一身汗，人也有精神了，就问这两人："你们给我做的这锅汤叫什么名字啊？"两个乞丐一愣，心想："烂菜汤哪有名字啊？"一个乞丐灵机一动，说："我们这个叫'珍珠翡翠白玉汤'。"朱元璋点头记下了。

几年后，朱元璋做了皇帝，整天吃的都是山珍海味。有一次，他感冒生病，想起了当年喝过的"珍珠翡翠白玉汤"，于是在全国张贴皇榜，寻找会做"珍珠翡翠白玉汤"的人。一位名厨和当年的那两个乞丐都揭了皇榜，声称自己会做"珍珠翡翠白玉汤"。两个乞丐还是将剩饭、烂白菜和馊豆腐加水煮开，做成"珍珠翡翠白玉汤"。名厨则以虾肉小丸子代珍珠，以菠菜代翡翠，以豆腐代白玉，并浇以鱼汤，做成"珍珠翡翠白玉汤"。

两份汤献上后，朱元璋觉得两个乞丐做的汤又酸又臭，命人重打了他们并将其遣返，而名厨做的汤味道鲜美，跟他当年吃到的是一样的，于是下令重赏了那位厨师。

（二）效用的衡量方法

既然效用表示消费者的需求满足程度，那么，这种满足程度该怎么衡量呢？对此，经济学中采用了基数效用和序数效用两种形式。

基数和序数都是数学术语。基数是指1，2，3等这种可以进行计算的量。例如，基数1加10等于11，15是5的3倍等。序数是指第一、第二、第三等，序数只表示顺序或等级，不能进行计算。例如，序数第一、第二和第三，它们可以代表10，20和50，也可以代表100，200和300。

基数效用是指效用同长度、重量一样可以量化和计算，其计量单位被称作"效用单位"。例如，对某人来说，喝一杯美味的咖啡和看一场精彩的电影的效用分别为3效用单位和6效用单位，则可以说这两种消费的效用之和为9效用单位，且后者的效用是前者的2倍。

序数效用是指效用作为一种心理感受，类似于美、丑、香、臭，其大小无法量化，只能通过顺序或等级来表示。仍以喝一杯美味的咖啡和看一场精彩的电影为例，消费者要回答的是偏好哪一种消费，即哪一种消费的效用是第一，哪一种是第二，或者说，要回答的是更愿意花钱喝一杯美味的咖啡，还是看一场精彩的电影。

（三）消费者效用最大化

消费者怎样进行消费才能获得最大效用呢？为此，经济学中提出了消费者均衡的概念。消费者均衡是研究单个消费者如何把有限的货币收入分配在各种商品的购买中以获得最大的效用。也可以说，它研究的是单个消费者在既定收入下实现效用最大化的均衡条件。

> **学习札记**
>
> 经济学家认为，货币也是有效用的，消费者用货币购买商品，就是用货币的效用交换商品的效用。

在研究消费者均衡时，有以下三个假设条件。

（1）消费者的收入不仅是既定的，而且是有限的，即货币的边际效用为定值，不存在递减的问题。

（2）消费者的偏好是既定的，即研究过程中消费者对商品的效用评价不会发生变动。

（3）商品的市场价格是既定的。

二、基数效用论

（一）总效用与边际效用

1. 总效用

总效用（TU）是指消费者在一定时间内从一定数量商品的消费中所得到的效用量的总和。假定消费者对一种商品的消费数量为 Q，则总效用函数为

$$\text{TU} = f(Q) \tag{3-1-1}$$

2. 边际效用

边际效用（MU）是指消费者在一定时间内增加一单位商品的消费所得到的效用量的增加量。假定消费者对一种商品的消费数量为 Q，ΔTU 表示总效用的增加量，ΔQ 表示消费数量的增加量，则边际效用函数为

$$\text{MU} = \frac{\Delta \text{TU}(Q)}{\Delta Q} \tag{3-1-2}$$

当消费数量的增加量趋于无穷小，即 $\Delta Q \to 0$ 时，有

$$\text{MU} = \lim_{\Delta Q \to 0} \frac{\Delta \text{TU}(Q)}{\Delta Q} = \frac{\text{dTU}(Q)}{\text{d}Q} \tag{3-1-3}$$

3. 总效用与边际效用的关系

边际效用 MU 是总效用 TU 的边际量，也就是最后增加一单位商品所引起的总效用的增加量。表 3-1-4 和图 3-1-1 都说明了总效用和边际效用之间的关系。当某商品的消费数量从 0 单位增加到 1 单位时，总效用增加了 10 效用单位，因此边际效用为 10 效用单位；当消费数量从 1 单位增加到 2 单位时，总效用增加了 8 效用单位，因此边际效用为 8 效用单位……以此类推，当消费数量增加到 6 单位时，总效用达到最大值，为 30 效用单位，而边际效用已减为 0。此时，消费者对该商品的消费已达到饱和点。当消费数量再增加到 7 单位时，总效用减少了 2 效用单位，此时边际效用为 –2 效用单位。总效用与边际效用的关系：当 MU>0 时，TU 上升；当 MU=0 时，TU 达到最大值；当 MU<0 时，TU 下降。

表 3-1-4 某商品的总效用与边际效用

商品数量（Q）	TU	MU
0	0	0
1	10	10
2	18	8
3	24	6
4	28	4
5	30	2
6	30	0
7	28	–2

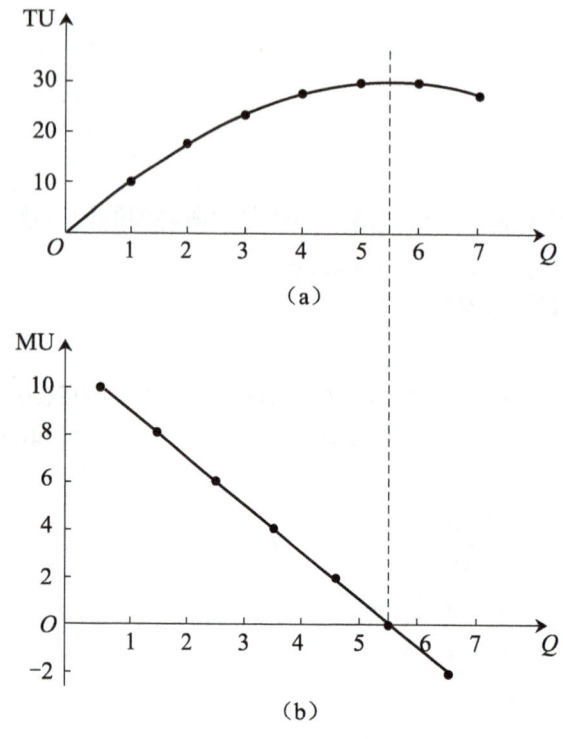

图 3-1-1　某商品的效用曲线

> **学习札记**
>
> 由于边际效用是消费量变化一单位所带来的总效用的变化量,而图 3-1-1 与表 3-1-4 中所对应的点是离散的。因此,图中 MU 曲线上的每一个值都记在相应的两个消费数量的中点上。

(二)边际效用递减规律

如表 3-1-4 和图 3-1-1 所示,在商品消费数量增加到一定单位以后再继续增加时,边际效用存在着递减的现象,我们称之为"边际效用递减规律",即在一定时间内,在其他商品的消费数量保持不变的条件下,随着消费者对某种商品消费量的增加,消费者从该商品连续增加的每一消费单位中所得到的效用增量即边际效用是递减的。

课堂讨论

(1) 为什么在一般情况下,需求曲线向右下方倾斜?
(2) 货币的效用是递减的吗?

为什么在消费过程中会存在边际效用递减规律呢?基数效用论者从以下两个方面进行了解释。

第一,生理或心理的原因。消费某种商品的数量越多,人们感受的某种刺激便越多,这使人们生理上的满足或心理上的反应减少,从而满足程度降低。

第二,商品本身用途的多样性。每种商品都有多种用途,这些用途的重要性不同。消费者总是先把商品用于最重要的用途,而后用于次要的用途。当他有若干这种商品时,把第一单位用于最重要的用途,其边际效用就大;把第二单位用于次要的用途,其边际效用就小了。以此顺序用下来，用途越来越不重要，边际效用就越来越小了。

经典案例

罗斯福四吃"三明治"

1944 年，富兰克林·罗斯福第四次连任美国总统。《先锋论坛》的一位记者采访他，请他谈谈这次连任的感想。罗斯福没有回答，而是很客气地请这位记者吃一块三明治。记者觉得这是殊荣，便十分高兴地吃了下去。总统微笑着又请他吃第二块三明治。他觉得是总统的盛情，便又吃了下去。不料总统又请他吃第三块，他简直受宠若惊，虽然肚子里已不再需要了，但还是勉强吃了下去。哪知道罗斯福在他吃完之后又说："请再吃一块吧。"记者啼笑皆非，因为他实在吃不下去了。罗斯福微笑着说："现在，你不需要再问我对于第四次连任的感想了吧，因为你已经感觉到了。"

（三）基数效用论下的消费者均衡

基数效用论提出的消费者均衡条件为消费者应该使自己所购买的各种商品的边际效用与它们的价格之比相等。或者说，消费者应该使自己花费在购买各种商品上的最后一元钱所带来的边际效用相等。

假设消费者用既定的收入 I 购买两种商品，P_1 和 P_2 表示两种商品的价格，X_1 和 X_2 表示两种商品的消费数量，MU_1 和 MU_2 表示两种商品的边际效用，λ 表示货币的边际效用，则消费者效用最大化的均衡条件可以用公式表示为

$$\begin{cases} P_1X_1 + P_2X_2 = I & (3\text{-}1\text{-}4) \\ \dfrac{MU_1}{P_1} = \dfrac{MU_2}{P_2} = \lambda & (3\text{-}1\text{-}5) \end{cases}$$

其中，式（3-1-4）是预算限制条件，即收入全部用于支出；式（3-1-5）是在预算限制下消费者实现效用最大化的均衡条件，也表示消费者应选择最优的商品组合。

为什么只有当消费者实现了 $\dfrac{MU_1}{P_1} = \dfrac{MU_2}{P_2} = \lambda$ 的条件时，才能获得最大效用呢？

当 $\dfrac{MU_1}{P_1} < \dfrac{MU_2}{P_2}$ 时，表示同样的一元钱购买商品 1 所得到的边际效用小于购买商品 2 所得到的边际效用。这样，理性的消费者为了增加总效用，会减少对商品 1 的购买，增加对商品 2 的购买。在调整的过程中，商品 1 的边际效用会随其购买量的减少而递增，商品 2 的边际效用会随其购买量的增加而递减，直到消费者将其购买组合调整到同样一元钱购买这两种商品所得到的边际效用相等，即达到 $\dfrac{MU_1}{P_1} = \dfrac{MU_2}{P_2}$。在此过程中，消费者始终选择用一元钱消费换来较大的边际效用，所以，最终他获得了最大的总效用。

相反，当 $\dfrac{MU_1}{P_1} > \dfrac{MU_2}{P_2}$ 时，同样的一元钱购买商品 1 所得到的边际效用大于购买商品 2 所得到的边际效用。根据同样的道理，理性的消费者会进行与前面相反的调整过程，即增加对商品 1 的购买，减少对商品 2 的购买，直至 $\dfrac{MU_1}{P_1} = \dfrac{MU_2}{P_2}$。

随堂巩固

两种商品的边际效用如表 3-1-5 所示，假设某消费者在某一时期内将 8 元钱全部用于商品 1 和商品 2 的购买，两种商品的价格都为 1 元。那么，能给该消费者带来最大效用的购买组合是什么？消费者获得的最大总效用是多少？

表 3-1-5　两种商品的边际效用

商品数量	1	2	3	4	5	6	7	8
商品 1 的边际效用（MU_1）	11	10	9	8	7	6	5	4
商品 2 的边际效用（MU_2）	19	17	15	13	12	10	8	6

【参考答案】在商品的边际效用连续下降的情况下，消费者只有使每 1 元钱所带来的效用最大，才能使总效用最大。具体来看，理性的消费者会先花费 5 元购买 5 单位商品 2，分别获得的效用为 19，17，15，13 和 12 效用单位，然后花费 1 元购买 1 单位商品 1，获得 11 效用单位，最后分别再购买 1 单位商品 1 和 1 单位商品 2，都是获得 10 效用单位。至此，该消费者的全部收入 8 元都用完，并以最优购买组合，即 2 个商品 1 和 6 个商品 2，实现了效用最大化的均衡条件

$$\begin{cases} P_1 X_1 + P_2 X_2 = 1 \times 2 + 1 \times 6 = 8 \\ \dfrac{MU_1}{P_1} = \dfrac{MU_2}{P_2} = 10 \end{cases}$$

此时，总效用 $TU = 19 + 17 + 15 + 13 + 12 + 11 + 10 + 10 = 107$。

（四）消费者剩余

消费者剩余是指消费者在购买一定数量的某种商品时，愿意支付的最高价格和实际支付的价格之间的差额。例如，一位买花人非常喜欢向日葵，愿意花 200 元买一束向日葵，但一束向日葵的市场售价只有 50 元，因此买花人获得了 150 元的消费者剩余，觉得物超所值。

理解消费者剩余这一概念时要注意以下三点。

（1）消费者剩余这种额外好处来源于边际效用的递减。

（2）消费者剩余并不是实际收入的增加，而是一种心理感受。

（3）生活必需品的消费者剩余较大，因为消费者对这类物品的效用评价高，愿意付出的价格也高，然而这类物品的市场价格一般并不高。

以矿泉水为例，每瓶矿泉水的价格是 1 元（见图 3-1-2 中 $P=1$ 的水平线）。第一瓶矿泉水的效用是非常高的，能够消除极度的干渴，消费者愿意支付 7 元。但是，第一瓶矿泉水的价格只有 1 元，因此消费者获得了 6 元的消费者剩余；第二瓶矿泉水对消费者来说值 6 元，但价格只有 1 元，因此，消费者剩余为 5 元。以此类推，直到消费第六瓶矿泉水，在点 E 消费者达到了均衡，矿泉水的效用等于价格，此时，按照每瓶 1 元的价格，消费者购买了 6 瓶矿泉水，尽管只支付了 6 元，但矿泉水的总价值为 27 元。这样，消费者得到了超过其支付额 21 元的消费者剩余。消费者剩余是需求曲线与价格水平线围成的面积，如图 3-1-2 中阴影部分所示。

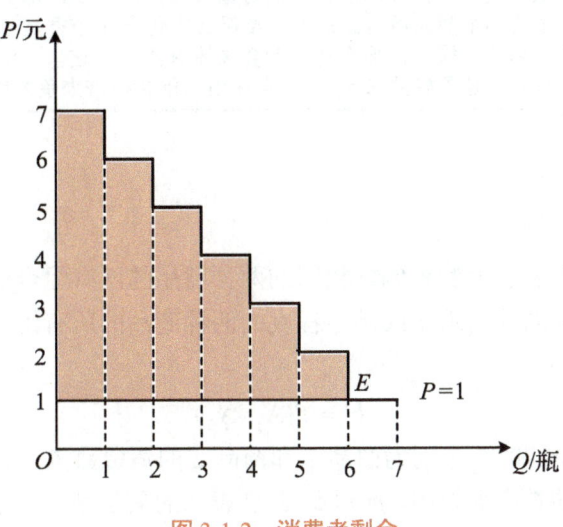

图 3-1-2　消费者剩余

课堂讨论

对于一个国家来说，消费者剩余越多越好还是越少越好？

三、序数效用论

序数效用论者用无差异曲线来考察消费者的选择行为，无差异曲线的提出是以消费者偏好的假定为基础的。

（一）偏好

为了进一步利用偏好这一概念分析消费者行为，序数效用论提出了关于消费者偏好的三个基本假定，分别是偏好的完全性、偏好的可传递性和偏好的非饱和性，如表 3-1-6 所示。

表 3-1-6　消费者偏好的三个基本假定

基本假定	内　容
偏好的完全性	是指消费者总是可以比较和排列所给出的不同商品组合，并把自己的偏好准确地表达出来。例如，对于两种水果 A 和 B，消费者总是可以很快地做出判断，如对 A 的偏好大于对 B 的偏好，或对 B 的偏好大于对 A 的偏好，或对 A 和 B 的偏好相同
偏好的可传递性	是指对于任何三个商品组合 A，B 和 C，如果消费者对 A 的偏好大于对 B 的偏好，对 B 的偏好大于对 C 的偏好，那么消费者对 A 的偏好大于对 C 的偏好。偏好的可传递性假定保证了消费者偏好的一致性
偏好的非饱和性	是指如果两个商品组合的区别仅在于所有商品的数量同时增加或同时减少，或者部分商品的数量不变，其他商品的数量同时增加或同时减少，那么消费者总是偏好含有商品数量较多的那个商品组合。例如，A 组合中包含 3 个香蕉和 1 个橘子，B 组合中包含 3 个香蕉和 7 个橘子，那么消费者会选择 B 组合。这里，消费者认为橘子是可以带来效用的东西，是"好的东西"，不存在效用饱和或带来负效用这种情况

（二）无差异曲线

1. 无差异曲线的概念

无差异曲线是用来表示消费者偏好相同的两种商品的所有组合的曲线。或者说，它是表示给消费者带来相同的效用水平或满足程度的两种商品的所有组合的曲线。与无差异曲线相对应的效用函数为

$$U = f(X_1, X_2) \tag{3-1-6}$$

式（3-1-6）中，X_1 和 X_2 分别为商品 1 和商品 2 的消费数量；U 表示某个效用水平。由于无差异曲线表示的是序数效用，所以此处 U 表示的只是某一个效用水平，而不是具体数值。

下面用表 3-1-7 和图 3-1-3 具体说明无差异曲线的构建。

表 3-1-7 是某消费者关于商品 1 和商品 2 的无差异表，表中列出了关于这两种商品各种不同的组合。该表由表列 a、表列 b 和表列 c 三个表列组成，每一个表列中都包含六个商品组合，它们的效用水平是相同的。以表列 a 为例，表列 a 中有 A，B，C，D，E，F 六个商品组合。在 A 组合中，商品 1 和商品 2 的数量分别为 20 和 130；在 B 组合中，商品 1 和商品 2 的数量分别为 30 和 60，如此等等。同时，消费者对这六个组合的偏好程度是无差异的，即这六个组合给消费者带来的满足程度是相同的。表列 b、表列 c 中各自的六个商品组合给消费者带来的满足程度也都是相同的。

表 3-1-7　某消费者的无差异表

商品组合	表列 a		表列 b		表列 c	
	X_1	X_2	X_1	X_2	X_1	X_2
A	20	130	30	120	50	120
B	30	60	40	80	55	90

续表

商品组合	表列 a		表列 b		表列 c	
	X_1	X_2	X_1	X_2	X_1	X_2
C	40	45	50	63	60	83
D	50	35	60	50	70	70
E	60	30	70	44	80	60
F	70	27	80	40	90	54

但要注意的是，表列 a、表列 b 和表列 c 三者各自所代表的效用水平的大小是不一样的。根据商品数量"多比少好"的原则，可以得出：表列 a 所代表的效用水平低于表列 b，表列 b 所代表的效用水平又低于表列 c。当然，消费者偏好的效用程度是无限多的，因此，他有无穷多个无差异表列，每个无差异表列中又有无穷多个商品组合，表 3-1-7 只是其中的一小部分。根据表 3-1-7 绘制的无差异曲线如图 3-1-3 所示。

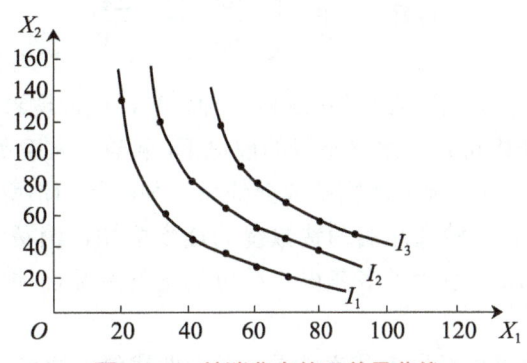

图 3-1-3　某消费者的无差异曲线

图 3-1-3 中，横轴表示商品 1 的数量 X_1；纵轴表示商品 2 的数量 X_2；I_1，I_2 和 I_3 分别代表与表 3-1-7 中的表列 a、表列 b 和表列 c 相对应的三条无差异曲线。以 I_1 为例，先在坐标轴上描出表列 a 中的 A，B，C，D，E，F 六个组合点，然后用曲线将这六个点连接起来，便形成了光滑的无差异曲线 I_1。假设 I_1 代表的效用水平为 U_1，那么 I_1 上所有的点对应的商品组合都是 U_1 的效用水平，而且凡符合 U_1 效用水平的所有点也都在 I_1 上。

2. 无差异曲线的特征

无差异曲线具有以下三个基本特征。

（1）离原点越远的无差异曲线代表的效用水平越高。由于通常假定效用函数是连续的，因此在同一坐标平面图上的任何两条无差异曲线之间，可以有无数条无差异曲线。

（2）在同一坐标平面图上的任何两条无差异曲线不会相交。根据无差异曲线的定义，两条无差异曲线上的点效用水平不同。假设两条无差异曲线相交，则交点同时在两条无差异曲线上，该点所代表的效用水平相等，与无差异曲线定义相违背，故假设不成立。

（3）无差异曲线向右下方倾斜，且凸向原点。这就是说，无差异曲线的斜率为负值，且其斜率的绝对值是递减的。这是由边际替代率递减规律所决定的，下文会对此进一步进行阐述。

3. 无差异曲线中的替代关系

当一个消费者偏好沿着一条既定的无差异曲线上下滑动的时候，两种商品的数量组合会不断地发生变化，而效用水平却保持不变。这就说明，在维持效用水平不变的前提条件下，两种商品之间存在着替代关系。由此，经济学家建立了商品的边际替代率这一概念。商品的边际替代率（MRS）是指在维持效用水平不变的前提下，消费者增加一单位某种商品的消费数量所需要放弃的另一种商品的消费数量，其公式为

$$\mathrm{MRS}_{12} = -\frac{\Delta X_2}{\Delta X_1} \qquad (3\text{-}1\text{-}7)$$

式（3-1-7）中，ΔX_1 和 ΔX_2 分别表示商品1和商品2的变化量。由于 ΔX_1 是增加量，ΔX_2 是减少量，因此 MRS_{12} 的计算结果是负值，为了便于比较，在公式前加一个负号。

当商品数量的变化趋于无穷小时，商品的边际替代率公式为

$$\mathrm{MRS}_{12} = \lim_{\Delta X_1 \to 0} \left(-\frac{\Delta X_2}{\Delta X_1} \right) = -\frac{\mathrm{d}X_2}{\mathrm{d}X_1} \qquad (3\text{-}1\text{-}8)$$

在两种商品的替代过程中，普遍存在这样一种现象，这种现象被称为商品的边际替代率递减规律，具体是指在维持效用水平不变的前提下，随着一种商品的消费数量连续增加，消费者为得到每一单位的这种商品所需要放弃的另一种商品的消费数量是递减的。这种现象存在的原因在于，随着一种商品的消费数量的逐步增加，消费者想要获得更多的这种商品的愿望就会递减，从而他为了多获得一单位的这种商品而愿意放弃另一种商品的数量就会越来越少。

从几何意义上讲，商品的边际替代率就是无差异曲线斜率的绝对值。因此，边际替代率递减规律决定了无差异曲线斜率的绝对值是递减的，即决定了无差异曲线是凸向原点的。

课堂讨论

完全替代品和完全互补品的边际替代率有什么特点？它们的无差异曲线又分别是什么样的？

（三）序数效用论下的消费者均衡

用无差异曲线分析消费者均衡时，同样涉及收入限制条件，因此用序数效用论分析消费者行为时建立了预算线。

1. 预算线的概念

预算线又称"预算约束线""消费可能曲线"和"价格线"，是表示在消费者的收入和商品的价格给定的条件下，消费者的全部收入所能购买到的两种商品的全部组合的曲线。

假定某消费者的120元收入全部用来购买商品1和商品2，其中，商品1的价格 $P_1=4$ 元，商品2的价格 $P_2=3$ 元。那么，全部收入都用来购买商品1可得30单位，全部收入用来购

买商品 2 可得 40 单位。由此作出的预算线如图 3-1-4 所示。

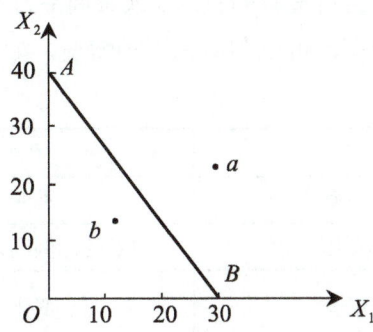

图 3-1-4　某消费者的预算线

图中预算线的横截距 OB 和纵截距 OA 分别表示全部收入用来购买商品 1 和商品 2 的数量，预算线的斜率可以写为

$$-\frac{OA}{OB} = -\frac{\frac{120}{P_2}}{\frac{120}{P_1}} = -\frac{P_1}{P_2} \tag{3-1-9}$$

下面，由以上的具体例子转向对预算线的一般分析。

假定 I 表示消费者的既定收入，P_1 和 P_2 分别表示商品 1 和商品 2 的价格，X_1 和 X_2 分别表示商品 1 和商品 2 的消费数量，那么，相应的预算线方程式为

$$P_1 X_1 + P_2 X_2 = I \tag{3-1-10}$$

该式表示消费者的全部收入等于他购买商品 1 和商品 2 的总支出。可以用 $\frac{I}{P_1}$ 和 $\frac{I}{P_2}$ 分别表示全部收入仅购买商品 1 或商品 2 的数量，它们分别为预算线的横截距和纵截距。此外，式（3-1-10）还可以改写成如下形式

$$X_2 = -\frac{P_1}{P_2} X_1 + \frac{I}{P_2} \tag{3-1-11}$$

由预算线方程式（3-1-11）也可以看出，预算线的斜率为 $-\frac{P_1}{P_2}$，纵截距为 $\frac{I}{P_2}$。

除此之外，从图 3-1-4 中还可以看到，预算线 AB 把平面坐标图划分为三个区域：预算线 AB 以外区域中的任何一点（如点 a）是消费者利用全部收入都不可能购买到的商品组合点；预算线 AB 以内区域中的任何一点（如点 b）表示消费者的全部收入在购买该点的商品组合以后还有剩余；唯有预算线 AB 上的任意一点，才是消费者的全部收入刚好花完所能购买到的商品组合点，即最优的购买组合点。图中的直角三角形（包括三角形的三条边）区域被称为"消费者的预算可行空间"。

2. 预算线的变动

由预算线的概念可知，当消费者的收入 I 或者商品价格 P_1 和 P_2 发生变化时，必然会引起预算线的变动。预算线的变动可以归纳为五种情况，如表 3-1-8 和图 3-1-5 所示。

表 3-1-8 预算线的变动

情 况	I	P_1	P_2	预算线
情况 1	变化	不变	不变	平移，见图 3-1-5（a）
情况 2	不变	变化	与 P_1 同比例同方向变化	平移，见图 3-1-5（a）
情况 3	不变	不变	变化	横截距不变，纵截距变化，见图 3-1-5（b）
情况 4	不变	变化	不变	横截距变化，纵截距不变，见图 3-1-5（c）
情况 5	变化	与收入同比例同方向变化	与收入同比例同方向变化	不变

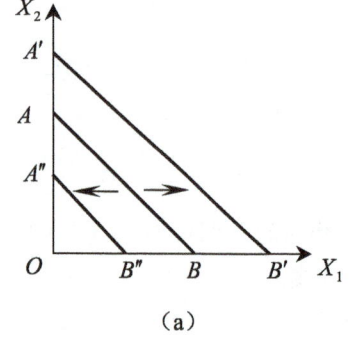
（a）

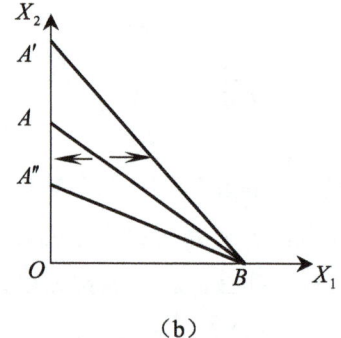
（b）

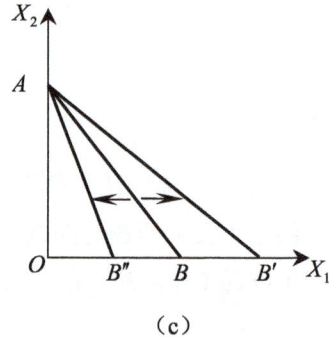
（c）

图 3-1-5 预算线的变动

课堂讨论

五种情况变动的原因是什么？

3. 序数效用论下的消费者均衡

在已知消费者的偏好和预算线的前提下，将消费者的无差异曲线和预算线结合在一起，就可以分析消费者对最优商品组合的选择。

通过前面的介绍我们得知，消费者的最优购买行为必须满足两个条件：第一，最优的商品购买组合必须是消费者最偏好的商品组合，即能够给消费者带来最大效用的商品组合；第二，最优的商品购买组合必须位于给定的预算线上。

下面，利用图 3-1-6 来具体说明消费者的最优购买行为。

我们把要分析的问题作如下表述：假定消费者的偏好和收入既定，两种商品的价格也既定，那么，消费者应该如何选择最优的商品组合，以获得最大的效用呢？通过这个问题，可以得知以下两点：第一，消费者偏好既定，意味着给定了一个由该消费者的无数条无差异曲线所构成的无差异曲线图(为了简化分析,从中取出三条,这便是图 3-1-6 中的三条无差异曲线 I_1,I_2 和 I_3);第二,消费者的收入和两种商品的价格既定,意味着给定了该消费者的一条预算线(如图 3-1-6 中的 AB 预算线)。

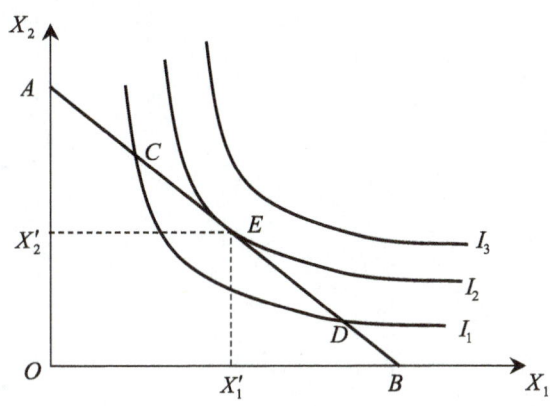

图 3-1-6　消费者均衡

在图 3-1-6 中,只有预算线 AB 和无差异曲线 I_2 的切点 E,才是消费者在给定的预算约束下能够获得最大效用的均衡点。该均衡点相应的最优购买组合为 (X_1', X_2')。

为什么唯有点 E 才是消费者效用最大化的均衡点呢?这是因为,就无差异曲线 I_3 来说,虽然它代表的效用水平高于无差异曲线 I_2,但它与既定的预算线 AB 既无交点又无切点,这说明消费者在既定的收入水平下无法购买无差异曲线 I_3 上的任何一点的商品组合。就无差异曲线 I_1 来说,虽然它与既定的预算线 AB 相交于 C,D 两点,这表明消费者利用现有收入可以购买 C,D 两点的商品组合。但是,这两点的效用水平低于无差异曲线 I_2。因此,理性的消费者不会用全部收入去购买无差异曲线 I_1 上 C,D 两点的商品组合。显然,只有当既定的预算线 AB 和无差异曲线 I_2 相切于点 E 时,消费者才能在既定的预算约束条件下获得最大的满足。故点 E 就是消费者实现效用最大化的均衡点。

在切点 E,无差异曲线 I_2 和预算线 AB 的斜率是相等的。我们已经知道,无差异曲线的斜率的绝对值就是商品的边际替代率,预算线的斜率的绝对值可以用两种商品的价格之比来表示。由此,在均衡点 E 有

$$\text{MRS}_{12} = \frac{P_1}{P_2} \tag{3-1-12}$$

式(3-1-12)就是消费者效用最大化的均衡条件,它表示在一定的预算约束下,为了实现效用最大化,消费者应该选择最优的商品组合,使得两种商品的边际替代率等于两种商品的价格之比。也可以这样理解:在消费者的均衡点上,消费者愿意用一单位的某种商品去交换的另一种商品的数量(MRS_{12}),应该等于该消费者能够在市场上用一单位的这种商品去交换得到的另一种商品的数量 $\left(\dfrac{P_1}{P_2}\right)$。

班级_____　　姓名_____　　学号_____

任务检测

一、单选题

1. 一个人从物品与劳务消费中得到的好处或满足称为（　　）。
   A. 边际效用　　　　　　　　B. 效用
   C. 消费需求　　　　　　　　D. 消费者均衡

2. 随着消费商品数量的增加，消费者得到的边际效用在（　　）。
   A. 增加　　　　　　　　　　B. 减少
   C. 先增加后减少　　　　　　D. 以上都可能

3. 若消费者消费了2单位某物品之后，得知边际效用为0，则此时（　　）。
   A. 消费者获得了最大平均效用
   B. 消费者获得的总效用最大
   C. 消费者获得的总效用最小
   D. 消费者获得的总效用为负

4. 某人消费苹果和香蕉，而且处于消费者均衡状态。最后一个苹果的边际效用为20，最后一个香蕉的边际效用为10。如果苹果的价格为2元，则香蕉的价格应该是（　　）。
   A. 2元　　　　　　　　　　B. 1元
   C. 0.5元　　　　　　　　　D. 以上都不对

5. 小吴只准备买两种商品X和Y，每单位X的价格为10元，每单位Y的价格为2元。若小吴买了7单位X和3单位Y，所获得的边际效用值分别为30和20单位，则（　　）。
   A. 小吴获得了最大效用
   B. 小吴应当增加对X的购买，减少对Y的购买
   C. 小吴应当增加对Y的购买，减少对X的购买
   D. 小吴要想获得最大效用，需要借钱

6. 同一条无差异曲线上的不同点表示（　　）。
   A. 效用水平不同，但所消费的两种商品组合比例相同
   B. 效用水平不同，所消费的两种商品组合比例也不相同
   C. 效用水平相同，所消费的两种商品组合比例也相同
   D. 效用水平相同，但所消费的两种商品组合比例不相同

二、计算题

7. 假设某消费者的均衡如图3-1-7所示，其中，横轴和纵轴分别表示商品1和商品2的数量，线段AB为消费者的预算线，曲线U为消费者的无差异曲线，点E为效用最大化的均衡点。已知商品1的价格$P_1=2$元，试求：

班级_____ 姓名_____ 学号_____

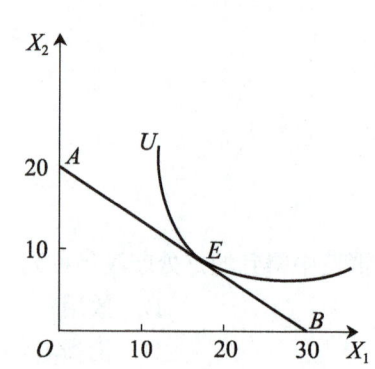

图 3-1-7 某消费者的预算线与无差异曲线

（1）消费者的收入；

（2）商品 2 的价格 P_2；

（3）预算线的方程；

（4）预算线的斜率；

（5）点 E 的 MRS_{12} 的值。

班级_____ 姓名_____ 学号_____

任务二 了解消费者选择

任务工单

（一）任务描述

在生活中，大多数人会选择用洗衣粉或洗衣液来洗衣服。假如洗衣液的价格升高了，那么消费者会如何选择购买商品呢？如果消费者的收入降低了，消费者又会如何决策购买行为呢？产生这些变化的原因是什么？

以小组为单位，调研某几种商品的价格变动对消费者选择的影响。

（二）任务分工

全班学生以 3~5 人为一组进行分组，每组设组长 1 名，小组讨论任务分工并将分工情况填写至表 3-2-1 中。

表 3-2-1　小组成员及分工情况

小组成员	姓　名	学　号	任务分工
组长			
组员			

（三）任务准备

请各组长组织组员进行预习，收集和整理相关资料，讨论并用通俗易懂的语言结合具体事例回答下列问题。

（1）什么是收入效应？

（2）什么是替代效应？

班级_____ 姓名_____ 学号_____

（四）任务实施

通过课堂学习、小组合作调查等，完成表 3-2-2。

表 3-2-2　商品的价格变动对消费者选择的影响

商品名称	价格变动情况	对消费者选择的影响

（五）任务评价

各组派代表展示任务实施成果，并配合指导老师完成表 3-2-3 所示的任务评价。

表 3-2-3　任务评价

评价项目	评价内容	分　值	评价分数		
			自　评	组　评	师　评
职业素养考核目标（40%）	考勤、仪容仪表	10 分			
	责任意识、纪律意识	10 分			
	团队合作与交流	20 分			
专业能力考核目标（60%）	任务准备过程讨论及记录的完成度	20 分			
	任务实施过程记录的完成度	20 分			
	任务实施成果的展示效果	20 分			
	合计	100 分			
综合评价	综合分数_____（自评×25%+组评×25%+师评×50%） 综合等级_____ 综合评语：					

指导老师签字_____

一、价格变动对消费者选择的影响

一种商品的价格发生变化时，会对消费者产生两种影响：一是使消费者的实际收入水平发生变化，即收入效应；二是使商品的相对价格发生变化，即替代效应。这两种变化都会改变消费者对该种商品的需求量。

（一）收入效应

收入效应是指因商品价格变化而引起消费者的实际收入发生变化，进而导致的需求量的变化。例如，在消费者购买保健品的过程中，当保健品的价格下降而其他商品的价格不变时，意味着在不减少其他商品购买量的条件下，可以买进更多的保健品。对于消费者来说，虽然现有的货币没变，但是购买力增强了，也就是说实际收入水平提高了。实际收入水平的提高，会使消费者改变对两种商品的购买量，从而获得更高的效用水平，这就是收入效应。

收入效应在图形上表现为均衡点从一条无差异曲线移动到另一条无差异曲线上。

（二）替代效应

替代效应是指因商品价格变动而引起商品的相对价格发生变动，进而导致消费者在保持效用不变的条件下对商品需求量的变动。例如，洗衣液和洗衣粉之间存在着可替代关系，假设洗衣液的价格下降，洗衣粉的价格不变，那么洗衣粉相对于洗衣液来说，较以前昂贵了。商品相对价格的这种变化，会使消费者增加对洗衣液的购买而减少对洗衣粉的购买，即用洗衣液替代洗衣粉，这样对洗衣液的需求量会增加，而对洗衣粉的需求量减少。

替代效应不改变消费者的效用水平，在图形上表现为均衡点在同一条无差异曲线上移动。

综上所述，一种商品价格变动所引起的该商品需求量变动的总效应可以被分解为替代效应和收入效应两个部分，用公式表示：总效应＝替代效应＋收入效应。

经典案例

消费税

消费税是在对商品普遍征收增值税的基础上，选择少数消费品再征收的一个税种。消费税是价内税，作为产品价格的一部分存在，影响产品价格，目的是调节产品结构，引导消费方向，保证国家财政收入。

经过多次改革后，我国现行消费税有15个税目，包括烟、酒、高档化妆品、贵重首饰及珠宝玉石、鞭炮焰火、成品油、摩托车、小汽车、高尔夫球及球具、高档手表、游艇、木制一次性筷子、实木地板、电池、涂料。

以小汽车为例，乘用汽车的消费税税率在1%～40%，气缸容量越大，税率越高；中轻型商用客车税率为5%，超豪华小汽车税率为10%。

二、收入变动对消费者选择的影响

（一）收入-消费曲线

在其他条件不变的情况下，消费者收入的变化会使消费者均衡点发生移动，由此可以得到收入-消费曲线。收入-消费曲线是指在商品的价格不变的条件下，消费者收入水平的变动引起的消费者均衡变动的轨迹。

如图3-2-1（a）所示，商品价格不变，消费者收入水平变动引起的预算线的水平移动，将与不同的无差异曲线相切得到的不同的均衡点连接在一起，得到的平滑曲线便是收入-消费曲线。曲线是向右上方倾斜的，表示随着收入水平的提高，消费者对商品1和商品2的需求量都是上升的，所以两种商品都是正常品。

在图3-2-1（b）中，收入-消费曲线是向后弯曲的，表示随着收入水平的提高，消费者对商品1的需求量开始是增加的，但是收入提高到一定水平之后，消费者对商品1的需求量反而减少了，这说明消费者收入达到一定高度之后，商品1由正常品变成了低档品。

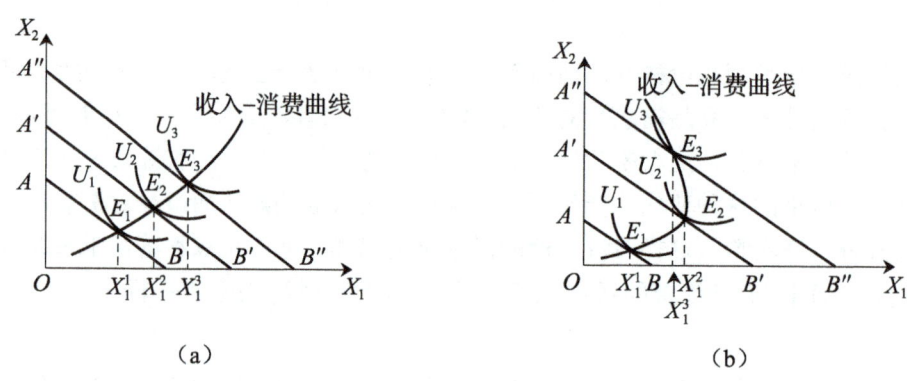

图 3-2-1　收入-消费曲线

课堂讨论

尝试用同样的方法画出价格-消费曲线。

（二）恩格尔曲线

从收入-消费曲线可以引出恩格尔曲线。恩格尔曲线表示消费者在每一个收入水平对某商品的需求量。与恩格尔曲线相对应的函数为 $X = f(I)$，其中，I 为收入水平，X 为某种商品的需求量。图3-2-2（a）中，商品1是正常品，商品1的需求量 X_1 随着收入水平 I 的上升而增加。图3-2-2（b）中，在一定的收入水平上，图中的商品1由正常品转变为低档品。或者说，在较低的收入水平范围，商品1的需求量与收入水平呈同方向的变动关系；在较高的收入水平范围，商品1的需求量与收入水平呈反方向的变动关系。

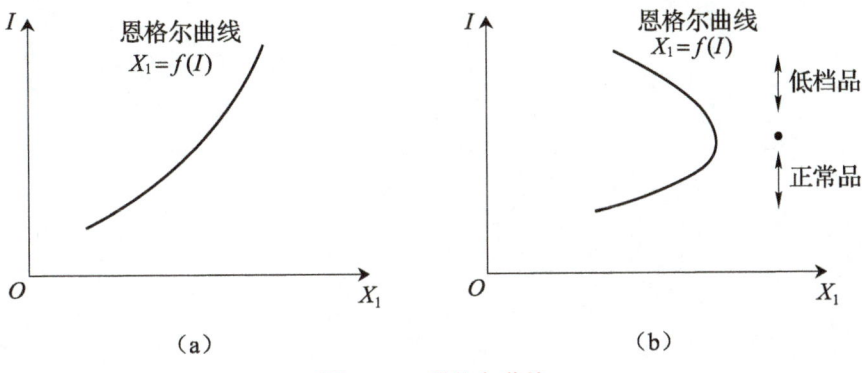

图 3-2-2　恩格尔曲线

视野拓展

恩格尔定律

恩格尔系数是指消费者用于购买食物的支出变动对于消费者收入变动的反应程度，是衡量国家经济发展水平的一个重要指标。如果食物的价格没有发生变动，那恩格尔系数就是食物的收入弹性。恩格尔系数的一般公式为

$$\text{恩格尔系数} = \frac{\text{食物支出变动比例}}{\text{收入变动比例}} = \frac{\text{需求量变动比例} \times \text{价格变动比例}}{\text{收入变动比例}} \quad (3\text{-}2\text{-}1)$$

恩格尔定律是指在一个家庭或一个国家中，食物支出在收入中所占的比例随着收入的增加而减少。用弹性的概念表述就是：对一个家庭或一个国家而言，富裕程度越高，食物支出的收入弹性就越小；反之，则越大。《中华人民共和国 2024 年国民经济和社会发展统计公报》显示，2024 年全国居民恩格尔系数为 29.8%，其中城镇为 28.8%，农村为 32.3%。

经济指南

消费者行为理论是以消费者具有完全理性和完全自由为假设前提的。然而在现实生活中，受到个人素养、价值观、市场变化等因素的影响，消费者很难实现均衡，因此，为了保护消费者利益，引导消费行为，我国颁布并修订了《中华人民共和国消费者权益保护法》，明确规定了我国消费者的一些基本权利，还设立官方投诉渠道以及非官方消费者协会组织等，帮助消费者更好地维权。

通过扫描二维码和查阅相关资料，在详细了解《中华人民共和国消费者权益保护法》的同时，学会利用法律维护自己的权益。

《中华人民共和国消费者权益保护法》

班级_____ 姓名_____ 学号_____

任务检测

一、单选题

1. 正常商品价格上升导致需求量减少的原因在于（   ）。
   A. 替代效应使需求量增加，收入效应使需求量减少
   B. 替代效应使需求量增加，收入效应使需求量增加
   C. 替代效应使需求量减少，收入效应使需求量增加
   D. 替代效应使需求量减少，收入效应使需求量减少

2. 商品需求量变动的总效应等于（   ）。
   A. 替代效应   B. 收入效应
   C. 替代效应加收入效应   D. 以上都不对

3. 当只有消费者的收入变化时，连接消费者各均衡点的轨迹称为（   ）。
   A. 需求曲线   B. 价格-消费曲线
   C. 恩格尔曲线   D. 收入-消费曲线

二、多选题

4. 关于替代效应与收入效应，下列说法正确的有（   ）。
   A. 对于正常品而言，替代效应与价格呈反方向变动，收入效应与价格呈反方向变动
   B. 对于低档品而言，替代效应与价格呈同方向变动，收入效应与价格呈反方向变动
   C. 正常品的需求曲线向右下方倾斜
   D. 低档品的需求曲线向右下方倾斜
   E. 正常品的需求曲线更陡峭，低档品的需求曲线更平缓

三、简答题

5. 价格变动对消费者选择有哪些影响？

6. 请解释正常商品、低档商品和吉芬商品需求曲线不同的原因。

班级_____   姓名_____   学号_____

 项目实训——探索物价对消费的影响

一、实训目标

通过入户调查，提升学生应用所学知识分析居民消费行为的能力。

二、实训内容和要求

1. 小组工作

（1）学生自由分组，以组为单位进行调研和讨论，分析当前不同类别商品（生活必需品、奢侈品等）价格变动对居民消费的影响。

（2）根据调研内容和要求，设计一份调查表，通过实际调查收集所需数据和资料。

（3）将收集的数据和资料进行整理，在组内进行交流，发表各自的看法。在讨论基础上总结出一个最终的结论。

2. 班级交流

全班组织开展一次交流研讨，每组派一名代表发言，其他小组成员可以进行评价、提问，或针对发言内容发表自己的观点并阐述理由。发言人及本组成员可针对提问进行答辩。各组根据交流研讨情况，进一步修改和完善总结。

3. 考核

每个小组提交调查表和小组总结，学生和教师根据学生平时课堂表现、提交的总结、班级交流发言情况在表 3-3-1 中进行评估打分，综合评定本项目的成绩。

表 3-3-1 项目考核表

考核内容	分值	考核分数		
		自评	组评	师评
日常考勤和课堂纪律	10 分			
学习态度和课堂参与	10 分			
完成任务检测并保证题目的正确率	50 分			
参与项目实训并积极完成各项任务	30 分			
合计	100 分			
综合评价	综合分数_____（自评×25%+组评×25%+师评×50%） 综合等级_____ 综合评语： 指导老师签字_____			

项目四

生产者行为理论

王永庆被誉为"台湾经营之神"。台塑集团是王永庆成功经营的第一个大企业,主要产品为聚氯乙烯(PVC)塑胶粉。经营初期,该企业只能月产 100 吨。尽管产量低,但是仍然供大于求,中国台湾的需求仅为每月 20 吨。由于产量低,平均成本无法实现最低,因此价格降不下来,台湾地区仅有的 20 吨市场需求也被日本产品占领。而如果扩大产量,产品销路又成问题。但王永庆知道,企业困难的关键在于产量上不去,平均成本降不下来,如果只考虑需求,减少产量,平均成本会更高,更缺乏市场竞争力。因此,扩大产量使平均成本降到最低是企业转败为胜的关键。于是,他决定把产量扩大到平均成本最低的月产 1 200 吨。此外,由于当时台湾地区是世界烧碱的主要生产基地之一,生产烧碱中弃置不用的氯气也可用于生产 PVC。有了这种优势,企业顺利打入了世界市场。

王永庆成功的原因是什么?为什么企业困难的关键在于产量上不去,平均成本降不下来?

本项目主要介绍生产和成本的相关概念以及利润最大化原则,内容包括短期生产函数、长期生产函数、短期成本函数、长期成本函数、边际报酬递减规律等,通过这些知识来解释生产者的行为,帮助生产者做出最优选择。

项目概览

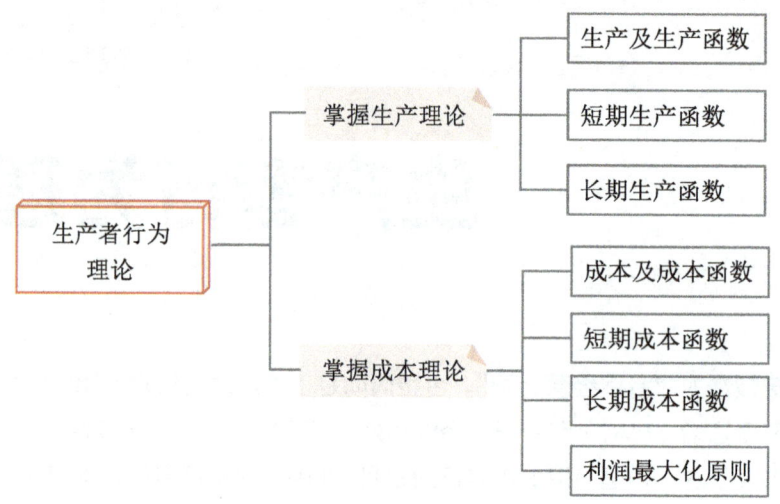

学习目标

知识目标

(1) 理解总产量、平均产量和边际产量的概念。
(2) 理解边际报酬递减规律和利润最大化原则。
(3) 掌握一种可变生产要素的合理投入区域与两种生产要素的最适组合。
(4) 掌握短期成本和长期成本的构成。

能力目标

(1) 能够运用生产和成本理论,对生产者的生产经营活动进行分析。
(2) 能够站在经济学的角度分析生产者最优生产规模。

素质目标

(1) 通过了解现实中生产者行为的原因,提高学习经济学的兴趣,培养经济思维。
(2) 通过学习生产者行为相关知识,在未来的工作与生产中能够制定合适的经营策略,实现经营最优化。

班级_____ 姓名_____ 学号_____

任务一 掌握生产理论

任务工单

（一）任务描述

投入越多，产出也会越多吗？"众人拾柴火焰高"是绝对正确的吗？企业在生产过程中，常常存在"一个和尚挑水吃，两个和尚抬水吃，三个和尚没水吃"这样的现象，即希望通过追加生产要素的投入，扩大生产规模，从而得到更高的产量水平，然而结果常常适得其反。这种现象产生的原因是什么？

以小组为单位，调研当地一家成熟型生产企业，研究其不同阶段生产规模与产量的变化情况。

（二）任务分工

全班学生以 3~5 人为一组进行分组，每组设组长 1 名，小组讨论任务分工并将分工情况填写至表 4-1-1 中。

表 4-1-1 小组成员及分工情况

小组成员	姓　名	学　号	任务分工
组长			
组员			

（三）任务准备

请各组长组织组员进行预习，收集和整理相关资料，讨论并用通俗易懂的语言结合具体事例回答下列问题。

（1）什么是总产量、平均产量、边际产量？

（2）边际报酬递减规律指的是什么？

班级_____ 姓名_____ 学号_____

（3）边际技术替代率指的是什么？

（四）任务实施

通过课堂学习、小组合作调查等，完成表 4-1-2。

表 4-1-2　某企业不同阶段生产规模与产量的变化情况

阶　段	生产规模	产　量
新生期		
成长期		
稳定期		
衰退期		

（五）任务评价

各组派代表展示任务实施成果，并配合指导老师完成表 4-1-3 所示的任务评价。

表 4-1-3　任务评价

评价项目	评价内容	分值	评价分数		
			自评	组评	师评
职业素养考核目标（40%）	考勤、仪容仪表	10 分			
	责任意识、纪律意识	10 分			
	团队合作与交流	20 分			
专业能力考核目标（60%）	任务准备过程讨论及记录的完成度	20 分			
	任务实施过程记录的完成度	20 分			
	任务实施成果的展示效果	20 分			
	合计	100 分			
综合评价	综合分数_____（自评×25%+组评×25%+师评×50%） 综合等级_____ 综合评语：				

指导老师签字_____

一、生产及生产函数

（一）生产与生产者

经济学中，生产者指厂商或企业，是指能够做出统一的生产决策的单个经济单位。在市场经济的运行中，厂商是最基本、最重要的市场竞争主体，是市场经济的微观基础。

在经济学中，厂商被假定为合乎理性的经济人，以追求利润最大化为生产经营活动的唯一目标。厂商为获得最大利润，就必须进行生产。所谓生产，就是把各种生产要素组织起来转化为产品的过程。

课堂讨论

生产要素包括哪几类？

（二）生产时期

在生产理论中，我们通常把生产时期划分为长期和短期两类。

长期是指生产者可以调整全部生产要素数量的一段时期。在长期内，所有生产要素都是可变的，生产者可以根据厂商的经营状况，缩小或扩大生产规模，甚至可以加入或退出一个行业。

短期是指生产者来不及调整全部生产要素数量的一段时期，即在这一段时期内，生产中至少有一种生产要素的数量是不变的。相应地，在短期内，生产要素可以分为不变要素和可变要素，如表 4-1-4 所示。

> **学习札记**
>
> 短期和长期的划分是以生产者能否变动全部生产要素投入的数量作为标准的。对于不同的产品生产，短期和长期的界限规定也不相同。

表 4-1-4　生产要素

要　素	简　介	举　例
不变要素	指生产者在短期内无法进行数量调整的那部分要素投入	大型机器设备、厂房
可变要素	指生产者在短期内可以进行数量调整的那部分要素投入	劳动、原材料、燃料

（三）生产函数

生产函数是指在一定时期内，在技术水平不变的情况下，生产要素的投入量和产品的最大产量之间的关系。例如，假定 X_1，X_2，…，X_n 依次表示馒头生产过程中所使用面粉、酵母、和面机、蒸笼、工人等生产要素的投入数量，Q 表示所能生产的最大馒头产量，则馒头的生产函数可以写成以下形式

$$Q = f(X_1, X_2, \cdots, X_n) \tag{4-1-1}$$

生产中使用的四种生产要素分别用符号表示：L 表示劳动，K 表示资本，N 表示土地，E 表示企业家才能。那么，生产函数的公式为

$$Q = f(L, K, N, E) \tag{4-1-2}$$

如果只考察劳动和资本对产出的影响，则生产函数的公式可以简写为

$$Q = f(L, K) \tag{4-1-3}$$

根据生产时期的不同，生产函数可以分为短期生产函数和长期生产函数。需要注意的是，任何生产函数都是以一定的生产技术水平作为前提条件的，一旦相关的生产技术水平发生变化，原有的生产函数就会发生变化。

二、短期生产函数

（一）短期生产函数的概念

短期生产函数是只有一种可变要素的生产函数，即在生产的技术系数固定的前提下，假定其他生产要素不变，研究一种生产要素的连续增加对产量的影响。由生产函数 $Q = f(L, K)$ 出发，假定资本投入量是不变的，用 $\bar{K}$ 表示，劳动投入量是可变的，用 L 表示，则短期生产函数可以写成

$$Q = f(L, \bar{K}) \tag{4-1-4}$$

式（4-1-4）表示在资本投入量不变时，由劳动投入量变化所带来的最大产量的变化。

（二）产量

1. 总产量、平均产量与边际产量的概念

总产量（TP）是指与一定的可变生产要素劳动的投入量相对应的最大产量，劳动的总产量的公式为

$$\text{TP}_L = f(L, \bar{K}) \tag{4-1-5}$$

平均产量（AP）是指平均一单位可变生产要素劳动的投入量所生产的产量，劳动的平均产量的公式为

$$\text{AP}_L = \frac{\text{TP}_L(L, \bar{K})}{L} \tag{4-1-6}$$

边际产量（MP）是指增加一单位可变生产要素劳动的投入量所增加的产量，劳动的边际产量的公式为

$$\text{MP}_L = \frac{\Delta \text{TP}_L(L, \bar{K})}{\Delta L} \tag{4-1-7}$$

当劳动投入的增加量趋于无穷小，即 $\Delta L \to 0$ 时，有

$$\text{MP}_L = \lim_{\Delta L \to 0} \frac{\Delta \text{TP}_L(L, \bar{K})}{\Delta L} = \frac{\text{dTP}_L(L, \bar{K})}{\text{d}L} \tag{4-1-8}$$

例如，在表 4-1-5 中，资本投入 K 始终为 10 单位，劳动投入 L 从 0 单位递增到 8 单位。随着劳动投入的增加，总产量 TP_L 也增加；平均产量 AP_L 等于 TP_L 除以 L，以 $L=5$ 时为例，此时 $TP_L = 27.5$，$AP_L = \dfrac{TP_L}{5} = 5.5$；边际产量 MP_L 等于 TP_L 的边际增加量，如当 $L=5$ 时，$TP_L = 27.5$，当 $L=4$ 时，$TP_L = 24$，则 $MP_L = 27.5 - 24 = 3.5$。

表 4-1-5　总产量、平均产量和边际产量

资本投入（K）	劳动投入（L）	总产量（TP_L）	平均产量（AP_L）	边际产量（MP_L）
10	0	0	0	0
10	1	4	4	4
10	2	10	5	6
10	3	18	6	8
10	4	24	6	6
10	5	27.5	5.5	3.5
10	6	30	5	2.5
10	7	30	4.3	0
10	8	28	3.5	-2

2．总产量、平均产量与边际产量的关系

总产量、平均产量和边际产量的关系如图 4-1-1 所示。其中，横轴 L 代表劳动投入量，纵轴 Q 代表产量。

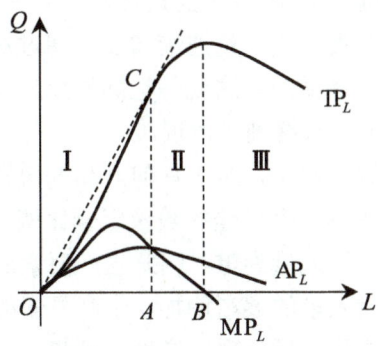

图 4-1-1　总产量、平均产量和边际产量的关系

从图 4-1-1 中可以看出，总产量 TP_L、平均产量 AP_L 和边际产量 MP_L 曲线都呈倒"U"形，即随着劳动量 L 的增加，TP_L 曲线、AP_L 曲线和 MP_L 曲线都是先上升后下降。当 $L=A$ 时，AP_L 取最大值，当 $L=B$ 时，TP_L 取最大值。由这些特征出发，我们来分析 TP_L，AP_L 和 MP_L 相互之间的关系。

1）MP_L 和 TP_L 的关系

根据边际产量的公式可知，TP_L 曲线上任何一点的切线的斜率就是 MP_L 值。所以，在图 4-1-1 中，TP_L 曲线和 MP_L 曲线之间存在着这样的对应关系：在 L 小于 B 的区域，MP_L 为正值，TP_L 曲线是上升的；在 L 大于 B 的区域，MP_L 为负值，TP_L 曲线是下降的；当 L 恰好等于 B 时，MP_L 为零，则相应的 TP_L 曲线达到最大值点。简而言之，只要边际产量是正的，总产量总是增加的；只要边际产量是负的，总产量总是减少的；当边际产量为零时，总产量达到最大值。

2）AP_L 和 TP_L 的关系

根据平均产量的公式可知，连接 TP_L 曲线上任何一点和坐标原点，则该线段的斜率就是相应的 AP_L 值。因此，在图 4-1-1 中，当 AP_L 曲线达到最大值点时，TP_L 曲线必然有一条从原点出发的最陡的切线，其切点为点 C。

3）MP_L 和 AP_L 的关系

在图 4-1-1 中，MP_L 曲线和 AP_L 曲线之间存在着这样的关系：MP_L 曲线通过 AP_L 曲线的最高点，在 L 小于 A 的区域，MP_L 曲线高于 AP_L 曲线；在 L 大于 A 的区域，MP_L 曲线低于 AP_L 曲线；不管是上升还是下降，MP_L 曲线的变动都快于 AP_L 曲线的变动。

（三）边际报酬递减规律

在短期生产中，普遍存在这样一种现象：在技术水平等其他因素不变的条件下，在连续等量地把某一种可变生产要素增加到其他一种或几种不变生产要素上的过程中，当这种可变生产要素的投入量小于某一特定值时，增加该可变生产要素投入所带来的边际产

学习札记

所增加的生产要素具有同样的效率。

量是递增的；当这种可变生产要素的投入量连续增加并超过这个特定值时，增加该可变生产要素投入所带来的边际产量是递减的。这就是边际报酬递减规律，也称"边际收益递减规律"，它在表 4-1-5 和图 4-1-1 中都得到了体现。

边际报酬递减规律成立的原因在于，对于任何产品的短期生产来说，可变生产要素投入和不变生产要素投入之间存在着一个最佳的数量组合比例。在开始时，由于不变生产要素投入量既定，而可变生产要素投入量为零，因此生产要素的投入量远远没有达到最佳的组合比例。随着可变生产要素投入量的逐渐增加，生产要素的投入量逐步接近最佳的组合比例，相应的可变生产要素的边际产量呈现出递增的趋势。一旦生产要素的投入量达到最佳的组合比例，可变生产要素的边际产量即达到最大值。在这之后，随着可变生产要素投入量的继续增加，生产要素的投入量越来越偏离最佳的组合比例，相应的可变生产要素的边际产量便呈现出递减的趋势。

视野拓展

边际报酬递减规律在其他行业也存在。例如，在农业生产活动中，肥料的使用在开始时对增产的贡献最大，随着肥料的增加，对增产的贡献会变小，最后可能还会呈现负值甚至烧毁庄稼。

（四）一种可变生产要素的合理投入区域

根据短期生产中 TP_L 曲线、AP_L 曲线和 MP_L 曲线相互间的关系，可以将短期生产划分为如图 4-1-1 所示的Ⅰ，Ⅱ，Ⅲ三个阶段。

在第Ⅰ阶段，TP_L 曲线始终是上升的；AP_L 曲线始终是上升的，且达到最大值；MP_L 曲线上升达到最大值，然后开始下降，且 MP_L 始终大于 AP_L。这表示在这一阶段，资本投入量相对过多，生产者增加劳动投入量是有利的。或者说，生产者只要增加劳动投入量，就可以较大幅度地增加总产量。

在第Ⅱ阶段，AP_L 曲线从最高点开始下降，MP_L 曲线下降到零，此时 TP_L 曲线达到最大值。这表示在这一阶段，资本和劳动的投入比例比较合适，生产逐渐达到顶峰。

在第Ⅲ阶段，AP_L 曲线继续下降，MP_L 曲线从零降为负值，TP_L 曲线从最大值开始下降。这表示在这一阶段，劳动投入量相对过多，生产者减少劳动投入量是有利的。或者说，生产者应该通过减少劳动投入量来增加总产量，以摆脱劳动的边际产量为负值和总产量下降的局面，并退回到第Ⅱ阶段。

由此推断，理性的生产者应将短期生产控制在第Ⅱ阶段，这样既可以得到由第Ⅰ阶段增加可变要素投入所带来的全部好处，又可以避免将可变要素投入增加到第Ⅲ阶段所带来的不利影响。因此，第Ⅱ阶段也被称为"一种可变生产要素的合理投入区域"。

三、长期生产函数

（一）长期生产函数的概念

厂商进行长期生产时，可以调整所有生产要素投入量。为了利于分析问题，假定生产某种产品时只投入两种可变生产要素，即劳动（L）和资本（K），则两种可变生产要素的长期生产函数为

$$Q = f(L, K) \tag{4-1-9}$$

（二）等产量曲线

1. 等产量曲线的概念

等产量曲线是指在技术水平固定的条件下，生产同一产量的两种生产要素投入量的所有不同组合的轨迹。以常数 Q^0 表示既定的产量水平，则与等产量曲线相对应的生产函数为

$$Q = f(L, K) = Q^0 \tag{4-1-10}$$

例如，用资本和劳动两种生产要素生产500单位产品，两种生产要素的投入有 a，b，c，d 四种组合方式，如表 4-1-6 所示。

表 4-1-6　等产量的不同组合方式

组合方式	资本（K）	劳动（L）	产量（Q^0）
a	6	1	500
b	3	2	500
c	2	3	500
d	1	6	500

按照表 4-1-6 绘出 $Q^0 = 500$ 时的等产量曲线，如图 4-1-2 的 Q_1 所示。

等产量曲线具有以下特征。

（1）在同一坐标轴内，可以有无数条等产量曲线，离原点越远的等产量曲线代表的产量水平越高，离原点越近的等产量曲线代表的产量水平越低。在图 4-1-2 中，三条等产量曲线按代表的产量大小排序为 $Q_1 < Q_2 < Q_3$。

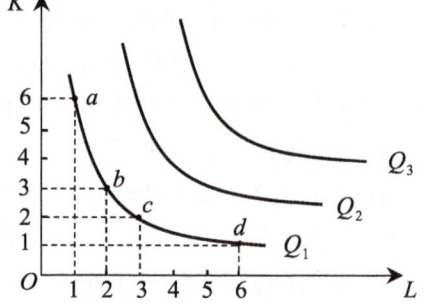

图 4-1-2　等产量曲线

（2）在同一坐标轴内，任何两条等产量曲线都不会相交。

（3）等产量曲线向右下方倾斜，斜率为负。这就表明，当生产者的资金预算与生产要素价格既定时，为了达到相同的产量，在增加一种生产要素的同时就必须减少另一种生产要素。等产量曲线是凸向原点的，这是由边际技术替代率递减规律所决定的，下文会对此进一步进行阐述。

 课堂讨论

等产量曲线与无差异曲线有什么相同点与不同点？

2．边际技术替代率

边际技术替代率（MRTS）是指在维持产量水平固定的条件下，增加一单位某种生产要素投入量时所减少的另一种生产要素的投入数量。例如，在图 4-1-2 中，为了维持固定的 500 单位产量，在厂商的产量沿着既定的等产量曲线由点 a 滑动到点 d 的过程中，劳动投入量必然会随着资本投入量的不断减少而增加。劳动对资本的边际技术替代率的公式为

$$\text{MRTS}_{LK} = -\frac{\Delta K}{\Delta L} \tag{4-1-11}$$

式（4-1-11）中，ΔK 为资本投入的变化量，ΔL 为劳动投入的变化量。公式前加负号是为了使 MRTS 值在一般情况下为正值，以便于比较。

在两种生产要素相互替代的过程中，普遍存在这样一种现象：在维持产量固定的前提下，当一种生产要素的投入量不断增加时，每一单位的这种生产要素所能替代的另一种生产要素的数量是递减的。这一现象被称为边际技术替代率递减规律。如表 4-1-6 所示，当生产 500 单位产量的要素组合由 a 变为 b 时，$\text{MRTS}_{LK}=3$，即增加 1 单位的劳动投入可替代 3 单位的资本；当要素组合由 b 变为 c 时，$\text{MRTS}_{LK}=1$，即增加 1 单位的劳动投入可替代 1 单位的资本；而当要素组合由 c 变为 d 时，$\text{MRTS}_{LK}=1/3$，此时增加 1 单位的劳动投入只能替代 1/3 单位的资本，如果劳动投入量进一步增加，劳动对资本的边际技术替代率将继续下降。

边际技术替代率递减的主要原因在于，任何一种产品的生产技术都要求各要素投入之间有适当的比例，这意味着要素之间的替代是有限制的。

经典案例

工厂是多雇工人还是多买机器？

工厂可以通过多雇工人和多买机器这两种途径实现多生产商品。那么，工厂的厂长在雇佣工人和购买机器中如何做出选择呢？这就涉及边际技术替代率的知识。例如，此时机器可以替代 3 个工人，而价格只是工人的 2 倍，厂长会选择多用机器少雇工人，但还要考虑到边际技术替代率递减规律，故不可以用机器代替全部的工人。因此，工厂生产商品是多雇工人还是多买机器，主要取决于在生产过程中劳动和资本这两种生产要素的替代性。

（三）等成本线

等产量曲线说明了生产一定产量的产品可以有哪些投入要素的不同组合方式，但不能说明哪一种组合方式是最优的。为了求最优解，就要同时考虑产量和成本两个因素。为此，在等产量曲线图上有必要引进等成本线。

等成本线又称"生产预算线"，是指在成本支出和生产要素价格固定的条件下，厂商所能购买到的生产要素最大数量的各种组合的轨迹。假定生产某种产品使用劳动（L）和资本（K）两种生产要素，价格分别为 P_L 和 P_K，厂商的总成本支出为 C，则公式为

$$C = P_L \cdot L + P_K \cdot K \tag{4-1-12}$$

也可写为

$$K = -\frac{P_L}{P_K} \cdot L + \frac{C}{P_K} \tag{4-1-13}$$

根据以上公式可以得到等成本线，如图 4-1-3 所示。

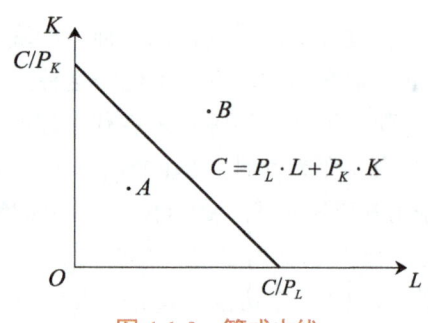

图 4-1-3　等成本线

在图 4-1-3 中,等成本线的纵截距为 C/P_K,表示既定的全部成本用于购买资本时所得的资本数量;横截距为 C/P_L,表示既定的全部成本用于购买劳动时所得的劳动数量;斜率为 $-P_L/P_K$,为两种生产要素价格之比的负值。等成本线以内区域中的任何一点,如点 A,表示既定的全部成本用来购买该点的劳动和资本的组合以后还有剩余。等成本线以外区域中的任何一点,如点 B,表示既定的全部成本用来购买该点的劳动和资本的组合是不够的。唯有等成本线上的点,才表示用既定的全部成本能刚好购买到的劳动和资本的组合。

课堂讨论

(1) 等成本线与预算线有什么相同点与不同点?
(2) 等成本线的移动代表了什么?请分情况讨论。

(四) 两种生产要素的最适投入

同消费者均衡分析相似,两种生产要素最适投入的原则:在成本和生产要素价格既定的条件下,两种生产要素的边际产量比例等于其价格比例,即最后一单位的成本支出无论用来购买哪一种生产要素所获得的边际产量都相等。这一条件也可以推广到采用多种生产要素进行生产的场合。

因为边际技术替代率可以表示两种生产要素的边际产量之比,所以,在两种生产要素都可变的生产决策中,要实现利润最大化,最适投入条件为

$$\mathrm{MRTS}_{LK} = \frac{\mathrm{MP}_L}{\mathrm{MP}_K} = \frac{P_L}{P_K} \qquad (4\text{-}1\text{-}14)$$

进一步,可以有

$$\frac{\mathrm{MP}_L}{P_L} = \frac{\mathrm{MP}_K}{P_K} \qquad (4\text{-}1\text{-}15)$$

在坐标轴中,最适投入条件可以表示为等产量曲线与等成本线相切,如图 4-1-4 所示。

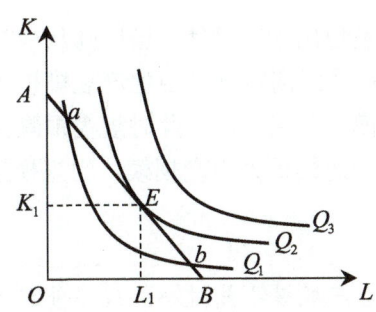

图 4-1-4　既定成本条件下的产量最大化

 课堂讨论

（1）为什么点 a 与点 b 不是最优组合？

（2）随着厂商成本的增加，最优组合点会如何变动？

（五）规模报酬

在长期生产中，厂商的生产规模会发生变化，自然也会使得产量发生变化。那么如果厂商生产规模扩大一倍，其产量是否也一定会增加一倍呢？

规模报酬研究的是厂商内部所有的生产要素投入等比例增加时，由生产规模变动所引起的产量的变动情况。其变动可能有以下三种情形，如表 4-1-7 所示。

> **学习札记**
>
> 规模报酬发生作用是以技术水平不变为前提的。

表 4-1-7　生产规模变动引起产量变动的情形

情　形	简　介	举　例
规模报酬递增	即产量增加的比例大于各种生产要素增加的比例。产生规模报酬递增的主要原因是厂商生产规模扩大所带来的生产效率的提高	厂商能够利用更先进的技术和机器等生产要素，而较小规模的厂商可能无法利用这样的技术和生产要素；随着对较多的人力和机器的使用，厂商内部的生产分工能够更合理和专业化；人数较多的技术培训和具有一定规模的生产经营管理可以节省成本
规模报酬不变	即产量增加的比例等于各种生产要素增加的比例	两个同样的宾馆配备同样的人员所提供的服务是一个宾馆的两倍
规模报酬递减	即产量增加的比例小于各种生产要素增加的比例。产生规模报酬递减的主要原因是厂商生产规模过大，使得生产的各个方面难以得到协调，从而降低了生产效率	厂商内部合理分工的破坏，获取生产决策所需各种信息的不易

厂商规模报酬的变化一般呈现出如下规律：当厂商从最初很小的生产规模开始逐步扩大时，规模报酬处在递增阶段；当厂商得到了由生产规模扩大所带来的产量递增的全部利益后，一般会继续扩大生产规模，新建工厂，此时规模报酬处在不变阶段，这一阶段的时间可能会比较长；此后，厂商若继续扩大生产规模，则规模报酬将进入递减阶段。

 视野拓展

一个厂商和一个行业的生产规模不能过小，也不能过大，即要实现适度规模，使生产规模的扩大正好能使收益递增并达到最大。对于不同行业的厂商来说，适度规模的大小是不同的。在确定适度规模时主要考虑两个方面，一是本行业的技术特点，一般来说，需要的投资量大、设备复杂先进的行业，适度规模也更大；二是市场条件，一般来说，市场需求量大且标准化程度高的产品的厂商，适度规模也更大。除此之外，确定适度规模时还要考虑交通条件、能源供给、政府政策等。

班级_____   姓名_____   学号_____

任务检测

一、单选题

1. 生产函数衡量了（   ）。
   A．生产要素的投入量和产品的最大产量之间的关系
   B．生产要素价格对厂商产出水平的影响
   C．在每一价格水平上的最优产出水平
   D．以上都是

2. 当边际产量大于平均产量时，（   ）。
   A．平均产量增加   B．平均产量减少
   C．平均产量不变   D．平均产量达到最低

3. 在规模报酬不变阶段，若劳动和资本的使用量都增加10%，则（   ）。
   A．产出增加10%   B．产出减少10%
   C．产出增加大于10%   D．产出增加小于10%

4. 短期生产决策合理区域的条件是（   ）。
   A．MP = AP   B．MP = 0
   C．TP = 0   D．AP = 0

二、简答题

5. 总产量与边际产量、平均产量与边际产量之间各存在什么关系？如何根据这种关系确定一种可变生产要素的合理投入区域？

6. 什么是边际报酬递减规律？

班级_____　　　姓名_____　　　学号_____

三、应用题

7. 表 4-1-8 是一种可变生产要素的产量表，请在表中填空，并回答该生产函数是否表现出边际报酬递减？如果是，是从第几单位的可变生产要素投入量开始递减的？

表 4-1-8　某商品的产量表

可变要素的数量	可变要素的总产量	可变要素的平均产量	可变要素的边际产量
1		2	
2			10
3	24		
4		12	
5	60		
6			6
7	70		
8			0
9	63		

四、计算题

8. 已知生产函数 $Q = f(L, K) = 2KL - 0.5L^2 - 0.5K^2$，假定厂商目前处于短期生产，且 $K = 10$。

（1）写出在短期生产中该厂商关于劳动的总产量 TP_L 函数、劳动的平均产量 AP_L 函数和劳动的边际产量 MP_L 函数。

（2）分别计算当劳动的总产量 TP_L、劳动的平均产量 AP_L 和劳动的边际产量 MP_L 各自达到极大值时厂商的劳动投入量。

（3）什么时候 $AP_L = MP_L$？它的值又是多少？

班级_____　　姓名_____　　学号_____

任务二　掌握成本理论

任务工单

（一）任务描述

在我国，超市和电影院在晚上仍开门营业，这给白天工作繁忙的市民带来了极大的方便。但是，我们很少看到银行把工作时间延长到晚上，这是为什么呢？

以小组为单位，探讨成本的类型，并举例说明。

（二）任务分工

全班学生以 3~5 人为一组进行分组，每组设组长 1 名，小组讨论任务分工并将分工情况填写至表 4-2-1 中。

表 4-2-1　小组成员及分工情况

小组成员	姓　名	学　号	任务分工
组长			
组员			

（三）任务准备

请各组长组织组员进行预习，收集和整理相关资料，讨论并用通俗易懂的语言结合具体事例回答下列问题。

（1）什么是成本？

（2）成本都是可以计算的吗？

班级_____   姓名_____   学号_____

（四）任务实施

通过课堂学习、小组合作查阅资料等，完成表 4-2-2。

表 4-2-2　成本的类型

类　型	特　征	举　例

（五）任务评价

各组派代表展示任务实施成果，并配合指导老师完成表 4-2-3 所示的任务评价。

表 4-2-3　任务评价

评价项目	评价内容	分　值	评价分数		
			自　评	组　评	师　评
职业素养考核目标（40%）	考勤、仪容仪表	10 分			
	责任意识、纪律意识	10 分			
	团队合作与交流	20 分			
专业能力考核目标（60%）	任务准备过程讨论及记录的完成度	20 分			
	任务实施过程记录的完成度	20 分			
	任务实施成果的展示效果	20 分			
	合计	100 分			
综合评价	综合分数_____（自评×25%+组评×25%+师评×50%） 综合等级_____ 综合评语：				

指导老师签字_____

项目四　生产者行为理论

一、成本及成本函数

（一）成本的概念与分类

成本也称"生产费用"，是指厂商在生产与经营中使用的各种生产要素的价格，或生产要素的所有者必须得到的报酬或补偿。在现实的经济活动中，根据分析目的不同，可以将成本分为不同的类型。

1. 会计成本和机会成本

会计成本是指厂商在生产过程中按市场价格直接支付的一切费用，包括各种生产要素的价格和生产经营中所付费用，连同厂房设备的折旧费等，这些费用一般均可以通过会计账目反映出来。

机会成本是指人们将资源用于某种用途而放弃的在其他用途中所能得到的最高收益。这就是"鱼与熊掌不可兼得"。鱼和熊掌不能兼得时，选择吃鱼，那么就不能吃熊掌，熊掌就是选择吃鱼的机会成本。机会成本不是做出某项选择时实际支付的费用或损失，而是一种观念上的成本或损失。通过机会成本分析，可以对定量资源的不同经营方向的投资效果进行择优，以实现资源利用的最大化。

2. 显性成本和隐性成本

显性成本是指厂商在生产要素市场上购买或租用所需要的生产要素的实际支出，即需要厂商支出货币的投入成本。例如，某厂商雇用了一定数量的工人，从银行取得了一定数量的贷款，并租用了一定数量的土地，为此，该厂商就需要向工人支付工资，向银行支付利息，向土地出租者支付地租，这些都是显性成本。

 课堂讨论

会计成本是显性成本吗？

隐性成本是指厂商自己所拥有的用于该厂商生产过程的生产要素的总价格，即不需要厂商支出货币的投入成本。经济学家指出，既然借用他人的资本需付利息，租用他人的土地需付地租，聘用他人来管理厂商需付薪金，那么，同样的道理，当厂商使用了自有生产要素时，也应该得到报酬。所不同的是，厂商是自己向自己支付利息、地租和薪金，所以也应该计入成本之中。

> **学习札记**
>
> 显性成本和隐性成本的价格必须等于这些生产要素在其他用途中所能得到的最高收入。

显性成本和隐性成本的区别说明会计师与经济学家分析经营活动的角度不同。会计师的工作是记录流入和流出厂商的货币，因此他们只衡量显性成本。而经济学家关心和研究厂商如何做出生产和定价决策，因此当他们衡量成本时就包括了隐性成本。

经典案例

铺面是出租还是自己经营？

假如你有一个铺面，你用它开了一家服装店，会计账目显示一年赚了 5 万元人民币，你很高兴。可是用成本理论分析后，你恐怕就高兴不起来了，因为你没有把隐性成本算进去。假定铺面出租市场价是一年 2 万元，假定你原来有工作，年收入也是 2 万元，那么，这 4 万元就是你自己经营的隐性成本。从经济学角度分析来看，这应该是成本，是你提供了自有生产要素房子和劳动理应得到的正常报酬，而在会计账目上没有作为成本项目计入。这样算的结果是你一年没有赚 5 万元，而是赚了 1 万元。如果再加上自己经营需要 1 万元的资金进货，这 1 万元的银行存款利息也是隐性成本。这样一算，你自己经营就非常不划算了，应该出租。但是如果你下岗了，且找不到年薪高于 3 万元的工作，那么还是以自己经营为上策。

3．增量成本和沉没成本

增量成本是指厂商因做出某一特定决策而引起的全部成本的变化。例如，决策前的成本为 C_1，决策后的成本为 C_2，那么增量成本 $\Delta C = C_2 - C_1$。

已经支付而且无法回收的成本称为沉没成本。从决策角度来看，沉没成本是过去发生的、不因决策的变动而有所改变的成本支出。沉没成本可以是不变成本，也可以是可变成本，通常情况下，不变成本比可变成本更容易沉没。需要注意的是，中途弃用的机器设备，如果能变卖出售收回部分价值，那么其账面价值不会全部沉没，只有变现价值低于账面价值的部分才是沉没成本。

沉没成本

经典案例

沉没成本具有无关性。你是否曾经走进一家理发店剪发，发现里面几乎没人？你可能会问，为什么这种理发店还要开门呢？因为看起来只有来自几个顾客的收入不可能弥补理发店的经营成本。事实上，在决定是否继续营业时，理发店老板必须区分不变成本与可变成本。理发店的许多成本，如租金、剪发设备、桌子、镜子等，都是固定的，停止营业并不能减少这些成本，即在短期中，这些是沉没成本，老板在决定是否营业时，可以放心地不考虑这些成本。只有从顾客那里得到的收入少到不能弥补理发店的可变成本时，老板才会停止营业。这说明不变成本的大小对决策无关紧要。

沉没成本的无关性对个人决策也很重要。例如，你预订了一张长途汽车票，已经付了票钱且不能退票。现在，你的一位朋友有小轿车可以载你走，你要不要坐你朋友的小轿车走呢？这个决定其实与已经预订的长途汽车票钱没有直接关系。因为你坐不坐小轿车，长途汽车票钱都不能收回。所以，你做决定时就不应该再考虑这个长途汽车票钱成本了，你需要考虑的是坐哪个车方便、快捷、舒服和安全。因此，沉没成本是与决策无关的成本，决策者做选择时应把沉没成本的因素剔除。

4. 私人成本和社会成本

私人成本是厂商或个人从事某项经济活动的花费或代价。例如，某药厂要生产 10 单位的药品，购买生产要素需要花费 2 000 元，这 2 000 元便是厂商的私人成本。私人成本是从厂商私人角度来看的成本。

社会成本是从社会整体角度考虑的成本，是整个社会为某个厂商或个人从事的某项经济活动所付出的成本。例如，某炼钢厂将污水排进河道，对于工厂来说，成本仅仅是把废水转移到河道的费用，但对于整个社会而言，会造成环境污染，社会必须为此支付一笔治理费，这便是社会成本。

> **学习札记**
>
> 政府会采用许可证制度、收取污染费用和制定污染标准等方式将厂商的社会成本转化为私人成本。

（二）成本函数

成本函数表示在一定时间内，在技术水平和要素价格不变的条件下，成本与产量之间的对应关系。用 C 表示成本，Q 表示产量，则成本函数的一般表达式为

$$C = f(Q) \tag{4-2-1}$$

与生产函数类似，成本函数可分为短期成本函数和长期成本函数，其不同的变动规律，对于厂商决策有不同意义。

二、短期成本函数

在短期中，厂商只能调整可变生产要素（如劳动力、原料等），而不能调整不变生产要素（如厂房、设备等）。所以，短期成本是指在短期生产中，厂商用于这些可变生产要素的支出。

（一）短期成本的分类

1. 短期总成本

短期总成本（STC）是指厂商在短期内为生产一定产量的产品而消耗的成本总额。公式为

$$STC(Q) = TFC + TVC(Q) \tag{4-2-2}$$

式（4-2-2）中，TFC 为总不变成本，是指在短期内，厂商为生产一定产量的产品而使用的不变生产要素所带来的成本。例如，厂房和机器设备的折旧、管理人员的工资、利息、保险费等费用。

TVC 为总可变成本，是指在短期内，厂商为生产一定产量的产品所投入的可变生产要素所带来的成本。例如，原料费、燃动力费和生产工人的工资等费用。总可变成本随产量

的变化而变化，因此 TVC 是产量 Q 的函数。

课堂讨论

北京环球影城在淡季推出 380 元低价门票的原因是什么？

2. 短期平均成本

短期平均成本（SAC）是指厂商在短期内生产一单位产品所耗费的全部成本。公式为

$$\text{SAC}(Q) = \frac{\text{STC}(Q)}{Q} = \frac{\text{TFC} + \text{TVC}(Q)}{Q} = \text{AFC}(Q) + \text{AVC}(Q) \qquad (4\text{-}2\text{-}3)$$

式（4-2-3）中，AFC 为平均不变成本，是指厂商在短期内生产一单位产品所消耗的不变成本。公式为

$$\text{AFC}(Q) = \frac{\text{TFC}}{Q} \qquad (4\text{-}2\text{-}4)$$

AVC 为平均可变成本，是指厂商在短期内生产一单位产品所消耗的可变成本。公式为

$$\text{AVC}(Q) = \frac{\text{TVC}(Q)}{Q} \qquad (4\text{-}2\text{-}5)$$

3. 短期边际成本

短期边际成本（SMC）是指厂商在短期内每增加一单位产量所增加的总成本。公式为

$$\text{SMC}(Q) = \frac{\Delta \text{STC}(Q)}{\Delta Q} = \frac{\Delta \text{TVC}(Q)}{\Delta Q} \qquad (4\text{-}2\text{-}6)$$

当产量的增加量趋于无穷小，即 $\Delta Q \to 0$ 时，有

$$\text{SMC}(Q) = \lim_{\Delta Q \to 0} \frac{\Delta \text{STC}(Q)}{\Delta Q} = \frac{\text{dSTC}(Q)}{\text{d}Q} \qquad (4\text{-}2\text{-}7)$$

随堂巩固

表 4-2-4 是某厂商的短期成本表，请把空缺部分补充完整。

表 4-2-4　某厂商的短期成本表

产量（Q）	总成本			平均成本			边际成本
	TFC	TVC	STC	AFC	AVC	SAC	SMC
0		0	1 200	—			
1	1 200	600					
2	1 200		2 000				

【参考答案】某厂商完整的短期成本表如表 4-2-5 所示。

表 4-2-5　某厂商的短期成本表

产量（Q）	总成本			平均成本			边际成本
	TFC	TVC	STC	AFC	AVC	SAC	SMC
0	1 200	0	1 200	—	—	—	—
1	1 200	600	1 800	1 200	600	1 800	600
2	1 200	800	2 000	600	400	1 000	200

（二）短期成本曲线及相互关系

1. 总成本曲线之间的关系

如图 4-2-1 所示，TFC 曲线是一条水平线，无论产量如何变化，它都固定不变。由于总可变成本随着产量的增加而增加，因此，TVC 曲线表现为一条向右上方倾斜的曲线，且随着产量的增加，先以递减的速度上升，而后以递增的速度上升。

将 TVC 曲线向上垂直移动 TFC 个单位可得到 STC 曲线，所以，STC 曲线是一条由水平的 TFC 曲线与纵轴的交点出发的向右上方倾斜的曲线。在每一个产量上，STC 曲线和 TVC 曲线的斜率都是相同的，并且，STC 曲线和 TVC 曲线之间的垂直距离都等于不变成本 TFC。

2. 平均成本曲线与总成本曲线之间的关系

如图 4-2-2 所示，由于不变成本是一个常数，当产量很小时，平均每单位产量耗费的不变成本极大；随着产量的增加，平均每单位产量耗费的不变成本越来越少。所以，AFC 曲线是一条向两轴渐近的曲线。

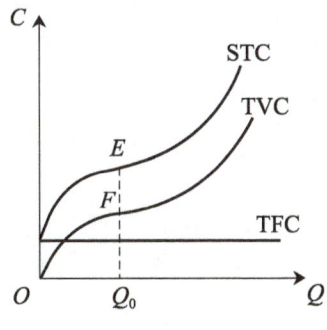

图 4-2-1　总成本曲线

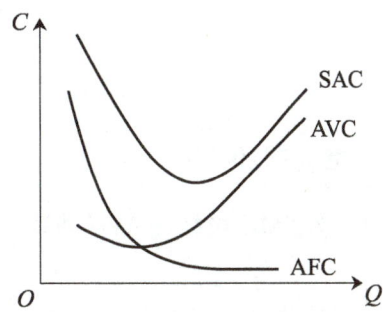

图 4-2-2　平均成本曲线

由于 AVC 等于 TVC 与产量 Q 的比值，所以在任意产量下，AVC 的数值在 TVC 曲线上的几何意义就是从该产量对应的 TVC 曲线上的点向原点引出的射线的斜率。由于 TVC 曲线先以递减的速度增加，再以递增的速度增加，所以随着产量的增加，从 TVC 曲线上向原点引出的射线的斜率先递减后递增，故 AVC 曲线是一条"U"形曲线。当射线与 TVC 曲线相切时，射线斜率最小，AVC 曲线达到最低点。同理，SAC 等于 STC 与产量 Q 的比值，因此 SAC 曲线也是一条"U"形曲线。

3. 平均成本曲线之间的关系

如图 4-2-2 所示，SAC 曲线与 AVC 曲线都是 "U" 形曲线，在每一个产量水平下，SAC 总是大于 AVC，它们之间的差额为 AFC。由于随着产量的增加，AFC 越来越小，因此，二者越来越接近。

4. 边际成本曲线与总成本曲线之间的关系

每一个产量水平上的 SMC 数值，就是相应的 STC 曲线上对应点的切线的斜率，由于 STC 曲线先以递减的速度上升，然后以递增的速度上升，故随着产量的增加，STC 曲线上每一点的切线的斜率先减小，在拐点 E 处达到最小，然后切线斜率开始增大。相应地，SMC 曲线也是一条 "U" 形曲线，如图 4-2-3 所示。

> **学习札记**
>
> AVC 曲线、SAC 曲线和 SMC 曲线都呈 "U" 形是由边际报酬递减规律决定的。

5. 平均成本曲线和边际成本曲线之间的关系

如图 4-2-3 所示，在 SAC 曲线的下降段，SMC 曲线低于 SAC 曲线；在 SAC 曲线的上升段，SMC 曲线高于 SAC 曲线；SMC 曲线与 SAC 曲线相交于 SAC 曲线的最低点 A。类似地，在 AVC 曲线的下降段，SMC 曲线低于 AVC 曲线；在 AVC 曲线的上升段，SMC 曲线高于 AVC 曲线；SMC 曲线与 AVC 曲线相交于 AVC 曲线的最低点 B。不管是下降还是上升，SMC 曲线的变动都快于 SAC 曲线和 AVC 曲线。

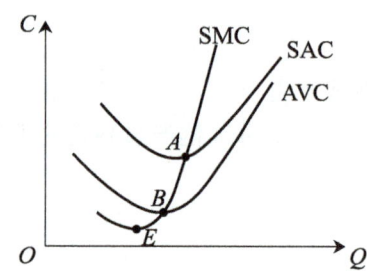

图 4-2-3　边际成本曲线与平均成本曲线

课堂讨论

为什么 SMC 曲线与 AVC 曲线会存在这样的关系？

三、长期成本函数

在长期中，厂商没有可变生产要素与不变生产要素之分，投入的一切生产要素都是可变的。

（一）长期总成本

长期总成本（LTC）是指厂商长期内在每一个产量水平上通过选择最优的生产规模所能达到的最低总成本。公式为

$$LTC = LTC(Q) \tag{4-2-8}$$

从长期看，厂商总是可以在每一个产量水平上选择最优的生产规模进行生产。把无数条短期总成本曲线所表示的最优要素组合即最佳总成本点，用一条曲线连接起来，这条曲线就是长期总成本曲线。所以，长期总成本曲线也叫作短期总成本曲线的包络曲线，如图4-2-4所示。

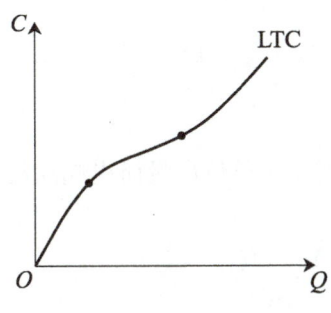

图 4-2-4 长期总成本曲线

学习札记

LTC 曲线的形状是由规模报酬递减规律决定的。

长期总成本曲线先以递增的增长率上升，然后以递减的增长率上升，到达某点后，又开始以递增的增长率上升。它与短期总成本曲线的区别主要表现为长期总成本曲线从原点开始，逐渐向右上方向延伸，表明产量为零时成本也为零，而短期总成本的产量为零时仍有一定的不变成本。

（二）长期平均成本

长期平均成本（LAC）是指厂商在长期内平均生产一单位产品所消耗的成本。公式为

$$LAC(Q) = \frac{LTC(Q)}{Q} \tag{4-2-9}$$

从长期角度看，每一个不同生产规模所具有的平均成本最低点，就构成了长期中厂商规模变动时选择的平均成本点，因此长期平均成本曲线是无数条短期平均成本曲线的包络线，表现为一条比短期平均成本曲线更为平滑的"U"形曲线，如图4-2-5所示。

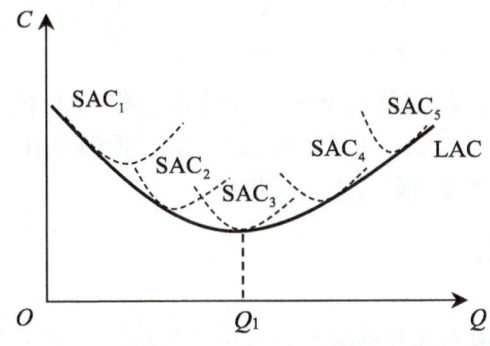

图 4-2-5 长期平均成本曲线

需要注意的是，LAC 曲线并不是与所有的 SAC 曲线都相切于最低点：在 LAC 曲线的

下降部分，切点在 SAC 曲线最低点的左边；在 LAC 曲线的上升部分，切点在 SAC 曲线最低点的右边；只有在 LAC 曲线的最低点上，切点才在相应的 SAC 曲线的最低点。

> **经典案例**
>
> 王永庆的成功说明，在确定厂商规模时一定要达到使平均成本最低的产量，实现规模经济。

（三）长期边际成本

长期边际成本（LMC）是指厂商在长期内增加一单位产量所引起的最低总成本的增量。公式为

$$\text{LMC}(Q) = \frac{\Delta \text{LTC}(Q)}{\Delta Q} \tag{4-2-10}$$

当产量的增加量趋于无穷小，即 $\Delta Q \to 0$ 时，有

$$\text{LMC}(Q) = \lim_{\Delta Q \to 0} \frac{\Delta \text{LTC}(Q)}{\Delta Q} = \frac{\text{dLTC}(Q)}{\text{d}Q} \tag{4-2-11}$$

LMC 曲线不是 SMC 曲线的包络线，而是由 SAC 曲线与 LAC 曲线的切点确定的每一个产量所对应的 SMC 连接而成的一条平滑的"U"形曲线，如图 4-2-6 所示。在长期内的每一个产量水平上，LMC 值都与代表最优生产规模的 SMC 值相等。

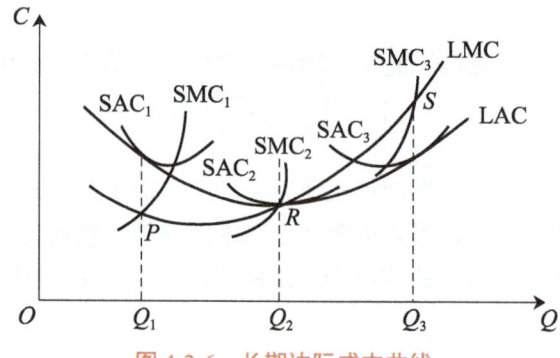

图 4-2-6　长期边际成本曲线

与 SMC 曲线和 SAC 曲线的关系一样，LMC 曲线和 LAC 曲线的关系为当 LMC 小于 LAC 时，LAC 曲线下降；当 LMC 大于 LAC 时，LAC 曲线上升；当 LMC 和 LAC 的值相等时，LMC 曲线在 LAC 曲线的最低点与其相交。

四、利润最大化原则

在生产中，厂商根据成本和收益来决定其生产规模，即从成本和收益两方面的变化确定最佳的生产规模和产量，以获得最大限度的利润。

（一）收益

厂商的收益就是指厂商销售其产品所获得的收入。厂商的收益包括总收益、平均收益和边际收益。

总收益（TR）是指厂商按一定价格出售一定量产品时所获得的全部收入。如果以 TR 表示总收益，P 表示既定产品的市场价格，Q 表示销售产品的总量，则有

$$\text{TR}(Q) = P \cdot Q \tag{4-2-12}$$

平均收益（AR）是指厂商销售每单位产品所得到的平均收入，即平均每单位产品的卖价。公式为

$$\text{AR}(Q) = \frac{\text{TR}(Q)}{Q} \tag{4-2-13}$$

边际收益（MR）是指厂商多出售一单位产品而获得的总收益的增加量，也可以看成最后一单位产品的卖价。公式为

$$\text{MR}(Q) = \frac{\Delta \text{TR}(Q)}{\Delta Q} \tag{4-2-14}$$

当销量的增加量趋于无穷小，即 $\Delta Q \to 0$ 时，有

$$\text{MR}(Q) = \lim_{\Delta Q \to 0} \frac{\Delta \text{TR}(Q)}{\Delta Q} = \frac{\text{dTR}}{\text{d}Q} \tag{4-2-15}$$

（二）利润

厂商的利润是指总收益与总成本之间的差额。这里的利润指的是经济利润，即总收益减去显性成本和隐性成本。如果用 π 表示利润，则有

$$\pi(Q) = \text{TR}(Q) - \text{TC}(Q) \tag{4-2-16}$$

利润最大化原则可以概括为要使利润最大化，必须使边际利润等于 0。公式为

$$\frac{\text{d}\pi(Q)}{\text{d}Q} = \frac{\text{dTR}(Q)}{\text{d}Q} - \frac{\text{dTC}(Q)}{\text{d}Q} = \text{MR}(Q) - \text{MC}(Q) = 0$$

即

$$\text{MR}(Q) = \text{MC}(Q) \tag{4-2-17}$$

为什么边际收益等于边际成本时能实现利润最大化呢？

如果 MR > MC，表明厂商每多生产一单位产品所增加的收益大于所增加的成本。这时，对该厂商来说，扩大产量可以使利润增加，也就是说利润最大化还没有实现。

如果 MR < MC，表明厂商每多生产一单位产品所增加的收益小于所增加的成本。这时，对该厂商来说，扩大产量就会造成亏损。因此，厂商一定要减少产量。

综上所述，只有在 MR = MC 时，厂商才实现了利润最大化。

经典案例

为什么银行晚上不营业呢？可以用利润最大化原则来解释这个问题。从理论上讲，营业时间延长 1 小时，就要支付 1 小时所耗费的成本。这种成本既包括直接的物耗，

如水费、电费等，也包括员工的加班费，这种增加的成本就是边际成本。假如营业时间延长1小时增加的成本是1万元，且延长的1小时里他们由于办理业务而增加的收益大于1万元，作为一个精明的老板就会将营业时间在此基础上再延长，因为这时他认为还有一部分该赚的钱没有赚到手。相反，如果延长的1小时里增加的成本是1万元，而增加的收益不足1万元，那么在不考虑其他因素的情况下，就应该取消延长经营时间的决定，因为延长营业1个小时的成本大于收益。

在当今社会，网上银行和手机银行方便快捷，对于银行来说，晚上营业的边际收益小于边际成本，故银行不选择晚上继续营业。

班级_____   姓名_____   学号_____

任务检测

一、单选题

1. 随着产量的增加，短期平均可变成本（   ）。
   A．先减少后增加 B．按一定的固定比率在增加
   C．先增加后减少 D．按一定的固定比率在减少

2. 已知产量为 8 单位时，总成本为 80 元，当产量增加到 9 单位时，平均成本为 11 元，此时的边际成本为（   ）元。
   A．1 B．19
   C．88 D．20

3. 已知产量为 500 单位时，平均成本为 2 元，当产量增加到 550 单位时，平均成本为 3 元（平均成本最低点所对应的产量为 400 单位），在这个产量变化范围内，边际成本（   ）。
   A．随着产量的增加而上升，并在数值上大于平均成本
   B．随着产量的增加而上升，并在数值上小于平均成本
   C．随着产量的增加而下降，并在数值上小于平均成本
   D．随着产量的增加而下降，并在数值上大于平均成本

4. 利润最大化的原则是（   ）。
   A．边际成本小于边际收益
   B．边际成本等于边际收益
   C．边际成本大于边际收益
   D．边际成本等于平均成本

二、简答题

5. 短期平均成本曲线与边际成本曲线有何关系？请画图说明。

班级_____   姓名_____   学号_____

三、应用题

6. 假定劳动的价格 $W = 200$，请完成表 4-2-6 所示的短期生产成本表。

表 4-2-6 短期生产成本表

L	Q	TVC	SAC	SMC
1	10	200	70	20
2	30			
3	70			
4	100			
5	120			
6	130			

班级_____ 姓名_____ 学号_____

项目实训——走进企业内部

一、实训目标

通过企业调研，增加学生对生产过程的了解，提升其分析生产中各种成本的能力。

二、实训内容和要求

1. 准备工作

学生自由分组，以组为单位进行调研和讨论，确定调研的企业及产品。

2. 小组调研及讨论

（1）学生到当地生产型企业进行调研，收集该企业生产产品的名称、种类，以及一定时期（一季度、半年、一年）各种产品的成本（如进货成本、实际成本）、销量，并进行汇总。

（2）小组画出成本变化与利润变化的趋势图，分析变化的原因并总结。

3. 班级交流

全班组织开展一次交流研讨，每组派一名代表发言，其他小组成员可以进行评价、提问，或针对发言内容发表自己的观点并阐述理由。发言人及本组成员可针对提问进行答辩。

4. 考核

每个小组提交一份总结，学生和教师根据学生平时课堂表现、提交的总结、班级交流发言情况在表4-3-1中进行评估打分，综合评定本项目的成绩。

表4-3-1 项目考核表

考核内容	分 值	考核分数		
		自 评	组 评	师 评
日常考勤和课堂纪律	10分			
学习态度和课堂参与	10分			
完成任务检测并保证题目的正确率	50分			
参与项目实训并积极完成各项任务	30分			
合计	100分			
综合评价	综合分数_____（自评×25%+组评×25%+师评×50%） 综合等级_____ 综合评语： 指导老师签字_____			

项目五

市场结构理论

同样的一桶方便面,可能在超市卖 3 元,在便利店卖 4 元,在大型商场卖 4.5 元,在普通酒店卖 8 元,在旅游景区卖 15 元,在四星级以上酒店可以卖到 30 元甚至更多。为什么同样的一桶方便面在不同的市场上售价可以有如此巨大的差异?厂商是如何定价的呢?

如果仔细观察,大家还会发现,同一个地区的便利店,即使商品大致相同,每家店的售价多少也会有些不同。为什么在多家商店并存的情形下,他们仍然能以不同的价格销售同样的商品?

在商场云集的商业街上,当其中一家商场举行庆典或降价促销活动时,其他商场都会群起效仿。当一家航空公司出售打折机票时,其他公司也常常会跟进,对于一些特定市场上的不同厂商,他们都会根据竞争对手的定价策略来相应地决定自己的最佳策略,其中的原因是什么?

德比尔斯公司是南非的钻石公司,它在英国伦敦舰队街的一座小楼上举行一年一度的钻石交易会时,不给买主讨价还价的权利,谁不接受它的一口价,就不许参加下次的交易会。它这么"霸道"的原因是什么?

以上种种现象,明显不能简单地用供求理论来解释。其实,这涉及不同的市场类型和厂商的行为策略。可见,市场的情况不同,厂商的竞争激烈程度不同,定价策略也就会不同。

本项目主要介绍不同市场结构类型的相关概念以及厂商均衡条件,内容包括完全竞争市场、垄断市场、寡头市场、垄断竞争市场等。通过这些理论来解释不同市场中厂商的行为,帮助厂商做出最优选择。

项目概览

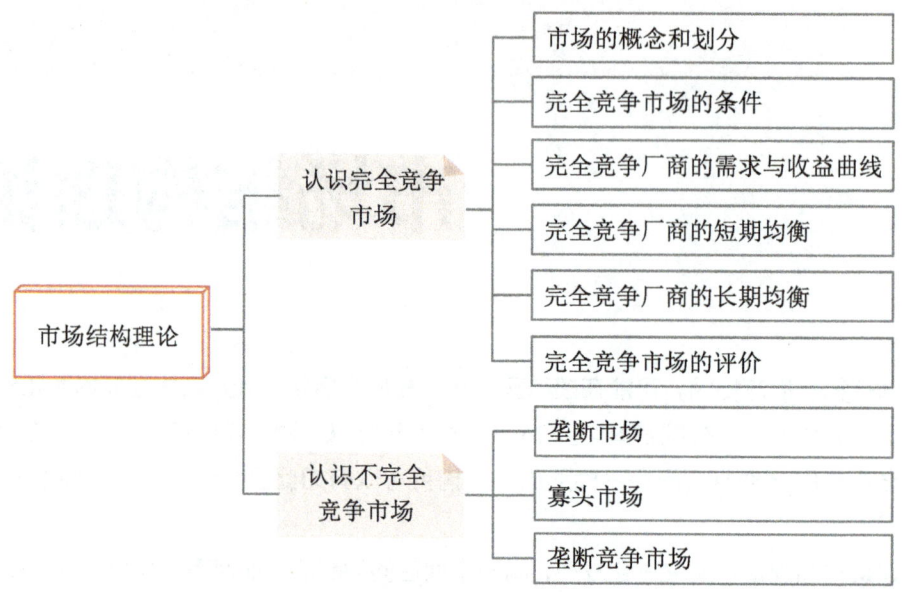

学习目标

知识目标

(1) 理解市场的概念及不同类型市场的特点。
(2) 理解厂商在什么条件下盈利、保本、亏损和停止营业。
(3) 掌握完全竞争厂商、垄断厂商和垄断竞争厂商的均衡条件。

能力目标

(1) 能够对不同市场结构的优缺点进行比较。
(2) 能够对现实生活中的不同行业所处的市场做出正确判断，并给出合适的竞争策略。
(3) 能够解决不同类型市场中的厂商均衡问题。
(4) 能够在工作与生活中合理应用博弈论。

素质目标

(1) 通过了解生活中不同厂商定价的原因，提高学习经济学的兴趣，培养经济思维。
(2) 通过学习不同市场的相关知识，理解政府的各种产业政策，树立制度自信。

班级_____   姓名_____   学号_____

任务一 认识完全竞争市场

任务工单

（一）任务描述

打开电视，我们经常看到零食、电子产品、洗护用品等轻工业产品的广告，却从来没有看到过钢铁、石油、天然气等重工业产品的广告，也没有看到过玉米、花生等农产品的广告（公益广告除外）。这是为什么？轻工业产品、重工业产品和农产品三类产品所处的市场有什么不同？

在一些农贸市场上，我们常会看到连着多家商铺销售高度同质性，零售价格水平相近的商品，如白菜、春联等，一旦提价，商家的销售量几乎为零，降价则会带来利润损失。这些商品的价格是如何决定的？商铺如何获得利润？他们所处的市场接近哪种类型的市场？

以小组为单位，探讨完全竞争厂商在短期内在何种情况下获取超额利润，在何种情况下亏损。

（二）任务分工

全班学生以 3～5 人为一组进行分组，每组设组长 1 名，小组讨论任务分工并将分工情况填写至表 5-1-1 中。

表 5-1-1 小组成员及分工情况

小组成员	姓　名	学　号	任务分工
组长			
组员			

（三）任务准备

请各组长组织组员进行预习，收集和整理相关资料，讨论并用通俗易懂的语言结合具体事例回答下列问题。

（1）什么是市场？市场是如何划分的？

班级＿＿＿＿＿＿＿ 姓名＿＿＿＿＿＿＿ 学号＿＿＿＿＿＿＿

（2）完全竞争市场的条件是什么？

（3）完全竞争厂商的需求曲线是什么样的？

（4）完全竞争厂商的收益曲线是什么样的？

（四）任务实施

通过课堂学习、小组合作查阅资料等，完成表 5-1-2。

表 5-1-2　任务实施

问　题	答　案
完全竞争厂商在短期内在何种情况下会获取超额利润？	
完全竞争厂商在短期内在何种情况下会亏损？	

（五）任务评价

各组派代表展示任务实施成果，并配合指导老师完成表 5-1-3 所示的任务评价。

表 5-1-3　任务评价

评价项目	评价内容	分　值	评价分数		
			自　评	组　评	师　评
职业素养考核目标（40%）	考勤、仪容仪表	10 分			
	责任意识、纪律意识	10 分			
	团队合作与交流	20 分			
专业能力考核目标（60%）	任务准备过程讨论及记录的完成度	20 分			
	任务实施过程记录的完成度	20 分			
	任务实施成果的展示效果	20 分			
	合计	100 分			
综合评价	综合分数＿＿＿＿＿（自评×25%＋组评×25%＋师评×50%） 综合等级＿＿＿＿＿ 综合评语：				

指导老师签字＿＿＿＿＿＿＿＿＿

一、市场的概念和划分

（一）市场的概念

市场是指进行物品买卖的交易场所或接洽点。市场可以是有形的场所，也可以是利用网络和通信工具建立的虚拟接洽点。从本质上讲，市场是商品买卖双方相互作用，进而得以决定其交易价格和数量的一种组织形式或制度安排。按照交易商品的不同，市场可以分为生产要素市场和产品市场两类。本项目研究产品市场，项目六研究生产要素市场。

（二）市场的划分

根据市场结构特征的不同，市场可以划分为完全竞争市场、垄断市场、寡头市场和垄断竞争市场四种类型。划分依据主要有四点，如图 5-1-1 所示。

市场的划分依据	说明
市场上厂商的数目	一个行业所处的市场的厂商数目越多，其竞争程度就越激烈
厂商所生产产品的差别程度	这种差别既包括产品的质量、规格和商标的不同，也包括购物环境、售后服务等方面的不同。产品差别会引起垄断，产品差别越大，垄断程度越高
单个厂商对市场价格的控制程度	单个厂商的定价能力越强，市场的竞争程度越弱
厂商进入或退出市场的难易程度（市场壁垒）	一般来说，进入市场越难，即市场壁垒越高，市场的竞争程度越弱

图 5-1-1 市场的划分依据

课堂讨论

（1）市场进入和退出壁垒包括哪些？
（2）手机市场的市场壁垒高吗？白菜市场呢？请说明理由。

市场壁垒

四种市场类型的相应特点可以用表 5-1-4 来概括。

表 5-1-4 市场类型的特点

市场类型	厂商数目	产品差别程度	对价格的控制程度	进入难易程度	举例
完全竞争市场	很多	完全无差别	没有	很容易	一些农产品市场
垄断市场	一个	唯一的产品，且无替代品	很大程度，但经常受到管制	很困难，几乎不可能	水、电市场

续表

市场类型	厂商数目	产品差别程度	对价格的控制程度	进入难易程度	举 例
寡头市场	几个	有差别或无差别	相当程度	比较困难	钢铁、汽车、石油市场
垄断竞争市场	较多	有差别	有一些	比较容易	一些轻工业产品、食品市场

为什么要区分不同的市场结构呢？通过之前的学习我们知道，厂商的利润取决于收益和成本，其中收益取决于市场对其产品的需求状况。在不同类型的市场条件下，厂商所面临的对其产品的需求状况是不同的，因此需要对市场结构进行区分。

二、完全竞争市场的条件

完全竞争市场是一种竞争不受任何阻碍和干扰的市场结构。一个市场实现完全竞争需要满足四个条件，如表 5-1-5 所示。

表 5-1-5　市场实现完全竞争需要满足的条件

条 件	简 介
市场上有大量的卖者和买者	对于整个市场的总需求量和总供给量而言，每一个买者的需求量和每一个卖者的供给量都是微不足道的，因此他们对市场价格都没有任何控制力量，都只能被动地接受既定的市场价格，即都是价格接受者
市场上每一个厂商提供的商品都是完全同质的	对于消费者来说，购买哪个厂商的商品都是一样的。因此，如果有一个厂商单独提价，他的产品就会完全卖不出去。当然，单个厂商也没有必要单独降价，在一般情况下，他们总是可以按照既定的市场价格实现属于自己的那一份相对来说很小的销售份额
资源具有完全的流动性	所有的资源可以在各厂商之间和各市场之间完全自由地流动，因此，任何一个厂商都可以及时地加入能获得最大利润的生产，也能及时地从亏损的生产中退出。在这样的过程中，缺乏效率的厂商将被市场淘汰，取而代之的是效率较高的厂商
信息是完全的	市场上的每一个买者和卖者都掌握着与自己的经济决策有关的一切信息。因此，他们都可以根据自己所掌握的信息，做出最优的经济决策。这也就排除了因信息不通畅而导致的买者按照较高价格或卖者按照较低价格进行交易的情况

完全竞争市场是一个非个性化市场，所有的消费者都是相同的，所有的生产者也都是相同的，相互之间都意识不到竞争。

 视野拓展

在现实生活中，真正的完全竞争市场是不存在的，通常只是将一些农产品市场看成比较接近完全竞争市场。那为什么我们还要学习完全竞争市场呢？这是因为，从对完全竞争市场的研究中，我们可以得到关于市场机制和资源配置的一些基本原理，为其他类型市场的分析提供参照。

三、完全竞争厂商的需求与收益曲线

(一) 完全竞争厂商的需求曲线

对整个市场来说,商品的需求曲线是一条向右下方倾斜的曲线,供给曲线是一条向右上方倾斜的曲线,如图 5-1-2(a)所示。商品的市场价格就由这种需求与供给决定。而市场对单个厂商的商品的需求状况,可以用厂商的需求曲线来表示。对单个厂商来说,需求曲线是一条由既定市场价格出发的平行线,如图 5-1-2(b)所示。这是因为,当商品价格确定后,对单个厂商来说,这一价格就是既定的,无论如何增加产量都不能影响市场价格。

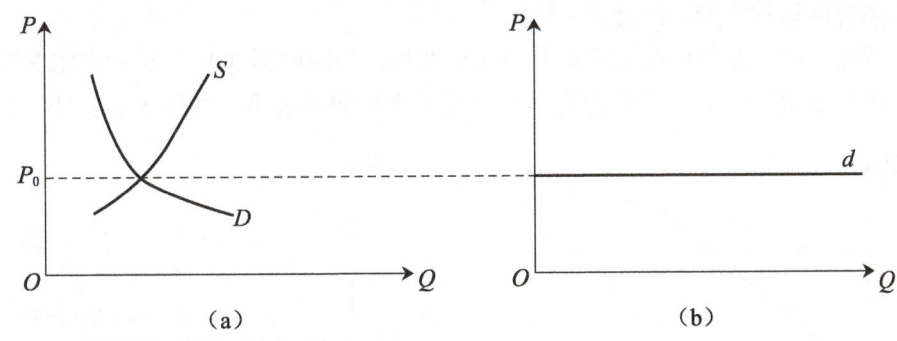

图 5-1-2 完全竞争厂商的需求曲线

课堂讨论

在完全竞争市场中,消费者对单个厂商的需求价格弹性是多少?

在完全竞争市场中,单个消费者和厂商无力影响市场价格,但这些并不意味着完全竞争市场的商品价格是固定不变的。在一些因素的影响下,如消费者收入水平的普遍提高、先进技术的推广、政府有关政策的作用等,都可能使众多消费者的需求量和众多厂商的供给量发生变化,此时商品供求曲线的位置就有可能发生移动,从而形成新的市场价格,进而得到由新的市场价格水平出发的厂商需求曲线,如图 5-1-3 所示。

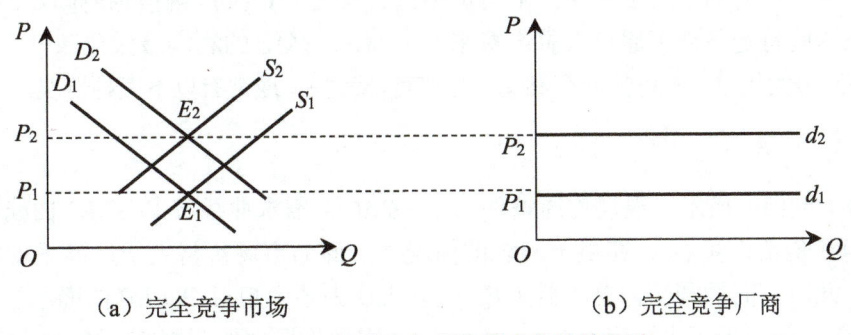

(a) 完全竞争市场 (b) 完全竞争厂商

图 5-1-3 完全竞争厂商需求曲线的移动

（二）完全竞争厂商的收益曲线

已知完全竞争厂商在每一个销售量上的销售价格 P_0 是固定不变的，假定厂商的销售量等于需求量，则总收益是随着需求量 Q 的增加而成比例增加的。因此，完全竞争厂商的总收益 TR 曲线是一条由原点出发的斜率不变的向右上方倾斜的直线，如图 5-1-4（a）所示。

> **学习札记**
>
> $TR = P \cdot Q$
> $AR = TR/Q = P$
> $MR = dTR/dTQ = P$

厂商按既定的市场价格出售商品，所以 $P = AR$。而由于单个厂商销售量的变动并不能影响市场价格，也就是说，厂商每增加一单位产品的销售，市场价格仍然不变，因此 $P = MR$。

综上所述，完全竞争厂商的平均收益 AR 曲线、边际收益 MR 曲线和需求曲线 d 三条线重合，它们都用同一条由既定价格水平出发的水平线来表示，如图 5-1-4（b）所示。

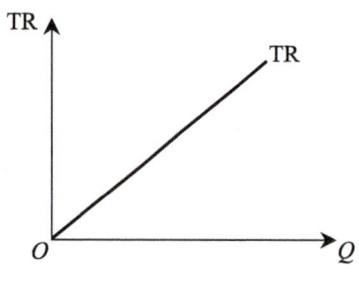
（a）完全竞争厂商总收益曲线

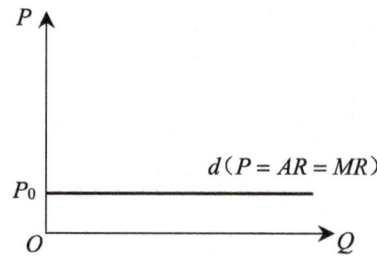
（b）完全竞争厂商平均收益和边际收益曲线

图 5-1-4　完全竞争厂商的收益曲线

必须注意的是，对单个厂商来说，在各种类型的市场上，AR 与 P 都是相等的，但只有在完全竞争市场上，MR，AR 与 P 三者才相等。因为只有在这种情况下，单个厂商销售量的增加才不影响商品价格。

四、完全竞争厂商的短期均衡

在完全竞争厂商的短期生产中，销售价格 P_0 是给定的，生产规模也是固定的。因此，厂商只能在这些特定条件下通过调整产量来实现 $MR = SMC$ 的利润最大化条件。完全竞争厂商实现利润最大化时，有可能获得利润，也有可能亏损，通常有以下五种情况。

（一）供不应求下的短期均衡——厂商盈利

如图 5-1-5（a）所示，根据均衡条件 $MR = SMC$，需求曲线 d 与 SMC 曲线相交于均衡点 E，得到均衡产量 Q_0。在供不应求的情况下，商品市场价格大于厂商平均成本，即 $P_0 > SAC$，此时厂商的利润为总收益（$P_0 \cdot Q_0$，表现为图中矩形 OQ_0EP_0 的面积）减去总成本（$SAC \cdot Q_0$，表现为图中矩形 OQ_0BA 的面积），表现为图中的阴影部分面积，厂商盈利。

项目五　市场结构理论

（二）供求平衡下的短期均衡——厂商收支相抵

如图 5-1-5（b）所示，根据均衡条件，在均衡点 E 得到均衡产量 Q_0。在供求平衡的情况下，商品市场价格等于厂商的平均成本，即 $P_0 = \text{SAC}$，此时厂商的总收益等于总成本，均表现为图中矩形 OQ_0EP_0 的面积，厂商收支相抵。

课堂讨论

厂商收支相抵时，还能获得利润吗？

（三）供过于求下的短期均衡——厂商亏损

1. 厂商弥补不变成本

如图 5-1-5（c）所示，根据均衡条件，在均衡点 E 得到均衡产量 Q_0。当 $\text{AVC} < P_0 < \text{SAC}$ 时，厂商亏损，但可弥补部分不变成本。厂商的亏损为总成本（表现为图中矩形 OQ_0BA 的面积）减去总收益（表现为图中矩形 OQ_0EP_0 的面积），表现为图中的阴影部分面积。在这种情况下，厂商虽然亏损，但仍会继续生产，因为 $P_0 > \text{AVC}$，这意味着厂商不但能弥补生产这些产品所增加的全部可变成本，还能再弥补一部分不变成本。

随堂巩固

某家具公司以 1 000 元/套的价格将某型号的低端桌椅出售给一家饭店。饭店经过多方论证和试用后，提出订货 200 套，出价为 600 元/套。家具公司销售经理通过了解，得知此型号桌椅的平均成本为 700 元/套，认为售价低于平均成本，对公司不利，因此在与饭店的谈判中态度强硬，要求售价不得低于 800 元/套，而饭店坚持自己的出价，最终双方没有签署销售协议。一段时间过后，公司上层在进行财务核查时，得知此型号桌椅的平均成本中，平均不变成本为 300 元，平均可变成本为 400 元，认为销售经理有明显的决策失误，将其降职。

销售经理为什么会被降职？

【参考答案】低端家具行业所处市场接近完全竞争市场。家具公司如果接受了 600 元/套的售价，损失为 $(700 - 600) \times 200 = 20\,000$ 元。但由于 $P > \text{AVC}$，则该家具公司不仅可以收回全部的可变成本，还可以收回一部分不变成本。收回的不变成本为 $(600 - 400) \times 200 = 40\,000$ 元，因此销售经理的决策使本可以收回的 40 000 元不变成本化为泡影。

2. 厂商处于停止营业点

如图 5-1-5（d）所示，根据均衡条件，在均衡点 E 得到均衡产量 Q_0。当 $\text{AVC} = P_0$ 时，厂商亏损，该均衡点被称为停止营业点。此时，厂商的亏损表现为图中的阴影部分面积。在这种情况下，厂商的总收益只能刚好弥补其所有的可变成本，所以，厂商处于生产与不生产的临界点。

3. 厂商停止营业

如图 5-1-5（e）所示，根据均衡条件，在均衡点 E 得到均衡产量 Q_0。当 $AVC > P_0$ 时，厂商停止生产。此时，厂商的亏损表现为图中的阴影部分面积。在这种情况下，厂商会停止生产，因为若继续生产，其全部收益连可变成本都无法全部弥补，就更谈不上弥补不变成本了。

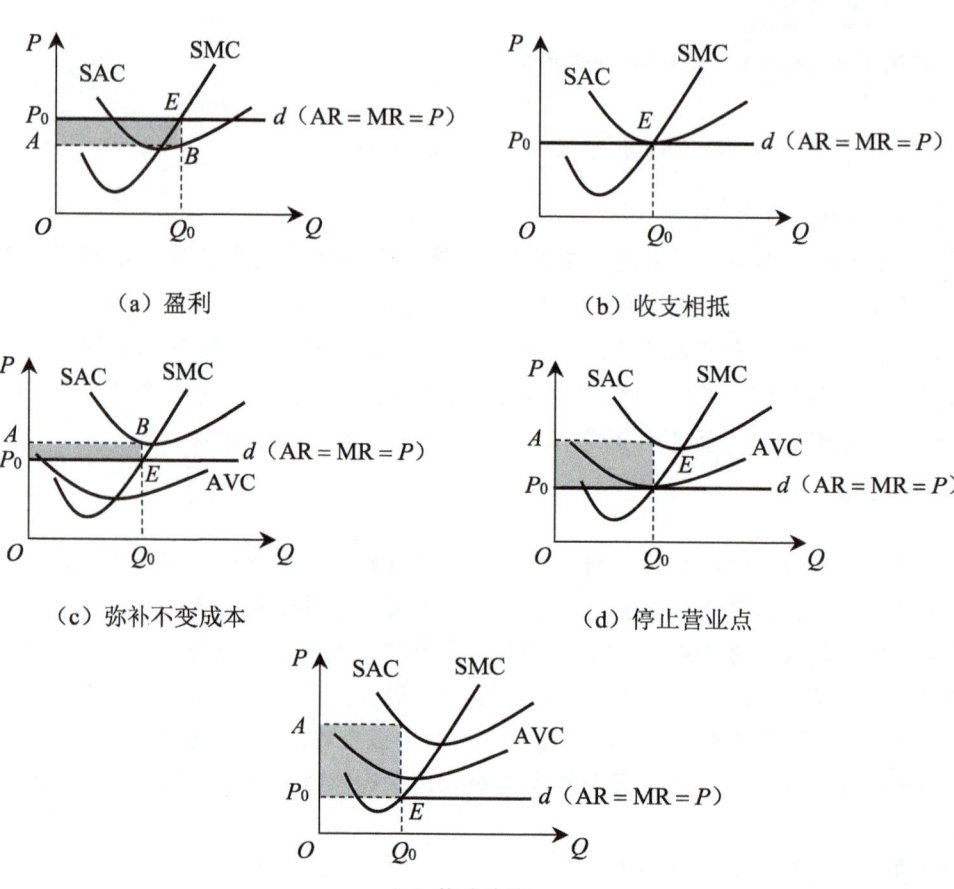

图 5-1-5 完全竞争厂商的短期均衡

综上所述，完全竞争厂商短期均衡的条件是

$$MR = SMC \tag{5-1-1}$$

式（5-1-1）中，$MR = AR = P$，由于 SAC 曲线高低的不同，厂商可能盈利、亏损或利润为零。

五、完全竞争厂商的长期均衡

在长期中，完全竞争市场的生产规模是不确定的。旧的厂商可以轻易退出市场或者调整自己的生产规模，新的厂商可以轻易进入市场。因此，厂商在长期中要做出两个决策：

生产多少,以及退出还是进入这一市场。各个厂商的各种决策会影响整个市场的供给,从而影响市场价格。总的来说,不同价格水平下完全竞争厂商的长期均衡通常有以下三种情况。

(1)供给小于需求,商品价格水平偏高($P_1 >$ LAC)时,如图5-1-6(a)所示,厂商为了实现利润最大化就要使边际收益 MR 等于边际成本 LMC,得到产量 Q_1。这时,厂商的总收益($P_1 \cdot Q_1$)大于总成本($C_1 \cdot Q_1$),存在超额利润,所以其他厂商会涌入该市场,从而使整个市场供给增加,商品价格水平下降,厂商利润减少。

(2)供求平衡,商品价格水平适中($P_1 =$ LAC)时,如图5-1-6(b)所示,厂商为了实现利润最大化就要使边际收益 MR 等于边际成本 LMC。这时,厂商的总收益($P_1 \cdot Q_1$)等于总成本($C_1 \cdot Q_1$),既无利润也无亏损,达到均衡。

(3)供给大于需求,商品价格水平较低($P_1 <$ LAC)时,如图5-1-6(c)所示,厂商无论在哪一点进行生产,都出现亏损。由于亏损,旧的厂商会退出该市场,因此整个市场供给减少,商品市场价格上升,厂商亏损减少。

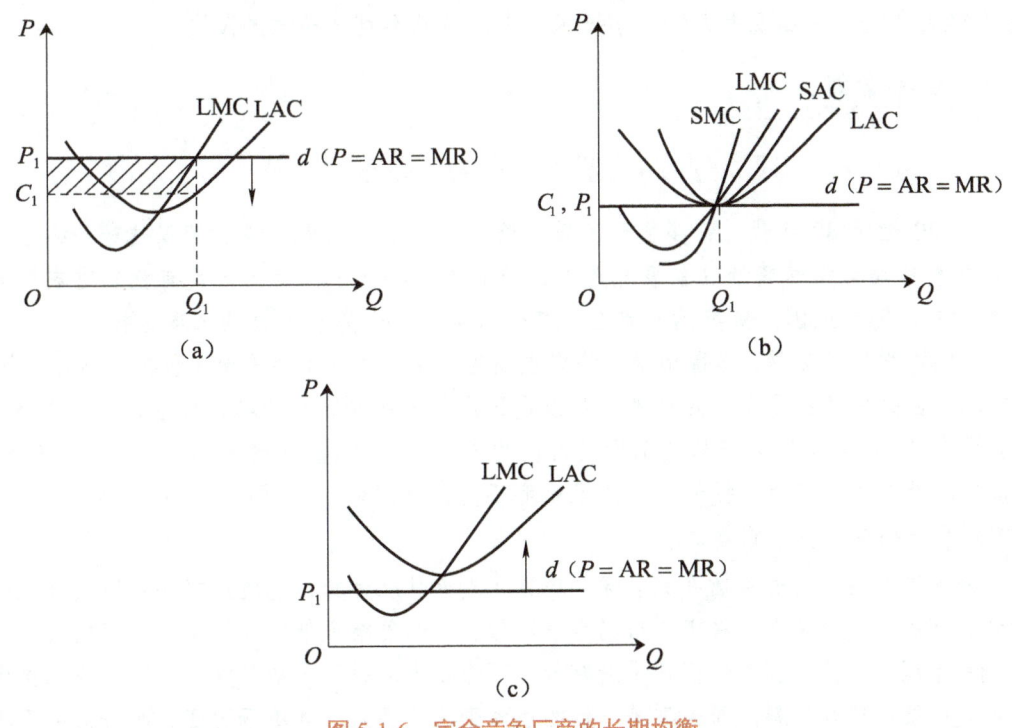

图 5-1-6　完全竞争厂商的长期均衡

综上所述,不管厂商如何调整,最终一定会使市场价格处于 LAC 曲线的最低点,厂商既无利润,也无亏损,失去了进入和退出该市场的动力,市场内每个厂商都实现了均衡。

长期平均成本 LAC 曲线的最低点与短期平均成本 SAC 曲线最低点相切,而 SAC 曲线的最低点就是与短期边际成本 SMC 曲线的交点。因此,完全竞争厂商的长期均衡条件是

$$\text{MR} = \text{LMC} = \text{SMC} = \text{LAC} = \text{SAC} \tag{5-1-2}$$

其中,MR = AR = P。

六、完全竞争市场的评价

完全竞争市场通常被认为是经济效率最高的市场结构，其优越性主要表现在以下三个方面。

（1）市场的供给与需求相等，从而资源得到了最优配置，生产者的供给不会有不足或过剩，消费者的需求也得到了满足。

（2）在长期均衡时，厂商的平均成本处于最低点，说明通过完全竞争与资源的自由流动，生产要素得到了最有效率的利用。

（3）商品价格趋于生产成本，这对消费者是有利的。

完全竞争市场也有缺点，包括以下两个方面。

（1）产品无差别，消费者的多种需求无法得到满足。

（2）生产者的规模都很小，且只能获得正常利润，这使他们没有能力和动力去实现重大的科学技术突破，从而不利于技术的发展。

> 正常利润是企业家才能的价格。

经典案例

政府办的大型养鸡场为什么破产了？

在20世纪80年代，许多由政府投资修建的大型养鸡场，最后都以破产告终了。政府投资修建大型养鸡场的初衷是为了保证居民的菜篮子，但大多没有竞争过农民养鸡专业户。究其原因，重要的一点在于鸡蛋市场是一个完全竞争的市场结构。

从经济学的角度看，鸡蛋市场有许多买者和卖者，每一个生产者（包括大型养鸡场）在市场上占的份额都是微不足道的，难以通过产量来控制市场价格。而且，普通鸡蛋是无差别产品，厂商不能以产品差别形成自己的垄断地位，只能接受市场供求决定的价格。鸡蛋市场没有进入障碍，投资小，技术难度不高，谁想进入都可以，这些特点决定了鸡蛋市场是一个完全竞争市场。

政府建立的大型养鸡场在完全竞争市场上没有什么优势，它的规模不足以大到控制市场，产品也没有特色。在鸡蛋市场竞争激烈、产品价格很低的情况下，养鸡的农户可以把成本压得很低，因为他们几乎没有什么不变成本，也不向自己支付工资，成本支出主要是购买种鸡和饲料。而大型养鸡场的成本则压不下来，养鸡场要建大鸡舍，采用机械化方式，雇用一批管理人员，还要向工人支付工资，这使养鸡场的成本远远高于市场平均成本。因此，当销售价格等于市场平均成本时，养鸡场的破产就是必然的。

班级_____ 姓名_____ 学号_____

一、单选题

1. 垄断竞争市场的主要特征是（　　）。
   A．很少几个占统治地位的厂商，进入障碍较少
   B．数量众多的厂商，有严格的进入限制
   C．数量众多的厂商，进入障碍较少
   D．很少几个占统治地位的厂商，有严格的进入限制

2. 寡头厂商的产品（　　）。
   A．是同质的
   B．是有差异的
   C．既可以是同质的，也可以是有差异的
   D．以上都不对

3. 下列选项中，（　　）市场最接近完全竞争市场。
   A．钢铁行业
   B．玉米种植行业
   C．糖果行业
   D．服装行业

4. 区分垄断竞争市场和完全竞争市场的主要依据是（　　）。
   A．市场壁垒的大小
   B．厂商数目的多少
   C．市场的大小
   D．产品的差别程度

5. 在完全竞争市场上，厂商短期内继续生产的条件是（　　）。
   A．SAC = AR
   B．AVC ≤ AR
   C．AR ≤ AVC
   D．SMC = MR

6. 在完全竞争的条件下，市场价格处于厂商平均成本曲线的最低点，则厂商将（　　）。
   A．获得超额利润
   B．获得小额利润
   C．亏损
   D．获得正常利润

7. 在完全竞争市场上，已知某厂商的产量是 500 单位，总收益是 500 元，总成本是 800 元，不变成本是 200 元，边际成本是 1 元，按照利润最大化原则，他应该（　　）。
   A．增加产量
   B．停止生产
   C．减少产量
   D．视具体情况而定

8. 为了使收益最大化，完全竞争厂商将以（　　）销售其商品。
   A．低于市场的价格
   B．高于市场的价格
   C．市场价格
   D．略低于竞争对手的价格

二、多选题

9. 市场划分的主要依据有（　　）。
   A．厂商的数目
   B．产品的差别程度
   C．厂商对市场价格的控制程度
   D．进入或退出市场的难易程度

班级_____   姓名_____   学号_____

10. 下列选项中，（   ）为厂商退出壁垒。
    A．资产专用性   B．违约成本
    C．信誉损失   D．产品差别

11. 完全竞争厂商在短期均衡状态下，可能存在（   ）。
    A．最大利润   B．最小利润
    C．利润为零   D．最小亏损

12. 完全竞争厂商在长期均衡状态下，可能存在（   ）。
    A．经济利润为零   B．市场供求平衡
    C．平均成本最低   D．资源配置最优

三、简答题

13. 为什么在完全竞争市场上，单个厂商的需求曲线、边际收益曲线和平均收益曲线是同一条线？

14. 简述完全竞争厂商的长期均衡条件。

15. 为什么完全竞争厂商是价格的接受者？完全竞争市场的商品价格还会变吗？

四、计算题

16. 已知某完全竞争市场中某单个厂商的短期成本函数为 $STC = 0.1Q^3 - 2Q^2 + 15Q + 10$。试求：

（1）当市场上产品的价格 $P = 55$ 时，厂商的短期均衡产量和利润；

（2）当市场价格下降为多少时，厂商必须停产？

班级_____ 姓名_____ 学号_____

任务二 认识不完全竞争市场

 任务工单 >>>

（一）任务描述

垄断由来已久：商鞅变法后，秦国对盐、铁实行专卖；宋、元、明、清各朝政府对铁实行征税制度，但对盐一直实行专卖制度。

现实生活中的市场，或多或少都带有一定的垄断因素，即都是不完全竞争市场。但由于垄断程度不同，因此均衡条件及盈利策略也有所不同。例如，自来水公司实行阶梯定价以获取更大的利润，石油公司相互"勾结"、协商确定价格，鞋包公司不断更新款式以吸引消费者。这些现象产生的原因是什么？

以小组为单位，调研身边的价格歧视现象，并对这些现象按价格歧视类型划分。

（二）任务分工

全班学生以 3～5 人为一组进行分组，每组设组长 1 名，小组讨论任务分工并将分工情况填写至表 5-2-1 中。

表 5-2-1　小组成员及分工情况

小组成员	姓　名	学　号	任务分工
组长			
组员			

（三）任务准备

请各组长组织组员进行预习，收集和整理相关资料，讨论并用通俗易懂的语言结合具体事例回答下列问题。

（1）什么是价格歧视？

（2）实行价格歧视必须具备的条件是什么？

班级_____　　姓名_____　　学号_____

（3）价格歧视有哪几种类型？

（四）任务实施

通过课堂学习、小组合作调查等，完成表 5-2-2。

表 5-2-2　身边的价格歧视现象

类　型	现　象
一级价格歧视	
二级价格歧视	
三级价格歧视	

（五）任务评价

各组派代表展示任务实施成果，并配合指导老师完成表 5-2-3 所示的任务评价。

表 5-2-3　任务评价

评价项目	评价内容	分　值	评价分数		
			自　评	组　评	师　评
职业素养考核目标（40%）	考勤、仪容仪表	10 分			
	责任意识、纪律意识	10 分			
	团队合作与交流	20 分			
专业能力考核目标（60%）	任务准备过程讨论及记录的完成度	20 分			
	任务实施过程记录的完成度	20 分			
	任务实施成果的展示效果	20 分			
	合计	100 分			
综合评价	综合分数_____（自评×25%+组评×25%+师评×50%） 综合等级_____ 综合评语：				

指导老师签字_____

一、垄断市场

(一) 垄断市场概述

1. 垄断市场的特征

垄断市场是指整个市场中只有唯一的一个厂商的市场结构,它具备以下几个特征。

(1) 市场上只有唯一的一个厂商生产和销售商品。

(2) 该厂商生产和销售的商品没有任何替代品。

(3) 其他任何厂商进入该市场都极为困难或不可能。在垄断市场中,唯一的厂商控制了整个市场的生产和销售,因此可以控制和操纵市场价格。

课堂讨论

举例说明哪些市场属于垄断市场。

2. 垄断市场的形成原因

垄断市场的形成原因主要有以下几点,如表5-2-4所示。

表5-2-4 垄断市场的形成原因

原　因	简　介
经济垄断	某厂商控制了生产某种商品的全部资源或基本资源的供给。这种对生产资源的独占,排除了其他厂商生产同种产品的可能性,如德比尔斯钻石公司因控制了绝大多数的钻石供应而形成垄断
权利垄断	某厂商拥有生产某种商品的专利权,这使得该厂商可以在一定的时期内垄断该产品的生产,如可口可乐公司因把持饮料的配方而长期垄断市场
国家垄断	国家为了保障国家安全、增加国家财政收入或促进社会整体利益,依法对特定领域的商品或服务进行排他性控制,如铁路运输、供电供水等
自然垄断	在有些市场,厂商只有在生产要素的投入和产量达到一定规模时,才可能实现规模效益,以至于整个市场的产量只有由一个厂商来生产时才有可能达到这样的生产规模。同时,只要发挥这一厂商在这一生产规模上的生产能力,就可以满足整个市场对该种产品的需求。在这类产品的生产中,市场内总会有某个厂商凭借雄厚的经济实力和其他优势最先达到这一生产规模,从而垄断了整个市场的生产和销售

(二) 垄断厂商的需求与收益曲线

1. 垄断厂商的需求曲线

由于垄断市场中只有一个厂商,因此垄断厂商的需求曲线就是市场的需求曲线,它是一条向右下方倾斜的曲线。假定厂商的销售量等于市场的需求量,于是向右下方倾斜的需求曲线表示垄断厂商的销售量与市场价格呈反方向变动。因此,垄断厂商虽然可以控制和操纵市场价格,但提高价格,其销量必然会下降。

2. 垄断厂商的收益曲线

我们先来分析垄断厂商的平均收益 AR 曲线和边际收益 MR 曲线。由于厂商的平均收益 AR 总是等于商品价格 P，因此垄断厂商的 AR 曲线和需求曲线 d 仍然重叠，如图 5-2-1（a）所示。而由于在垄断市场上，商品的价格会因为销售量的增加而降低，因此边际收益曲线 MR 不会与需求曲线重叠，而是位于需求曲线下方，即在每一个需求量上，MR < AR。

垄断厂商的总收益曲线是呈倒"U"形，如图 5-2-1（b）所示，表明随着产量的不断增加，垄断厂商的收益从零开始先上升，后下降。

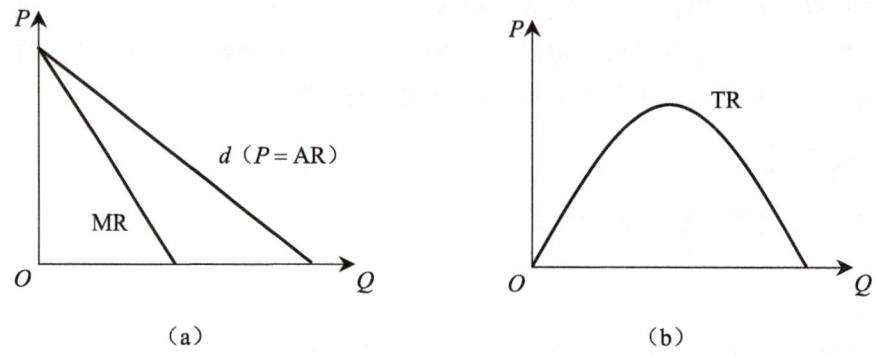

图 5-2-1 垄断厂商的需求与收益曲线

课堂讨论

垄断厂商的总收益与边际收益有什么关系？

（三）垄断厂商的短期均衡

在短期内，垄断厂商无法改变不变生产要素投入量，因此只能在既定的生产规模下通过调整产量和价格来实现 MR = SMC 的利润最大化条件。

如图 5-2-2 所示，d 曲线和 MR 曲线代表垄断厂商的需求和收益状况。垄断厂商根据 MR = SMC 的利润最大化的条件，将产量调整到 Q_1 的水平，对应的价格为 P_1。在短期均衡点 E 上，垄断厂商的平均收益为 P_1，平均成本为 H，平均收益大于平均成本。垄断厂商获得的总利润等于总收益减去总成本，相当于图中阴影部分的面积。

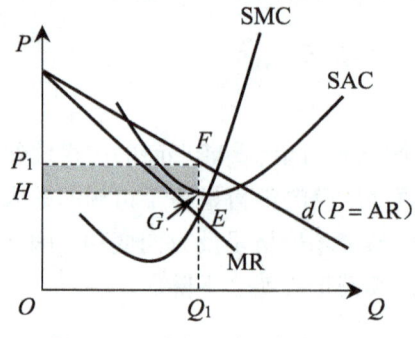

图 5-2-2 垄断厂商的短期均衡

和完全竞争厂商相似，由于 SAC 高低不同，垄断厂商在短期均衡点既可能盈利（最大的利润），也可能亏损（最小的亏损）或利润为零。造成垄断厂商短期亏损的原因，可能是既定生产规模的成本过高，也可能是垄断厂商所面临的市场需求过小。同时，垄断厂商也只有在 AR > AVC 时，才会选择继续生产，从而弥补一部分不变成本；当 AR < AVC 时，一般停止生产；在 AR = AVC 时，收益正好弥补可变成本，生产与否都无所谓。

课堂讨论

参考完全竞争市场，尝试画出不同情况下垄断厂商的短期均衡图。

综上所述，垄断厂商短期均衡的条件是

$$MR = SMC \tag{5-2-1}$$

（四）垄断厂商的长期均衡

在长期中，垄断厂商可以调整生产规模，从而实现 MR = LMC，取得最大利润。与完全竞争厂商不同的是，垄断厂商不用担心其他厂商进入市场而导致利润下降。因此，垄断厂商在长期内是可以保持利润的。垄断厂商在长期内对生产的调整一般有以下三种可能。

学习札记

垄断厂商可以操纵市场价格，于是在可能获得高额垄断利润时，其商品价格不仅高于长期边际成本，而且高于长期平均成本，即 $P > LAC > LMC$。

（1）垄断厂商在短期内是亏损的，在长期内继续亏损，该厂商退出该市场。

（2）垄断厂商在短期内是亏损的，在长期内，通过选择最优生产规模或产量，摆脱亏损状况。

（3）垄断厂商在短期内利用既定的生产规模获得盈利，长期内通过调整生产规模获得更大的利润。

综上所述，垄断厂商的长期均衡条件是

$$MR = LMC = SMC \tag{5-2-2}$$

（五）垄断厂商的价格歧视

在某些情况下，垄断厂商会在同一时间内对同一成本的产品向不同顾客收取不同的价格，这种行为被称为"价格歧视"，这往往可以增加垄断厂商的利润。垄断厂商实行价格歧视必须具备以下两个条件。

（1）市场各部分必须具有不同的需求价格弹性，即市场的消费者有不同的偏好。

（2）必须能够把不同市场或市场的不同部分有效地分割开，否则，产品将由低价市场流向高价市场。

课堂讨论

竞争市场可以实行价格歧视吗？实行价格歧视为什么要具备上述两个条件？

垄断厂商实行价格歧视，通常有三种类型，如表 5-2-5 所示。

现实生活中的价格歧视

表 5-2-5　价格歧视

类　型	定价策略	举　例
一级价格歧视	根据每个消费者对买进产品愿意并能够支付的最高价格，即需求价格来逐个确定产品售价	医术高明的医生根据前来就诊的患者的经济状况收取医疗费
二级价格歧视	根据不同的消费数量段实行不同的价格	用户的通话时间在一定范围内时话费标准较高，超过这个范围则可以享受话费折扣
三级价格歧视	对同一种产品在不同的市场上（或对不同的消费群）实行不同的价格	同样的火车票，学生购买更优惠

视野拓展

二级价格歧视对于一般商品来说，消费的数量越多，价格就越低。但对于一些紧缺商品或政府限制消费的商品则正好相反，政府为了限制消费，通常采用消费越多，价格越高的做法。例如，一些地区的用电收费，便是用得越多，收费越高。

（六）垄断市场的评价

垄断市场通常被认为是经济效率最低、资源浪费最严重的一种市场结构。这是因为，一方面，垄断市场的平均成本高、价格高而产量低，即存在资源浪费和经济效率低下的情况；另一方面，垄断厂商实行价格歧视，消费者付出的价格较高，造成消费者剩余减少，这种减少也是社会福利的损失。

但是，任何事物都有两面性，垄断也有其有利的一面。首先，垄断厂商可以实现规模经济。其次，垄断厂商可以凭自己雄厚的资金与人才实力实现重大的技术突破，有利于技术进步。最后，尽管垄断厂商在一国内是垄断的，存在效率损失，但在国际上有竞争力，有利于一国世界竞争力的提高。

二、寡头市场

（一）寡头市场概述

1. 寡头市场的特征

寡头市场是指由少数几家厂商垄断了某一行业的市场结构。寡头市场具有以下特征。

（1）厂商数量少，只有几家厂商。在此市场上，每家厂商的产量都占有相当大的市场份额，因而每家厂商对整个行业价格和产量的决定都有举足轻重的影响。

（2）存在许多进出障碍。由于投入成本较大，同时受到规模、资金、信誉、市场等因素的限制，使得其他厂商很难进入，另外，寡头厂商退出市场也较难。

（3）寡头厂商相互依存，相互竞争，操纵价格。每家寡头厂商在作价格与产量的决策时，不仅要考虑自身的成本与收益情况，而且还要考虑这一决策对市场的影响，以及其他厂商可能做出的反应。他们在竞争中达成妥协，在妥协中展开竞争。

视野拓展

> 寡头厂商生产的产品既可同质，也可存在差别，人们依此把寡头行业分为纯粹寡头行业和差别寡头行业两类：产品是同质的、没有差别的行业为纯粹寡头行业，如钢铁、铜、水泥等；产品是异质的、存在差别的行业为差别寡头行业，如汽车、飞机、重型机械等。差别寡头行业的产品用途类似，但存在许多型号，且质量、外观以及售后服务等方面存在不同。

2. 寡头市场的形成原因

一般来说，寡头市场的形成原因有四点。

（1）寡头厂商只有在大规模生产时才能获得好的经济效益，即规模经济的效益，这就决定了在一个行业中只需要少数几家厂商就足以满足市场的需求。

（2）行业所需的巨大投资以及生产和技术的特殊要求使得新的厂商很难进入。

（3）市场中的几家厂商控制生产资源的供给，采取排他措施。

（4）政府的扶持。

（二）寡头市场的价格决定

各寡头厂商之间存在勾结和不勾结两种情况，它们的价格决定方法是不同的。在不勾结的情况下，价格决定的方法有价格领先制和成本加成法；在勾结的情况下，则是卡特尔。

1. 价格领先制

价格领先制又称"价格领袖制"，是指市场价格由某一寡头率先制定，其余寡头追随其后确定各自的价格，价格可能是相同的，也可能有所差别。

作为价格领袖的寡头厂商往往是自然形成的，一般有三种类型，如表 5-2-6 所示。

表 5-2-6　价格领袖的类型

类　型	简　介
支配型价格领袖	市场中最大的、最具有支配地位的厂商
效率型价格领袖	市场中成本最低、效率最高的厂商
"晴雨表"型价格领袖	在掌握市场行情变化或其他信息方面明显占优的厂商

2. 成本加成法

成本加成法是指在估算的平均成本基础上加一个固定百分率的利润的定价方法。例如，某产品的平均成本为 200 元，利润率为 10%，则该产品的价格就可以定为 220 元。平均成本可以根据长期内成本变动的情况确定，所加的利润率可参照全行业的利润率情况确定。

这种定价方法可以使价格相对稳定，从而避免各寡头在降价竞争中两败俱伤。从长期看，这种方法接近于实现最大利润，是有利的。

3. 卡特尔

卡特尔是纯粹寡头行业的厂商就产品的价格、产量分配、市场划分等方面订立协定而形成的同盟。通过建立卡特尔，寡头厂商共同制定价格，就有可能像垄断厂商一样使利润达到最大。但是，由于卡特尔各成员之间的矛盾，有时达成的协议很难兑现，或引起卡特尔解体。即使在不存在公开勾结的卡特尔的情况下，各寡头还能通过暗中勾结来确定价格。

 视野拓展

欧佩克

欧佩克即石油输出国组织（OPEC），是一个由世界主要产油国自愿结成的政府间组织，现有的 12 个成员国：阿尔及利亚、刚果、赤道几内亚、加蓬、伊朗、伊拉克、科威特、利比亚、尼日利亚、沙特阿拉伯、阿拉伯联合酋长国和委内瑞拉。这些国家的石油总储量非常丰富，控制着全球约 50% 的石油出口，对国际石油市场具有很大的影响力。

欧佩克力图对其成员国的石油政策进行协调，以通过控制产量来维持石油价格的稳定，从而保证各成员国在任何情况下都能获得稳定的石油收入。为此，欧佩克对石油生产实行配额制。如果石油需求上升，或某些产油国石油产量减少，欧佩克将增加其石油产量，以阻止石油价格飙升；如果石油价格下滑，欧佩克将根据市场形势减少石油产量。

然而，欧佩克并不能完全控制国际石油市场。首先，自实行原油生产配额制以来，欧佩克从未有效杜绝过其成员国的超产行为。欧佩克的成员国受到增加生产可得到更大利润份额的诱惑，常常就减少产量表面达成协议，然后又私下违背协议。为限制成员国超产，欧佩克不得不一再调低生产限额，因此形成了一个"超产—限产—再超产—再限产"的怪圈。其次，欧佩克成员国的财政预算绝大部分依赖以美元结算的财政收入，在美元汇率持续下滑的情况下，虽然欧佩克毅然决定按期履行减产承诺，但为减少美元汇率下跌造成的巨大损失，并非每个欧佩克成员国都愿意买单。

（三）博弈论在寡头市场中的运用

在寡头市场上，厂商既相互勾结，又相互欺瞒，他们经常考虑的是采取什么策略打败对手。经济学中用博弈论来分析寡头厂商在价格、产量、广告、研发等方面的策略，我们以"囚徒困境"这一经典例子来进行讲解。

> **学习札记**
>
> 博弈论是研究具有斗争或竞争性质现象的理论和方法。

囚徒困境是指虽然合作对双方都有利，但理性和不相信对方使他们选择打击对手而使自己利益最大化的最优策略。囚徒困境的假设条件是，两个犯罪嫌疑人 A 和 B 被警方抓获，警方怀疑他们合谋偷窃，但证明他们偷窃的证据并不充分。他们每一个人都被单独囚禁并进行审讯，警方的政策是"坦白从宽，抗拒从严"，如果一方坦白，另一方不坦白，则坦白者从宽处理，判刑 1 年，不坦白者从重处理，判刑 7 年；如果两人都坦白，则每人都各判刑 5 年；如果两人都不坦白，则警方由于证据不足，只能对每个人各判刑 2 年，如图 5-2-3 所示。

	A 坦白	A 不坦白
B 不坦白	(−1, −7)	(−2, −2)
B 坦白	(−5, −5)	(−7, −1)

图 5-2-3　囚徒困境

在图 5-2-3 中，每个数字组合代表对应选择组合下两个囚徒的结局，第一个数字属 A，第二个数字属 B。通过观察，我们可以发现对两个囚犯最有利的单独选择都是坦白，因为对 A 囚犯来说，如果 B 坦白，那他选择坦白要获刑 5 年，不坦白则要获刑 7 年；如果 B 不坦白，那他选择坦白要获刑 1 年，不坦白则要获刑 2 年。同理，对 B 囚犯也一样。总之，无论对方做出任何选择，自己的最优选择都是坦白，坦白符合个人理性需求，结果就是都坦白构成均衡，这种均衡被称为"纳什均衡"，即任何参与人单独改变策略都不会得到好处。而这种无论对手选择哪种战略，自己都选择唯一的以不变应万变的最优策略被称为"占优策略"。

但值得注意的是，对于两个人来讲，最佳结果是同时选择不坦白，每人只被判刑 2 年，这种选择是帕累托最优，即偏离这个选择组合的任何其他选择组合都至少会使一个人的境况变差。但由于两个人都追求自己利益的最大化，且不敢相信对方，所以只能得到不理想的结果。在现实中，寡头厂商也常像处于困境的囚徒一样进行博弈，对他们来说，共同合作造成垄断是最有利的，假定是（3 000，3 000），但每个寡头厂商都有违背协议的激励（例如违背方得 4 500，未违背方得 1 000），最终造成两败俱伤（比如都是 1 500）。

课堂讨论

生活中哪些地方会用到博弈论？

（四）寡头市场的评价

寡头市场对经济发展具有很大的推动作用，具体有以下几点。

（1）可以实现规模经济，降低成本，提高效益。

（2）有利于技术进步，因为各寡头为了获取更多利润，就要进行技术创新，以提高生产率，创造新产品。

（3）寡头厂商实力雄厚，抗风险能力强。

寡头市场的缺点也是很明显的，各寡头往往会相互勾结抬高市场价格，损害消费者利益和社会福利。

三、垄断竞争市场

（一）垄断竞争市场的特征

垄断竞争市场是有许多厂商生产和销售有差别的同种产品的市场结构。在现实生活中，垄断竞争市场在零售业和服务业中比较普遍，如电器市场、糖果市场等。垄断竞争市场中既有垄断因素，又有竞争因素，但以竞争为主。垄断竞争市场通常具备三个特征，如表 5-2-7 所示。

表 5-2-7 垄断竞争市场的特征

特 征	简 介
厂商很多，且规模不大	即垄断竞争市场上有大量的厂商，每个厂商的规模都有限，他们各自对市场的影响都很小
生产有差别的同种产品	首先指这些产品彼此之间都是非常接近的替代品，如辣条和辣片；其次指这些产品在质量、构造、外观、销售服务条件、商标、广告等方面的差别较小，如不同品牌的饮料、矿泉水和方便面
进出市场容易	在长期中，由于垄断竞争厂商的生产规模比较小，因此进入或退出市场比较容易

（二）垄断竞争厂商的需求与收益曲线

1. 垄断竞争厂商的需求曲线

由于垄断竞争厂商可以在一定程度上控制自己产品的价格，即通过改变自己产品的销售量来影响产品价格，所以，如同垄断厂商一样，垄断竞争厂商所面临的需求曲线也是向右下方倾斜的。不同的是，由于各垄断竞争厂商的产品相互之间都是很接近的替代品，市场中的竞争因素又使得垄断竞争厂商的需求具有较大的弹性。因此，垄断竞争厂商向右下方倾斜的需求曲线是比较平坦的，接近完全竞争厂商水平形状的需求曲线。

2. 垄断竞争厂商的收益曲线

由于厂商的平均收益 AR 总是等于商品的价格 P，所以，垄断竞争厂商的 AR 曲线和需求曲线 d 仍然重叠，如图 5-2-4 所示。与垄断市场相似，在垄断竞争市场上，商品的价格也会因为销售量的增加而降低。因此，边际收益 MR 曲线也位于 AR 曲线的下方，且也向右下方倾斜。

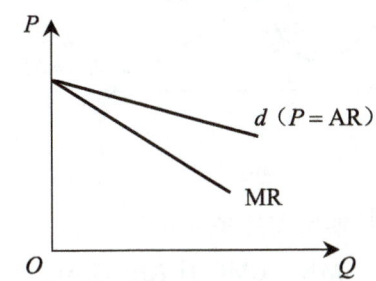

图 5-2-4　垄断竞争厂商的需求与收益曲线

（三）垄断竞争厂商的短期均衡

垄断竞争厂商的短期均衡条件依旧为 MR = SMC，分析垄断竞争厂商的短期均衡和分析完全竞争厂商与垄断厂商的方法相同。分析时要注意以下三个方面。

（1）关于产量。垄断竞争厂商根据 MR = SMC 决定产量。

（2）关于价格和收益。在既定的产量水平下，垄断竞争厂商的产品价格和平均收益由需求曲线的位置决定。按照利润最大化的原则，最优产量在 MR 曲线与 SMC 曲线的交点上，该产量对应的价格即最优产品价格。

（3）关于利润。与垄断厂商类似，垄断竞争厂商的短期均衡存在三种情况：如果 $P > SAC$，则盈利；如果 $P < SAC$，则亏损；如果 $P = SAC$，则经济利润为零，只获得正常利润。由此可见，垄断竞争厂商的盈亏取决于 SAC 曲线的高低。

（四）垄断竞争厂商的长期均衡

和完全竞争厂商相似，垄断竞争厂商可能在短期获得相当可观的利润，但不能长久，因此在实现长期均衡时，需求曲线 d 也必定与 LAC 曲线相切。但由于垄断竞争厂商的需求曲线是向右下方倾斜的，因此在实现长期均衡的过程中又有着自己的特点。

假设垄断竞争厂商在短期内有利润，利润吸引新厂商加入，新老厂商成本相同，但新厂商的产品会瓜分一定的市场份额。因此，老厂商的产品需求曲线会向左移动。最终的结果是，厂商不断进入，直到利润为零。与之相反，垄断竞争厂商在短期内亏损，则老厂商退出，进而使未退出的老厂商的需求曲线向右移动，最终的结果是，亏损减少直到利润为零。总之，垄断竞争厂商进入和退出市场的过程会持续到经济利润为零为止。

接下来我们用图说明垄断竞争厂商的长期均衡。如图 5-2-5 所示，需求曲线 d_1 随进入者的增加向左移动，直到与 LAC 曲线相切，即到达 d_2 位置。点 G 是长期均衡点，这时，没有厂商企图进入或被迫退出该市场。

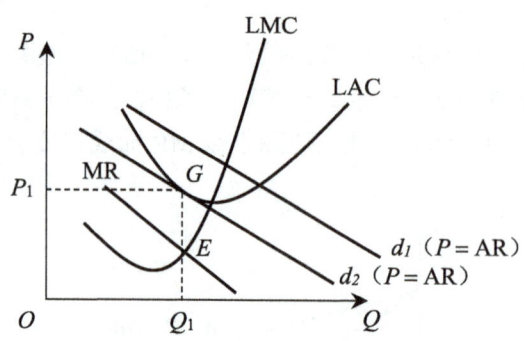

图 5-2-5　垄断竞争厂商的长期均衡

综上所述，垄断竞争厂商长期均衡的条件是

$$MR = LMC 且 AR = LAC \quad (5\text{-}2\text{-}3)$$

其中，$P = AR > MR$。由于垄断竞争厂商面临的需求曲线是向右下方倾斜的，因此在长期均衡时的需求曲线只能与长期平均成本 LAC 曲线相切于最低点的左边。这意味着垄断竞争厂商所提供的产量低于完全竞争厂商，但高于垄断厂商。

在垄断竞争市场上，长期均衡时，$P = LAC > LMC$，与完全竞争相比，价格高些，而产量低些，但厂商没有经济利润这一点与完全竞争市场相同。

（五）垄断竞争市场的评价

在垄断竞争厂商处于长期均衡时，市场价格高于厂商的边际成本，等于厂商的平均成本但高于平均成本最低点。这就决定了垄断竞争市场的经济效率低于完全竞争市场，高于垄断市场。其利弊如表 5-2-8 所示。

表 5-2-8　垄断竞争市场的评价

利 弊	对消费者	对生产者
利	可以满足多样化的市场需求，充分体现消费者的消费个性	厂商面临较大的外部压力，有利于技术进步
	厂商会不断地提高品牌质量，改善售后服务	
弊	与完全竞争市场相比，消费者被迫支付较高的价格	资源利用效率比完全竞争市场低，存在着一定的资源浪费

班级_____ 姓名_____ 学号_____

任务检测

一、单选题

1. 垄断厂商处在短期均衡时，可能（   ）。
   A．盈利 B．亏损
   C．收支相抵 D．以上都可能发生

2. 要使消费者剩余最小，垄断厂商应该实行（   ）。
   A．一级价格歧视 B．二级价格歧视
   C．三级价格歧视 D．无差别定价

3. 厂商之间关系最密切的市场是（   ）。
   A．完全竞争市场 B．寡头市场
   C．垄断竞争市场 D．垄断市场

二、多选题

4. 垄断竞争厂商实现最大利润的途径有（   ）。
   A．价格竞争 B．品质竞争
   C．服务竞争 D．广告竞争

5. 在停止营业点上，厂商持续经营时，（   ）。
   A．亏损 TFC B．亏损 TVC
   C．收回 TFC D．收回 TVC

三、简答题

6. 为什么在完全竞争市场上平均收益等于边际收益，在垄断市场上却是平均收益大于边际收益？

班级_____   姓名_____   学号_____

四、计算题

7. 已知某垄断厂商的成本函数为 $STC = 0.6Q^2 + 3Q + 2$,且 $P = 8 - 0.4Q$。试求:
(1)该厂商实现收益最大化时的产量、价格、收益和利润;

(2)该厂商实现利润最大化时的产量、价格、收益和利润。

班级_____   姓名_____   学号_____

项目实训——帮助企业提升竞争力

一、实训目标

让学生通过企业调研，增加对行业竞争状况的了解，能够帮助企业制定竞争策略。

二、实训内容和要求

1. 准备工作

学生自由分组，以组为单位进行调研和讨论，确定调研的企业。

2. 小组调研及讨论

（1）小组到选定的企业进行调研，结合各类型市场的条件与特征，分析所选企业属于哪种类型。

（2）了解企业所在行业的发展现状以及其他企业（1~2 个即可）的市场行为与竞争策略，再结合所选企业自身的发展状况和特点，分析其竞争优势和劣势。

（3）在以上调研的基础上，为选定的企业制定竞争策略。

3. 班级交流

全班组织开展一次交流研讨，每组派一名代表发言，其他小组成员可以进行评价、提问，或针对发言内容发表自己的观点并阐述理由。发言人及本组成员可针对提问进行答辩。

4. 考核

每个小组提交所选企业的介绍及制定的竞争策略，学生和教师根据学生平时课堂表现、提交的总结、班级交流发言情况在表 5-3-1 中进行评估打分，综合评定本项目的成绩。

表 5-3-1　项目考核表

考核内容	分值	考核分数		
		自评	组评	师评
日常考勤和课堂纪律	10 分			
学习态度和课堂参与	10 分			
完成任务检测并保证题目的正确率	50 分			
参与项目实训并积极完成各项任务	30 分			
合计	100 分			
综合评价	综合分数_____（自评×25%+组评×25%+师评×50%） 综合等级_____ 综合评语： 指导老师签字_____			

项目六

收入分配理论

随着"90 后"生育高峰的到来、三孩生育政策的推出等,与"生孩子"有关的各种产品和服务,都呈现出利好趋势,月嫂这个职业也一直保持着超高热度,其最高月薪可达 18 000 元以上,比很多白领的工资还要高,一些星级月嫂服务已经预约到下一年。月嫂市场虽然还没有进入"抢人"阶段,却已经有不少人看好这个职业,准备"下海"从业。为什么月嫂的工资会高过很多白领?

某小型互联网公司,员工包括程序员、设计师、市场人员和客服人员。程序员的月薪约 1.5 万元,年终奖金根据项目完成情况发放,平均约 3 万元。设计师的月薪约 1 万元,年终奖金约 2 万元。市场人员的月薪约 6 000 元,但有较高的绩效奖金和提成。如果业绩出色,月收入可达 2 万元。客服人员的月薪约 5 000 元。为什么同在一家企业上班,他们的收入差距会那么大呢?

其实,收入高低很大程度上由从事哪一类工作来决定。如果你成为一名人工智能工程师,那么赚的钱一般比环卫工人要多。这个事实并不让人吃惊,但原因并非显而易见。并没有谁规定人工智能工程师的工资要比环卫工人高,也没什么伦理规范认为人工智能工程师应该报酬更高,那么为什么有的人工作收入高,有的人工作收入低呢?

本项目主要介绍生产要素的相关概念以及要素价格是如何决定的,内容包括生产要素的需求与供给、工资理论、地租理论、利率理论、利润理论、洛伦兹曲线、基尼系数等,通过这些知识来解释要素市场的经济现象,分析收入差距的原因及收入再分配政策。

项目概览

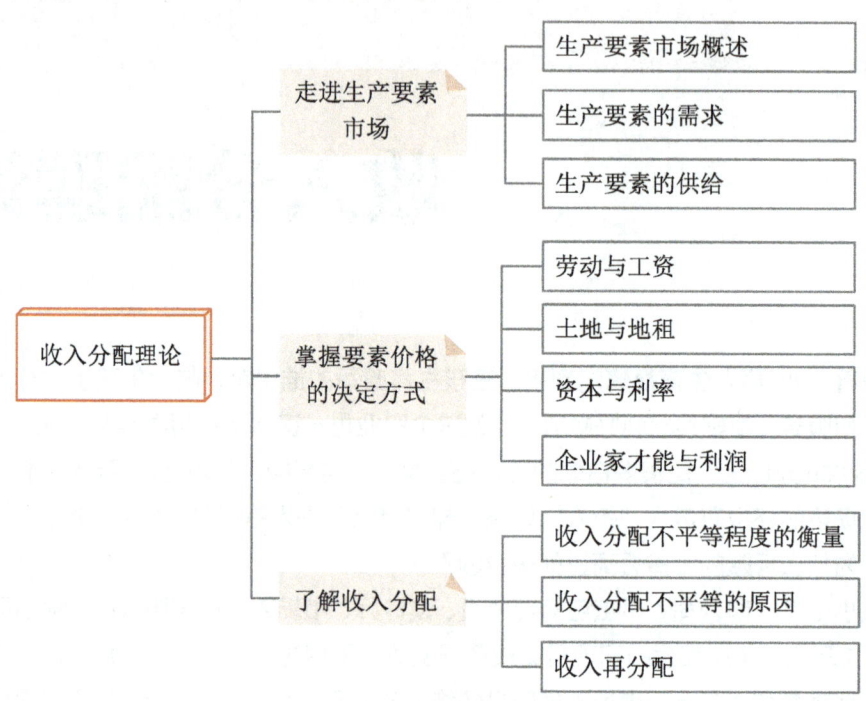

学习目标

知识目标

(1) 理解各生产要素需求与供给的概念。
(2) 掌握工资、地租、利率的决定方式。
(3) 理解洛伦兹曲线、基尼系数的概念与收入再分配政策。

能力目标

(1) 能根据要素需求曲线和供给曲线确定要素的均衡数量和均衡价格。
(2) 能够用工资理论、地租理论和利率理论解释现实生活中常见的经济现象。

素质目标

(1) 通过了解生活中要素市场价格是如何决定的，提高学习经济学的兴趣，培养经济思维。
(2) 能够理解政府征收税款和实施社会保障的原因与意义。
(3) 能够针对现行的经济形势对国家的收入分配政策做出合理的解释、分析与评价。

班级_____ 姓名_____ 学号_____

任务一　走进生产要素市场

📋 任务工单

（一）任务描述

近年来，虽然北京、上海、深圳等大城市的土地价格非常高，但是没有任何一个厂商放弃对土地的需求。建筑商虽然选择了用更多的资本代替土地，楼越盖越高，但是没有建筑商能用资本完全代替土地，将楼房建在空中。这些说明了生产要素的需求具有哪些特点？为什么？

以小组为单位，探讨生产要素需求的特点，以及影响生产要素需求的因素。

（二）任务分工

全班学生以 3～5 人为一组进行分组，每组设组长 1 名，小组讨论任务分工并将分工情况填写至表 6-1-1 中。

表 6-1-1　小组成员及分工情况

小组成员	姓　名	学　号	任务分工
组长			
组员			

（三）任务准备

请各组长组织组员进行预习，收集和整理相关资料，讨论并用通俗易懂的语言结合具体事例回答下列问题。

（1）什么是生产要素市场？

（2）生产要素的边际产品价值是什么？

班级_____   姓名_____   学号_____

（四）任务实施

通过课堂学习、小组合作查阅资料等，完成表 6-1-2。

表 6-1-2　任务实施

问　　题	答　　案
生产要素的需求有何特点？	
影响生产要素需求的因素有哪些？	

（五）任务评价

各组派代表展示任务实施成果，并配合指导老师完成表 6-1-3 所示的任务评价。

表 6-1-3　任务评价

评价项目	评价内容	分　值	评价分数		
			自　评	组　评	师　评
职业素养考核目标（40%）	考勤、仪容仪表	10 分			
	责任意识、纪律意识	10 分			
	团队合作与交流	20 分			
专业能力考核目标（60%）	任务准备过程讨论及记录的完成度	20 分			
	任务实施过程记录的完成度	20 分			
	任务实施成果的展示效果	20 分			
合计		100 分			
综合评价	综合分数_____（自评×25%+组评×25%+师评×50%） 综合等级_____ 综合评语：				

指导老师签字_____

项目六　收入分配理论

一、生产要素市场概述

生产要素市场是指以各种生产要素为交易对象的市场。在生产要素市场中，要素所有者出售生产要素，厂商购买生产要素，劳动、土地、资本、企业家才能等生产要素通过要素市场从所有者流向厂商，同时厂商向所有者支付工资、地租、利息和利润。

> **学习札记**
> 生产要素所有者可以是个人、家庭、厂商甚至政府。

生产要素市场与产品市场非常相似，在完全竞争条件下，生产要素市场中的每一种生产要素都会通过价格和数量的不断调节实现市场的均衡状态。生产要素的价格和使用量是决定家庭收入水平的重要因素，所以要素价格理论在西方经济学中又被称为"分配理论"。于是，这也意味着我们的研究内容从价格理论转到了分配理论。

二、生产要素的需求

（一）生产要素需求的特点

我们通过对比产品需求来介绍生产要素需求。产品需求来自消费者，通常是指消费者为了直接满足自己的吃、穿、住、行等需要而购买产品，是一种直接需求。而生产要素需求和产品需求是不同的，主要表现在以下几个方面。

（1）生产要素需求来自厂商，通常是厂商为了生产和出售产品以获得收益而购买生产要素。例如，厂商为了增加生产能力而购买了 20 台机器。

（2）厂商对生产要素的需求是从消费者对产品的直接需求中派生出来的，可以说，如果不存在消费者对产品的需求，则厂商也就不会去购买生产要素。例如，如果没有消费者对衣服的需求，就不会有厂商对服装设计师的需求。因此，生产要素需求是一种派生需求。

（3）生产要素的需求是一种联合需求或相互依存的需求。这就是说，任何生产行为所需要的都不是一种生产要素，而是多种生产要素，这样，各种生产要素之间就是互补的。而且，在一定的范围内，各种生产要素也可以互相代替，它们之间的需求是相关的。

（二）影响生产要素需求的因素

生产要素需求的大小除了受要素价格的影响，还受以下三个因素的影响，具体如图 6-1-1 所示。

影响生产要素需求的因素	市场对产品的需求及产品的价格	市场对某种产品的需求越大，产品的价格自然就越高，那么这种产品的生产要素的需求也越大，生产要素的价格也会越高，反之就越小
	其他生产要素的价格	厂商是否会用机器来代替劳动力，很重要的一个考量因素是这两种生产要素的价格。从成本和利润的角度出发，如果产出一样，那么厂商会选择用价格低的生产要素来代替价格高的生产要素
	生产技术状况	如果技术是资本密集型的，则对资本的需求大；如果技术是劳动密集型的，则对劳动的需求大

图 6-1-1　影响生产要素需求的因素

经典案例

女模特的收入一般都高于男模特，其中最大的一个原因是在时装产业中，女装产业比男装产业规模大得多。为了占有市场和获取利润，女装厂商需要能展现女装之美的女模特，并愿意在她们身上花大价钱。我们可以看到，在很多时尚杂志中，每一期都刊登许多女模特的照片，以此来吸引读者的眼球，从而引导消费。所以，女模特的身价自然较高。反之，男装产业规模小，杂志在男性生活中所占的比重也比较小，因此市场对男模特的需求也就小了，男模特的身价自然会受到影响。

（三）生产要素的需求曲线

我们以完全竞争市场为例，讨论厂商生产要素的需求情况。完全竞争的要素市场中，有大量的生产要素出售者和购买者，生产要素也没有区别，每个人都是生产要素的价格接受者。生产要素的购买者即厂商要追求利润最大化，必须遵循利润最大化原则，即要素使用原则为"边际收益"等于"边际成本"，以此可以推出生产要素的需求曲线。

1. 生产要素的边际收益——边际产品价值

生产要素的边际产品价值（VMP）是指增加使用一单位生产要素所增加的收益。以劳动（L）为例，则公式为

$$\text{VMP}(L) = \text{MP}(L) \cdot P \quad (6\text{-}1\text{-}1)$$

式（6-1-1）中，$\text{MP}(L)$ 为生产要素的边际产品，即增加使用一单位生产要素所增加的产量；P 表示既定的产品价格。由于边际收益递减规律，生产要素的边际产品是递减的，即 $\text{MP}(L)$ 曲线向右下方倾斜，因此 $\text{VMP}(L)$ 曲线也是向右下方倾斜的曲线。

2. 生产要素的边际成本——要素价格

生产要素的边际成本是指增加使用一单位生产要素所增加的成本，是生产要素数量的函数。但在完全竞争市场中，生产要素的边际成本就是所使用的生产要素的价格。以劳动为例，生产要素的边际成本也就是劳动的工资（W），即每增加一单位劳动就需要多支付一

单位工资。

3. 生产要素的使用原则

利润最大化要求生产要素的边际产品价值 VMP 等于要素价格 W，公式为

$$\text{VMP}(L) = \text{MP}(L) \cdot P = W \tag{6-1-2}$$

式（6-1-2）确定了生产要素价格 W 与生产要素使用量 L 的一个函数关系，即确定了完全竞争厂商对生产要素的需求函数。如果 W 过高，则只能通过提高 MP(L) 使该公式平衡，也就是说，需要调整 L。因为边际产品是递减的，想要提高 MP(L)，就应该减少 L，反之亦然。因此可以得出生产要素的需求曲线是一条向右下方倾斜的曲线，如图 6-1-2 所示，表示随着生产要素价格的上升，厂商的生产要素需求量将下降。

此外，由 MP(L)·$P = W$ 可以说明，在只使用一种生产要素的情况下，完全竞争厂商的生产要素需求曲线 d 和生产要素的边际收益曲线 VMP 重合。

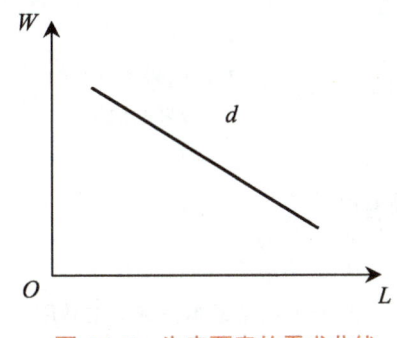

图 6-1-2　生产要素的需求曲线

> **学习札记**
>
> 在不完全竞争市场上，生产要素的需求曲线也是一条向右下方倾斜的曲线，差别在于两条曲线的斜率不同。一般而言，不完全竞争市场上的生产要素的需求量小于完全竞争市场上的需求量。

三、生产要素的供给

（一）生产要素供给的特点

社会上有各种各样的生产要素，供给的特点也有所不同。一般来说，生产要素供给有以下三个特点，如图 6-1-3 所示。

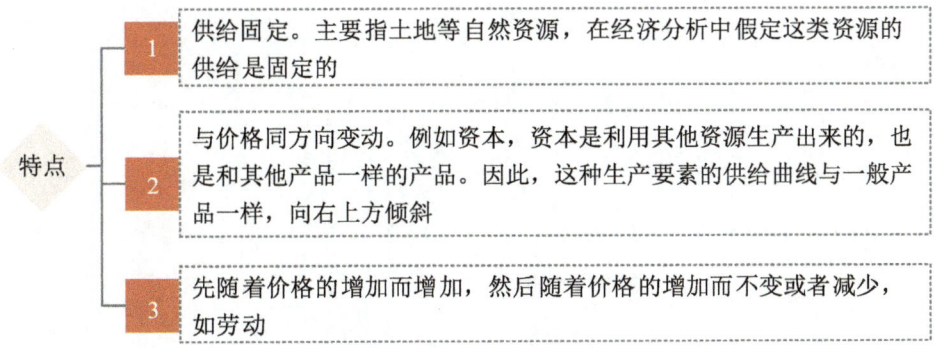

图 6-1-3　生产要素供给的特点

（二）生产要素供给的有限性

如果从较短的时间来看，一个生产要素所有者拥有的生产要素有一个明显的特点，就是它的数量是有限的。假设一个生产要素所有者拥有 20 亩地，每年的收入是 10 万元，每天可以支配的时间只有 16 小时（另外 8 小时需要睡觉、吃饭）。所以他对生产要素的供给只能在这有限的范围内进行，比如，可以出租的土地不会超过 20 亩，每年的新增储蓄不可能超过 10 万元（除非获得别人的馈赠），每天用于劳动的时间不可能超过 16 小时。

（三）生产要素供给的原则

生产要素所有者对于他所拥有的生产要素的用途和获得的效用可以归为以下两类，如图 6-1-4 所示。

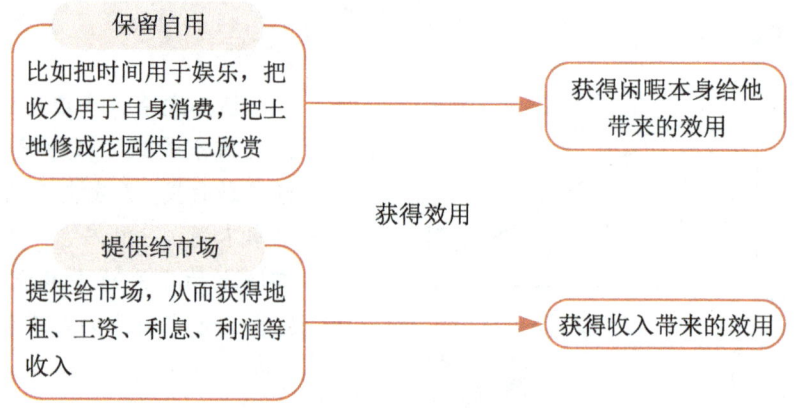

图 6-1-4　生产要素的用途和获得的效用

这两种用途都可以带来效用，而生产要素所有者使用生产要素的目的是实现效用最大化。所以生产要素所有者实际是在生产要素的两种用途之间进行权衡，使其将生产要素提供给市场的边际效用和保留自用的边际效用相等。

班级_____ 姓名_____ 学号_____

任务检测

一、单选题

1. 在劳动市场上，厂商是劳动的（   ）。
   A．需求者   B．供给者
   C．替代者   D．协作者

2. 下列不属于生产要素需求的特点的是（   ）。
   A．生产要素需求来自厂商
   B．生产要素需求是一种派生需求
   C．生产要素需求是一种联合需求
   D．生产要素需求是一种最终需求

3. 在完全竞争市场上，生产要素的边际收益取决于（   ）。
   A．该要素的边际产品   B．该要素的平均收益
   C．该要素的价格水平   D．该要素的边际成本

4. 在完全竞争市场上，厂商对劳动的需求主要取决于（   ）。
   A．劳动的价格   B．劳动的边际生产力
   C．劳动在生产中的重要性   D．劳动的供给数量

二、多选题

5. 生产要素的供给者具体有可能是（   ）。
   A．个人   B．家庭
   C．企业   D．政府

6. 影响生产要素需求的因素主要有（   ）。
   A．产品需求及价格   B．生产技术状况
   C．其他生产要素价格   D．市场结构

三、简答题

7. 在完全竞争市场中，单个厂商的生产要素需求曲线是怎么形成的？

四、计算题

8. 设某厂商的生产函数为 $Q = -0.01L^3 + L^2 + 38L$,其中,Q 为每日产量,L 为每日投入的劳动小时数。所有市场(劳动市场及产品市场)都是完全竞争的,单位产品的价格为 0.1 元,小时工资为 5 元。厂商要实现利润最大化,每天要雇用多少小时劳动?

班级_____ 姓名_____ 学号_____

任务二 掌握要素价格的决定方式

任务工单

（一）任务描述

最低工资保障制度是我国的一项劳动和社会保障制度。截至 2024 年 10 月，北京、天津、河北、辽宁、吉林、黑龙江、上海、江苏、浙江、安徽、福建、江西、山东、河南、湖北、湖南、广东、海南、重庆、四川、云南、西藏、陕西、甘肃、宁夏 25 个省级行政单位的月最低工资标准超过了 2 000 元。其中，最高的为上海，达到 2 690 元。在小时最低工资标准方面，北京、天津、上海、江苏、浙江、广东均超过 22 元，其中，最高的是北京，为 26.4 元。那么，工资是由什么决定的呢？它的影响因素有哪些？

以小组为单位，探讨利率是如何决定的，地租是如何决定的。

（二）任务分工

全班学生以 3～5 人为一组进行分组，每组设组长 1 名，小组讨论任务分工并将分工情况填写至表 6-2-1 中。

表 6-2-1 小组成员及分工情况

小组成员	姓　名	学　号	任务分工
组长			
组员			

（三）任务准备

请各组长组织组员进行预习，收集和整理相关资料，讨论并用通俗易懂的语言结合具体事例回答下列问题。

（1）什么是资本？

（2）什么是利率？

班级_____　　姓名_____　　学号_____

（3）什么是级差地租？

（四）任务实施

通过课堂学习、小组合作查阅资料等，完成表 6-2-2。

表 6-2-2　任务实施

问　题	答　案
利率是如何决定的？	
地租是如何决定的？	

（五）任务评价

各组派代表展示任务实施成果，并配合指导老师完成表 6-2-3 所示的任务评价。

表 6-2-3　任务评价

评价项目	评价内容	分　值	评价分数		
			自评	组评	师评
职业素养考核目标（40%）	考勤、仪容仪表	10 分			
	责任意识、纪律意识	10 分			
	团队合作与交流	20 分			
专业能力考核目标（60%）	任务准备过程讨论及记录的完成度	20 分			
	任务实施过程记录的完成度	20 分			
	任务实施成果的展示效果	20 分			
合计		100 分			
综合评价	综合分数_____（自评×25%+组评×25%+师评×50%） 综合等级_____ 综合评语：				

指导老师签字_____

一、劳动与工资

（一）劳动的需求与供给曲线

1. 劳动的需求曲线

工资是人们提供劳动所获得的报酬，即劳动的价格。劳动的需求是指在各种可能的工资下，厂商愿意雇用的劳动数量。劳动的需求受许多因素的影响，如市场对劳动密集型产品的需求、工会的能力、其他生产要素的价格、新技术的采用、经济社会总需求的变化等。一般来说，劳动的需求曲线是一条向右下方倾斜的曲线，表明了劳动的需求量与工资呈反方向变动。

2. 劳动的供给曲线

劳动的供给是指在各种可能的工资下，人们愿意提供的劳动数量。劳动的供给不仅取决于工资，也取决于既定时间资源的分配，或闲暇时间的多少，当然也受到其他因素的影响，如劳动者拥有的财富状态、社会习俗、人口总量及其构成情况等。

劳动者能够提供的总劳动数量是既定的，这包含两层含义：首先，每天只有 24 小时，这是不会改变的；其次，在这固定的 24 小时之中，有一部分用于睡眠而不能挪为他用，这里假定劳动者每天必须保证 8 小时的睡眠时间，则其每天可以自由支配的时间资源为固定的 16 小时，即劳动者可能的劳动供给量最多是 16 小时。设一个劳动者的劳动供给量为 6 小时，则剩余 10 小时就称为"闲暇"。

闲暇包括除必需的睡眠时间和劳动供给量之外的全部活动时间，比如用于吃、喝、玩、乐、干家务活的时间。

闲暇能直接增加效用，而劳动能带来工资收入，即间接增加效用。劳动者在不同的工资水平下提供的劳动数量取决于他对工资及闲暇的评价。一般来说，当一个人的工资水平较低时，如果工资提高，他会减少闲暇，增加劳动的供给量；但当工资提高到一定水平的时候，工资相对于闲暇来说，吸引力会不断下降，劳动者会希望减少劳动，享受闲暇时光。所以，劳动的供给曲线如图 6-2-1（a）所示，工资水平上升到足够高的程度后，货币的边际效用开始递减，劳动的供给不但不会增加反而会减少，人们希望多享受闲暇来代替劳动的时间。

尽管个人的劳动供给曲线可能因收入效应和替代效应而向后弯曲，但整个劳动市场总会有新劳动的加入，因此供给曲线还是随着工资上升而向右上方倾斜，如图 6-2-1（b）所示。

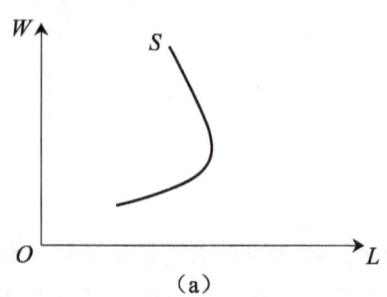 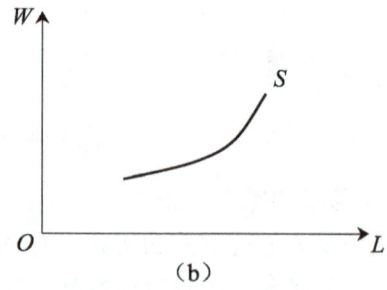

图 6-2-1 劳动的供给曲线

视野拓展

向后弯曲的单个劳动者的供给曲线可以用替代效应和收入效应进行解释：工资越高，人们就越愿意放弃闲暇而选择更长的工作时间，这是替代效应；在其他条件不变的情况下，收入增多会使人们增加对大多数物品的需求，闲暇也是其中之一，因此收入增加引起了对闲暇的需求增加，减少了劳动供给，这是收入效应。当收入水平较低时，替代效应大于收入效应，因此劳动供给与工资水平呈正方向变动；当收入水平到达一定程度后，收入效应大于替代效应，劳动供给与工资水平呈反方向变动。

（二）工资的决定

工资最终由厂商对劳动的需求与劳动所有者的劳动供给共同作用来决定。如图 6-2-2 所示，劳动的需求曲线 D 与劳动的供给曲线 S 相交于均衡点 E，此时，均衡的工资水平为 W_1，劳动的均衡数量为 L_1。

如果工资高于 W_1，假设工资提高到 W_2，那么一般情况下，劳动的供给会增加，大量的劳动力充斥市场，这将导致劳动力供过于求，如果劳动的需求不变，那么会导致劳动的工资开始下跌；如果工资低于 W_1，人们又会减少对劳动的供给，导致劳动力供不应求，那么工资将不得不提升。总之，工资始终围绕着均衡点上下波动。

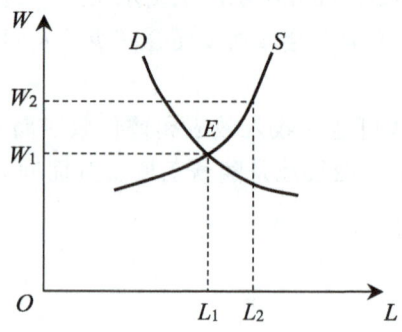

图 6-2-2 工资的决定

> **课堂讨论**
>
> 影响劳动供给和需求曲线变动的原因有哪些?它们是如何影响的?均衡工资会有什么变化?

二、土地与地租

(一)土地的需求与供给曲线

经济学中的土地泛指一切自然资源,这些自然资源既不能被生产出来,又不会被毁灭。也就是说,土地的"自然供给"是固定不变的。土地的使用价格称为"地租"。需要注意的是,这里的价格是使用的价格,而不是买卖的价格。

土地的供给曲线有着自己的特点,由于供给是固定的,在每个地区,可以利用的土地总有一定的限度。因此,土地的供给曲线 S 是一条与横轴垂直的线,如图 6-2-3 所示,其中,R 代表地租,N 代表土地数量。土地的需求取决于土地的边际生产力,土地的边际生产力也是递减的,所以,土地的需求曲线 D 是一条向右下方倾斜的曲线,表示地租越高,人们对土地的需求量越小;地租越低,人们对土地的需求量越大。

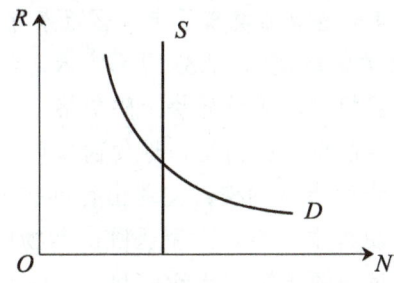

图 6-2-3 地租的需求与供给曲线

(二)地租的决定

地租的高低由土地的需求与供给决定,如图 6-2-4 所示。

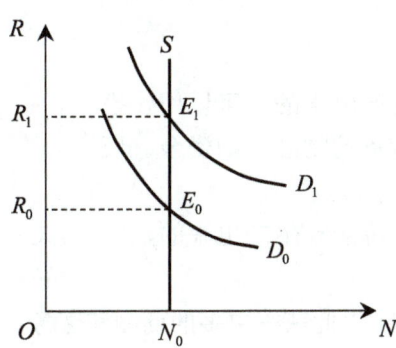

图 6-2-4 地租的需求与供给曲线

在图 6-2-4 中，土地需求曲线 D_0 与土地供给曲线 S 的交点 E_0 是土地市场的均衡点，对应的地租为 R_0。由于生产技术不断进步、城镇化不断推进等，土地被不断占用，人们对土地需求的增加使需求曲线由 D_0 上升到 D_1，地租也由 R_0 上升到 R_1。

课堂讨论

在哪些情况下，地租会下降？

（三）级差地租

以上关于地租决定的分析是假定所有土地都是同质的，即不考虑土地在肥沃程度、地理位置等方面所存在的差异。但实际上，土地可以按照这些差异被分为不同的等级，不同等级的土地所要缴纳的地租也会有所不同，这种由土地的差异而引起的地租在经济学上称为"级差地租"，它等于土地收益与生产成本的差值。

级差地租有两个必要条件：一是土地的有限性；二是土地肥沃程度和位置不同，等量投资的回报率就会不一样。土地的差异影响着承租人的营业，同时也就影响了地租的高低。

经典案例

2024 年 10 月底，北京市土地市场发布了丰台区万泉寺居住用地出让预申请公告：用地规模约 6.37 公顷，规划建筑规模约 17.83 万平方米，起始价高达 110.54 亿元。值得注意的是，该地块优化竞买规则，未设地块上限价格。

据了解，该地块位于丰台区太平桥街道，地处西二环、三环之间，地铁 16 号线、房山线双轨交汇处，临近丽泽城市航站楼，交通出行具有较高的通达性、便利性。项目所在区域配套优势明显，现有中小学、三甲医院、购物中心、公园等，且位于丽泽金融商务区辐射范围内，可谓资源丰富，生活便利、环境宜居。

三、资本与利率

（一）资本与利率的概念

1. 资本的概念

资本是由经济制度本身生产出来的、可以用作投入要素以生产更多的商品和劳务的物品，如资金、厂房、设备等。资本具有以下几个特点。

（1）资本是通过人们的经济活动生产出来的，它的数量是可以改变的。

（2）资本被生产出来是为了以此获得更多的商品和劳务。

（3）资本在生产过程中通常作为投入要素使用。

学习札记

劳动与土地是"自然"给定的，资本是生产出来的。

2. 利率的概念

资本可以和其他生产要素一样被租借出去，因此资本也有价格，称为"利息"。利息与工资的计算方式不同，它不是用货币的绝对量来表示，而是用利率来表示。所谓利率是指在一定时期内一定量的资本所获得的收入与资本价值的比例，用 I 表示。例如，一台机器的价值为 1 000 元，使用一年得到的收入为 150 元，则利率 $I=150\div1\,000=15\%$。这 15% 便是这一台机器在一年内提供生产性服务的价格。

复利与单利的对比

视野拓展

为什么对资本应该支付利息？有些经济学家认为，人具有一种时间偏好，即在未来的消费和现期消费中，人们更偏好现期消费。因为人们认为生命是有限的，未来的情况不可预测。在人们眼中，同一种物品未来的效用总是低于现期的效用。因此人们对于目前所拥有的财物的估价要比对将来拥有这些财物的估价高，那么利息就产生了。利息的高低取决于人们对时间的偏好，对时间的偏好越大，利息就越高；对时间的偏好越小，利息就越低。

还有的经济学家认为，资本所有者把资本借出去，是牺牲了当前的消费。而当人们牺牲当前消费时，就相当于牺牲了当前欲望的满足。当欲望得不到满足的时候便会产生痛苦，而利息就是对节制欲望所产生痛苦的补偿。在节欲过程中，产生的痛苦越大，利息越高；产生的痛苦越小，利息也就越低。

为什么资本能够产生利息？一些经济学家认为，现代生产方式的基本特点就在于迂回生产，即人们先生产机器设备和生产工具等资本品，然后利用这些资本品去生产消费品。比如，以前人们都用手工去纺纱，发明了纺织机器设备后，人们就用这些设备去制成各种织物。在迂回生产中，由于资本而提高的生产效率就是资本的净生产力，而资本的净生产力是资本能带来利息的根源。

（二）资本的需求与供给曲线

1. 资本的需求曲线

资本的需求是指在各种可能的利率下，厂商对资本的需求量。厂商使用资本投资，是为了实现利润最大化，因此投资的需求就取决于利润率与利率之间的差额。利润率越高于利率，纯利润就越大，厂商也就越愿意投资；反之，利润率越接近于利率，纯利润就越小，厂商也就越不愿意投资。这样，在利润率既定时，利率就与投资呈反方向变动，从而资本的需求曲线是一条向右下方倾斜的曲线。

2. 资本的供给曲线

资本的供给是指在各种可能的利率下，人们愿意提供的资本数量。和"自然给定"的土地与劳动不同，单个人拥有的资本量可以在不影响其他人资本拥有量的情况下增加，这就是"储蓄"。资本数量由于储蓄而增加，而资本所有者进行储蓄是为了得到更多的收入。因此，一般来说，利率越高，人们越愿意增加储蓄；利率越低，人们越愿意减少储蓄，从而资本的供给曲线向右上方倾斜。

（三）利率的决定

利率是由资本的需求和资本的供给共同决定的。如图 6-2-5 所示，K 为资本量，D 为资本的需求曲线，S 为资本的供给曲线，两条曲线相交于均衡点 E，对应的均衡利率为 I_0，资本量为 K_0。

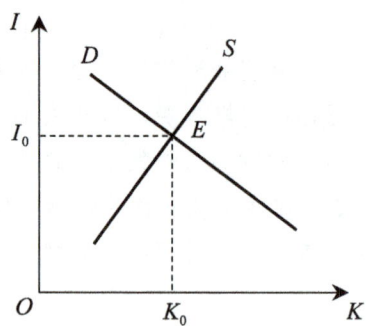

图 6-2-5　利率的需求与供给曲线

需要注意的是，这里由供求关系决定的利率是"纯利率"，它反映的是资本的净生产力。但在资本市场上，债权人对债务人所收取的利息中还包括贷款的风险收入，如不能偿还的风险、通货膨胀使货币贬值的风险等。将这些风险计算在内而收取的利息称为"借贷利息"，它与纯利息在量上是有差别的。

> **经济指南**
>
> 均衡利率水平也受到多种因素的影响，如经济发展水平、国民收入水平等。2020 年 8 月 20 日起施行的《最高人民法院关于修改〈关于审理民间借贷案件适用法律若干问题的规定〉的决定》规定："出借人请求借款人按照合同约定利率支付利息的，人民法院应予支持，但是双方约定的利率超过合同成立时一年期贷款市场报价利率 4 倍的除外。"以 2025 年 1 月 20 日发布的一年期贷款市场报价利率 3.1% 的 4 倍计算，民间借贷利率的司法保护上限为 12.4%，相较于过去的 36% 有较大幅度下降。

四、企业家才能与利润

企业家不仅从事企业生产经营中的管理工作，而且要进行创新，并且承担风险。企业家才能的报酬为利润，一般可分为正常利润与超额利润。

（一）正常利润

正常利润是企业家才能的价格，也是企业家才能这种生产要素所得到的收入。它包括在成本之中，其性质与工资相类似，是由企业家才能的需求与供给决定的。厂商对企业家才能的需求是很大的，因为企业家才能是生产好坏的关键，是使劳动、资本与土地结合并生产出更多产品的决定性因素。而企业家才能的供给又是很少的，培养企业家才能所耗费的成本很高。企业家才能的需求与供给的特点，决定了企业家才能的收入，即正常利润必然是很高的。可以说，正常利润是一种特殊的工资，其特殊性就在于其数额远远高于一般劳动所得到的工资。

 经典案例

> 一天，车间的小王见到公司人事部的主管说："我每天在车间这么辛苦地干活，流那么多汗，而你在办公室里坐在椅子上吹空调，可我的工资还不到你的四分之一，同是一个公司的员工，为什么报酬差距这么大？"人事主管笑着说："公司老总的工资比你我都高出好多倍，你去问他啊。"
>
> 报酬取决于付出，车间员工付出的是一般劳动力，而管理人员付出的是心智才能，即管理才能（特别是企业老总，他付出的叫企业家才能）。前者属于一般资源，而后者属于稀缺资源，按照供求关系，当然后者的报酬要高于前者。

（二）超额利润

超额利润是指超过正常利润的那部分利润，又称"纯粹利润"或"经济利润"。在完全竞争的条件下不会有这种利润产生，在不完全竞争条件下，即存在创新、风险和垄断，才会产生这种利润。

1．创新产生的超额利润

创新是指企业家对生产要素实行新的组合，包括引入新产品、采用新的生产方法、开辟新市场、获得原料的新来源、采用新的企业组织形式这五种情况。

创新是社会进步的动力，因此，由创新所获得的超额利润是合理的，是社会进步必须付出的代价，也是社会对创新者的奖励。

2．风险产生的超额利润

风险是指从事某项事业遭遇失败的可能性。由于未来具有不确定性，因此人们对未来的预测有可能发生错误，风险的存在就是普遍的。比如在生产中，供求关系发生难以预料的变动，发生自然灾害、政治活动等，这些偶然事件都是风险，而且并不是所有的风险都可以用保险的方法加以弥补。这样，从事具有风险的生产就应该以超额利润的形式得到补偿。

3．垄断产生的超额利润

由垄断产生的超额利润，又称为"垄断利润"。垄断利润是垄断者对消费者、生产者或生产要素供给者的剥削，是不合理的。例如，垄断者可以压低收购价格，以损害生产者或生产要素供给者的利益而获得垄断利润，或者可以抬高销售价格以损害消费者的利益而获得超额利润。

> **知行合一**
>
> 　　当今社会对企业家才能的需求越来越大，作为大学生的我们，在学习阶段既要把基石打深、打牢，掌握事物发展规律，丰富学识，增长见识，又要做到知行合一、以知促行、以行求知，还应不断调整心态，变革自己的思维，培养奋斗精神，做到理想坚定、信念执着、不怕困难、勇于开拓、顽强拼搏、永不气馁。

班级_____   姓名_____   学号_____

任务检测

一、单选题

1. 随着工资水平的提高，劳动供给可能（　　）。
   A. 增加　　　　　　　　　　B. 减少
   C. 不变　　　　　　　　　　D. 以上情况都有可能

2. 地租不断上升的原因可能是（　　）。
   A. 土地的供给与需求共同增加
   B. 土地的供给与需求共同减少
   C. 土地的供给不断减少，而需求不变
   D. 土地的需求日益增加，而供给不变

3. 关于利率，下列表述不正确的是（　　）。
   A. 利率是资本的使用价格
   B. 人们对时间的偏好越小，利率就越高
   C. 人们牺牲当前消费产生的痛苦越大，利率越高
   D. 资本的净生产力是资本能带来利率的根源

4. 如果政府大力提倡用机器替代人力，这将导致劳动的（　　）平移。
   A. 需求曲线向右　　　　　　B. 需求曲线向左
   C. 供给曲线向右　　　　　　D. 供给曲线向左

5. 正常利润是（　　）的一个组成部分。
   A. 经济利润　　　　　　　　B. 可变成本
   C. 隐性成本　　　　　　　　D. 显性成本

二、多选题

6. 利润的主要来源有（　　）。
   A. 创新　　　　　　　　　　B. 承担风险
   C. 垄断　　　　　　　　　　D. 机遇

三、简答题

7. 劳动的供给曲线有几种情况？

四、计算题

8. 某劳动市场的供给曲线为 $S_L = 4\,000 - 50W$,需求曲线为 $D_L = 50W$,试求:

(1) 均衡工资;

(2) 假如政府对每个工人征收 10 元的税,则新的均衡工资为多少?

班级_____ 姓名_____ 学号_____

任务三　了解收入分配

任务工单

（一）任务描述

消除贫困、改善民生是我们党的重要使命。党的十八大以来，党中央实施精准扶贫、精准脱贫，加大扶贫投入，创新扶贫方式，扶贫开发工作呈现新局面，脱贫攻坚战取得了全面胜利。

在某银行工作的小王，第一年年薪就达到了 10 万多元，加上年终奖金，年收入可达到 12 万元。而小王的同班同学小李，在一家外贸公司做文职工作，月薪仅 3 千元，且第一年无年终奖金。

为什么在现实生活中，存在着贫富差距等收入不平等的现象呢？国家还可以采取哪些措施促进社会的公平与正义？

以小组为单位，调研我国的收入再分配政策。

（二）任务分工

全班学生以 3~5 人为一组进行分组，每组设组长 1 名，小组讨论任务分工并将分工情况填写至表 6-3-1 中。

表 6-3-1　小组成员及分工情况

小组成员	姓　名	学　号	任务分工
组长			
组员			

（三）任务准备

请各组长组织组员进行预习，收集和整理相关资料，讨论并用通俗易懂的语言结合具体事例回答下列问题。

（1）什么是洛伦兹曲线？

班级_____ 姓名_____ 学号_____

（2）什么是基尼系数？

（3）收入分配不平等的原因是什么？

（四）任务实施

通过课堂学习、小组合作查阅资料等，完成表 6-3-2。

表 6-3-2　我国的收入再分配政策

政　策	举　例

（五）任务评价

各组派代表展示任务实施成果，并配合指导老师完成表 6-3-3 所示的任务评价。

表 6-3-3　任务评价

评价项目	评价内容	分　值	评价分数		
			自评	组评	师评
职业素养考核目标（40%）	考勤、仪容仪表	10 分			
	责任意识、纪律意识	10 分			
	团队合作与交流	20 分			
专业能力考核目标（60%）	任务准备过程讨论及记录的完成度	20 分			
	任务实施过程记录的完成度	20 分			
	任务实施成果的展示效果	20 分			
	合计	100 分			
综合评价	综合分数_____（自评×25%+组评×25%+师评×50%） 综合等级_____ 综合评语：				

指导老师签字_____

一、收入分配不平等程度的衡量

（一）洛伦兹曲线

洛伦兹曲线是用来衡量一个国家收入分配不平等程度的曲线，由美国统计学家M.O.洛伦兹于1905年提出。洛伦兹首先将一国总人口按收入由低到高的顺序排列，然后计算出收入最低的任意百分比人口所得到的收入百分比，例如，收入最低的20%人口所得到的收入比例为3%，收入较低的20%人口所得到的收入比例为4.5%……（见表6-3-4），最后将得到的人口累计百分比和收入累计百分比的对应关系在图中描绘出来，得到洛伦兹曲线，如图6-3-1所示。

表6-3-4 某国的收入水平分类

收入水平分组	人口所占比重/%	人口累计比重/%	收入所占比重/%	收入累计比重/%
最低收入者	20	20	3	3
较低收入者	20	40	4.5	7.5
中等收入者	20	60	21.5	29
较高收入者	20	80	20	49
最高收入者	20	100	51	100

在图6-3-1中，横轴表示人口（按收入由低到高分组）累计百分比，纵轴表示收入累计百分比，曲线 OL 为绝对平均曲线，曲线 ODL 为该图的洛伦兹曲线。由该曲线（或表6-3-4）可知，在这个国家中，收入最低的 20%人口所得到的收入仅占总收入的3%；而收入最高的20%人口所得到的收入超过了总收入的一半。

显而易见，洛伦兹曲线的弯曲程度反映了收入分配的不平等程度，当洛伦兹曲线 ODL 与曲线 OL 重合时，收入分配是完全平等的，其弯曲程度越大，收入分配越不平等。

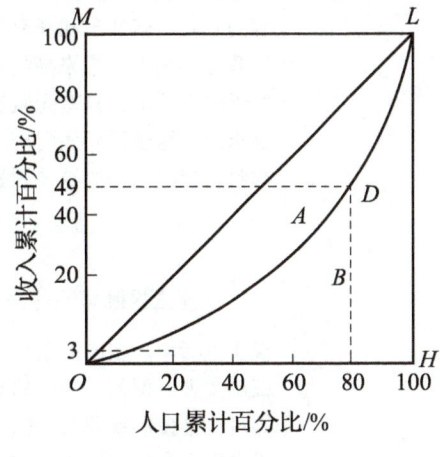

图6-3-1 洛伦兹曲线

课堂讨论

当所有收入都集中在某个人手中时，对应的洛伦兹曲线是什么形状？

（二）基尼系数

由图6-3-1可知，收入分配越不平等，洛伦兹曲线就越凸向横轴，从而它与绝对平等曲线 OL 形成区域的面积就越大。因此，可以将洛伦兹曲线 ODL 与曲线 OL 形成区域的面积 A 叫作"不平等面积"；当收入分配达到完全不平等时，洛伦兹曲线 ODL 与折线 OHL 重合，折线 OHL 与曲线 OL 形成区域的面积 A+B 是"完全不平等面积"。不平等面积与完全不平等面积之比，称为"基尼系数"，用 G 表示，则

$$G = \frac{A}{A+B} \qquad (6\text{-}3\text{-}1)$$

显然，基尼系数不会大于 1，也不会小于 0，即有 $0 \leqslant G \leqslant 1$。基尼系数越大，说明一个国家收入分配越不平等，即贫富差距越大；基尼系数越小，说明一个国家的收入分配越平等，即贫富差距越小。国际上并没有一个组织或教科书给出最适合的基尼系数标准，但有不少人认为基尼系数小于 0.2 表示过于平等，0.2~0.3 表示比较平等，0.3~0.4 表示比较合理，0.4~0.5 表示差距过大，0.5 以上表示差距悬殊。

基尼系数

二、收入分配不平等的原因

在任何一个社会都存在不同程度的收入分配不平等，市场经济社会中这一问题更突出。引起收入分配不平等的原因主要有以下几点，如图 6-3-2 所示。

初始财产的不平等

一般，投机收入、大量的自然资源的开发、新产品和新科技的发明等可以为人们带来高收入，而由于财产的拥有具有无限性与可继承性，这使得初始财产成为影响收入分配公平的重要因素

劳动力的差异

之前的劳动力市场分析中，是假设市场为完全竞争市场，即劳动力之间没有差别。然而实际上，每个人的能力、勤奋程度、机遇甚至运气都有所不同。就能力而言，既有先天的才能不同，也有后天受教育程度的不同

要素报酬率的差异

现实生活中，生产要素自由流动很难实现，例如，工会的集体谈判可能会使已就业工人的工资高于由完全竞争市场决定的均衡工资，地理上或专业上的固定性阻碍生产要素转移到可能获得更高收入的经济部门等

其他方面的差异

其他方面的差异指工种、权力、制度、习俗等方面的差异。例如，风险大的工作要比风险小的工作收入多，垄断行业收入比竞争行业收入多，户籍制度、受教育权利的不平等等

图 6-3-2 收入分配不平等的原因

项目六 收入分配理论

 课堂讨论

（1）导致收入分配不平等的原因还有哪些？

（2）收入不平等有哪些危害？

三、收入再分配

（一）收入分配标准

经济学家认为，收入分配有三种标准，如表 6-3-5 所示。

表 6-3-5 收入分配标准

分配标准	内　容	优　点	缺　点
贡献	按社会成员的贡献分配国民收入，即按生产要素的价格进行分配	保证经济效率，鼓励每个社会成员在竞争中充分发挥自己的能力	各成员能力、机遇的差别，会引起收入分配的不平等
需要	按社会成员对生活必需品的需要分配国民收入	收入分配更加公平	不利于提高经济效率
平等	按公平的准则分配国民收入		

三种分配标准各有利弊，有利于经济效率则会不利于公平，有利于公平则会有损于经济效率，这就是经济学中公平与效率的矛盾。

效率优先、兼顾公平是许多国家收入分配的原则。效率优先，即以贡献为收入分配的基本标准。兼顾公平，则需要借助政府的相关政策来实现。

 经济指南

"治天下也，必先公，公则天下平矣。"公平正义是中国特色社会主义的内在要求，实现公平正义是我们党的一贯主张。新时代坚持和发展社会公平正义，首先要做大"蛋糕"。经济社会发展是实现社会公平正义的决定性因素，必须紧紧抓住经济建设这个中心，推动经济高质量发展，进一步把"蛋糕"做大，为保障社会公平正义奠定更加坚实的物质基础。

实现社会公平正义，还要分好"蛋糕"，经济发展是基础，但并不是说要等着经济发展起来了再解决社会公平正义问题。不断做大"蛋糕"的同时，还要把"蛋糕"分好。

（二）收入再分配政策

1. 税收政策

政府运用税收来实现收入分配的公平，主要手段是征收个人所得税，此外还有征收遗产税、财产税、赠与税等。

个人所得税是税收的一项重要内容，它通过累进所得税制度来调节社会成员收入分配的不平等状况。累进所得税制就是根据收入的高低确定不同的税率，对高收入者按高税率征税，对低收入者按低税率征税。这种累进所得税有利于纠正社会成员之间收入分配不平等的状况，从而有助于实现收入的平等化。但这种累进所得税不利于有能力的人充分发挥自己的才干，对社会来说也是一种损失。此外在个人所得税方面，还区分了劳动收入税与非劳动收入税。对劳动收入按低税率征税，而对非劳动收入（股息、利息等收入）按高税率征税。

2. 社会福利政策

如果说税收政策是通过对富人征收重税来实现收入分配平等化的话，那么，社会福利政策则是通过给穷人补助来实现收入分配平等化。社会福利政策主要包括各种形式的社会保障与社会保险、向贫困者提供就业机会与培训、医疗保险与医疗援助、对教育事业的资助、各种保护劳动者的立法、改善住房条件等。

社会保障的特征

 课堂讨论

在我国，这些社会福利政策有哪些具体内容？

班级_____   姓名_____   学号_____

任务检测

一、单选题

1. 洛伦兹曲线用于衡量社会（   ）的程度。
   A．贫困　　　　　　　　　　　　B．保障
   C．收入分配不平等　　　　　　　D．收入透明

2. 下列关于基尼系数的说法，正确的是（   ）。
   A．基尼系数越大，贫富差距越大
   B．基尼系数越小，贫富差距越大
   C．基尼系数无法衡量贫富差距
   D．以上说法均不正确

3. 如果收入是完全平等分配的，则洛伦兹曲线与（   ）。
   A．横轴重合　　　　　　　　　　B．45°对角线重合
   C．纵轴重合　　　　　　　　　　D．难以确定

4. 一般以基尼系数（   ）为收入差距过大的警戒线。
   A．0.2　　　　　　　　　　　　 B．0.4
   C．0.6　　　　　　　　　　　　 D．0.8

5. 如果收入是完全平等分配的，则基尼系数等于（   ）。
   A．1　　　　　　　　　　　　　 B．0.8
   C．0.5　　　　　　　　　　　　 D．0

6. 2016年，中国的基尼系数为0.465，这说明中国的收入分配（   ）。
   A．差距过小　　　　　　　　　　B．差距过大
   C．比较合理　　　　　　　　　　D．差距悬殊

二、多选题

7. 下列选项中，属于收入再分配政策的是（   ）。
   A．征收个人所得税　　　　　　　B．就业培训
   C．建立医疗保险　　　　　　　　D．资助教育事业

三、简答题

8. 收入不平等的原因有哪些？

班级_____ 姓名_____ 学号_____

项目实训——了解我国精准扶贫

一、实训目标

让学生通过了解我国近几年在精准扶贫中实施的政策与取得的成就,将理论与实践相结合,理解国家采取这些措施的原因,进而树立制度自信,提升爱国情怀。

二、实训内容和要求

1. 小组工作

(1) 学生自由分组,以组为单位查询我国近几年有关精准扶贫的政策文件、采取的措施以及取得的成就。

(2) 通过小组讨论和总结,制作出一份介绍精准扶贫的PPT。

2. 班级交流

全班组织开展一次交流研讨,每组派一名代表展示PPT,其他小组成员可以进行评价、提问,或针对发言内容发表自己的观点并阐述理由。发言人及本组成员可针对提问进行答辩。

3. 考核

每个小组提交一份PPT,学生和教师根据学生平时课堂表现、提交的PPT、班级交流发言情况在表6-4-1中进行评估打分,综合评定本项目的成绩。

表6-4-1 项目考核表

考核内容	分值	考核分数		
		自评	组评	师评
日常考勤和课堂纪律	10分			
学习态度和课堂参与	10分			
完成任务检测并保证题目的正确率	50分			
参与项目实训并积极完成各项任务	30分			
合计	100分			
综合评价	综合分数_____ (自评×25%+组评×25%+师评×50%) 综合等级_____ 综合评语: 指导老师签字_____			

项目七

市场失灵与政府干预

20世纪初的一天,列车在绿草如茵的英格兰大地上飞驰。英国经济学家庇古坐在车上,边欣赏风光边感慨:"列车在田间经过,机车(此时是蒸汽机车)喷出的火花飞到麦穗上,给农民造成了损失,但铁路公司并不用向农民赔偿。"

近70年后,美国经济学家斯蒂格勒和阿尔钦同游日本。他们在高速列车(此时是电气机车)上见到窗外的农田,想起了庇古当年的感慨,就问列车员铁路附近的农田是否因受到列车的影响而减产。列车员说恰恰相反,飞驰而过的列车把吃稻谷的飞鸟吓走了,农民因此受益。当然,铁路公司也不能向农民收"赶鸟费"。

同一件事情在不同的时代与地点,结果不同,两代经济学家的感慨也不同。在庇古看到的情况下,铁路公司列车运行对农业生产带来的损失并不由铁路公司和客户承担,而由既不经营列车又不使用列车的农民承担,类似的情况还有吸烟者对环境和非吸烟者的危害。在斯蒂格勒和阿尔钦所看到的情况下,列车运行在客观上起到了"稻草人"的作用,给农业生产带来好处。但铁路公司并不能对此收费,利益由与列车运行无关的农民无偿获得,类似的例子还有养蜂人到果园放蜂采蜜,同时免费为果园实现了授粉,果园主却不用付费。这些都是市场机制无能为力之处,称为"市场失灵"。那为什么会产生市场失灵呢?面对市场失灵我们应该怎么办?

本项目主要介绍市场失灵的原因以及政府的应对措施,内容包括垄断、外部性、公共物品、信息不对称等,通过这些知识来解释市场机制不能有效配置资源以及政府一些经济政策的原因。

项目概览

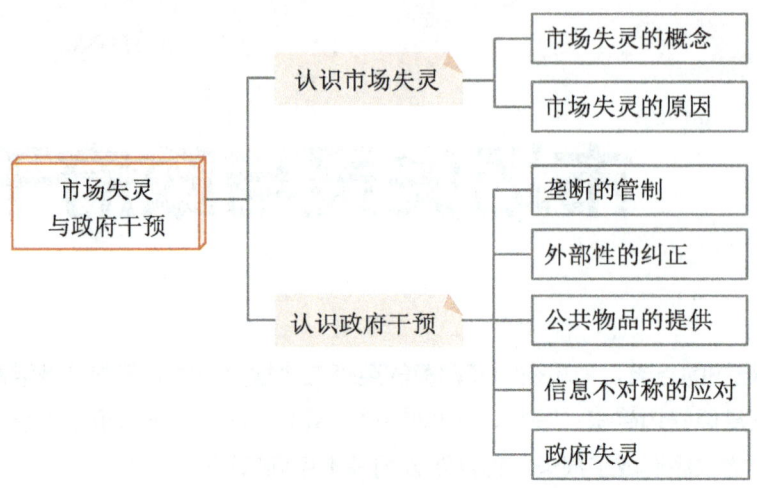

学习目标

知识目标

(1) 了解市场失灵的概念。
(2) 理解垄断、外部性、公共物品和信息不对称与市场失灵的关系。
(3) 理解政府应对市场失灵采取的治理措施。

能力目标

(1) 能够在现实生活中辨别市场失灵现象并分析原因。
(2) 能够理解我国政府治理市场失灵的相关政策。

素质目标

(1) 通过了解现实生活中市场资源无法有效配置的原因，提高学习经济学的兴趣，培养经济思维。
(2) 通过学习政府干预的相关知识，初步理解政府在市场中的作用，体会社会主义市场经济体制的优越性，树立制度自信。

班级_____   姓名_____   学号_____

任务一　认识市场失灵

任务工单

（一）任务描述

公共牧场向公众开放，这本来是一件好事，但是由于每个牧民都想多放养，因此牛羊的数量便无节制地增加。而牧场的承载能力是有限的，最终，公共牧场因过度放牧而沦为不毛之地。单独来看，明明每一个牧民都是理性人，都在追求最大的利益，那为什么还会造成"公地的悲剧"？

以小组为单位，探讨市场失灵的原因。

（二）任务分工

全班学生以 3～5 人为一组进行分组，每组设组长 1 名，小组讨论任务分工并将分工情况填写至表 7-1-1 中。

表 7-1-1　小组成员及分工情况

小组成员	姓　名	学　号	任务分工
组长			
组员			

（三）任务准备

请各组长组织组员进行预习，收集和整理相关资料，讨论并用通俗易懂的语言结合具体事例回答下列问题。

（1）什么是市场失灵？

（2）什么是垄断？

班级_____ 姓名_____ 学号_____

（3）什么是外部性？

（四）任务实施

通过课堂学习、小组合作查阅资料等，完成表 7-1-2。

表 7-1-2 市场失灵的原因

问　题	答　案
垄断是如何导致市场失灵的？	
为什么外部性会导致市场失灵？	
为什么公共物品会导致市场失灵？	
为什么信息不对称会导致市场失灵？	

（五）任务评价

各组派代表展示任务实施成果，并配合指导老师完成表 7-1-3 所示的任务评价。

表 7-1-3 任务评价

评价项目	评价内容	分　值	评价分数		
			自　评	组　评	师　评
职业素养考核目标（40%）	考勤、仪容仪表	10 分			
	责任意识、纪律意识	10 分			
	团队合作与交流	20 分			
专业能力考核目标（60%）	任务准备过程讨论及记录的完成度	20 分			
	任务实施过程记录的完成度	20 分			
	任务实施成果的展示效果	20 分			
	合计	100 分			
综合评价	综合分数_____（自评×25%+组评×25%+师评×50%） 综合等级_____ 综合评语： 指导老师签字_____				

项目七　市场失灵与政府干预

一、市场失灵的概念

前述各项目的主旨在于论证所谓"看不见的手"的原理,即市场经济在一些理想化假定条件下,可以使整个经济达到一般均衡,资源配置达到最优。但在现实市场经济中,那些理想化假定并不能实现,私人成本与社会成本也不相一致,从而私人成本的最优导致社会成本的非最优。因此,"看不见的手"的原理一般来说并不成立。换句话说,市场机制在很多领域不能导致资源的有效配置,这种情况被称为"市场失灵"。

二、市场失灵的原因

一般认为,导致市场失灵的主要原因为垄断、外部性、公共物品和信息不对称。

(一) 垄断

垄断是指对市场的直接控制或操纵,垄断程度越高,市场失灵的程度就越大。垄断导致的市场失灵主要有以下几种表现。

1. 效率低下

通过前面项目的学习我们知道,垄断厂商可以形成垄断价格且保持利润。因此,厂商在边际收益 MR 与边际成本 MC 相等的均衡点进行生产时,市场价格 P 是大于 MC 的。与竞争市场相比,垄断市场的价格更高,且产量更低。

> **学习札记**
> 只要厂商的需求曲线不是水平的,而是向右下方倾斜,就会出现低效率的资源配置状态。

这样,一方面,垄断厂商丧失了降低成本、提升效率的动力,在管理上比较松懈,从而降低了经济效率;另一方面,垄断价格扭曲了正常的成本价格关系,其供不应求的假象使得更多的资源流向该行业,导致资源配置不合理,造成资源浪费。

2. 社会福利损失

由于垄断的存在,消费者支付了较高的价格,因此消费者剩余减少,造成社会福利损失,如图 7-1-1 所示。

在图 7-1-1 中,Q 代表产量,P 代表价格,D 是厂商需求曲线,MR 是边际收益曲线。在完全竞争条件下,消费者剩余为均衡价格 P_e 的价格水平线以上、需求曲线 D 以下的部分,即三角形 HP_eB 的面积。在垄断条件下,消费者剩余为垄断价格 P_m 的价格水平线以上、需求曲线 D 以下的部分,即三角形 HP_mA 的面积。显然,前者大于后者,二者之差为梯形 AP_mP_eB 部分的面积,其中,AP_mP_eC 部分为厂商获得的垄断利润,而三角形 ABC 部分就是社会福

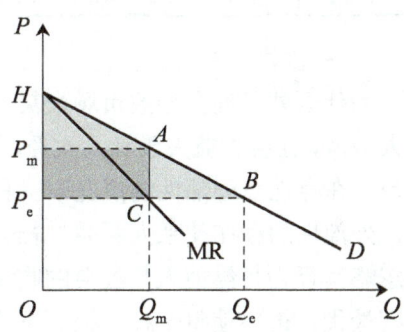

图 7-1-1　垄断造成的社会福利损失

利损失，也称为"无谓损失"。

3. 社会不公平

垄断扼杀了竞争，剥夺消费者剩余，加剧了收入分配不平等及贫富两极分化。此外，在垄断条件下，厂商为了能一直获得垄断利润，常常采取一些非生产性寻利行动来保持垄断地位，称为"寻租"。寻租通常是指那些通过公共权力参与市场经济从而谋取非法收益的非生产性活动。例如，游说政府或贿赂政府官员以规避政府的管制。寻租往往容易造成官员腐败、社会不公甚至动乱。

（二）外部性

1. 外部性的概念

外部性是指一个经济主体的活动给与这项活动无关的主体带来的影响，且这种影响所带来的利益或损失不由经济主体本身承担。换句话说，如果一个人的行为影响了他人的福利，但相应的成本和收益并没有通过市场价格反映出来，就意味着出现了外部性。例如项目导读中讲到的列车对农田的影响。

2. 外部性的分类

根据外部性发生的领域以及对其他主体带来的影响的不同，外部性可以分为四类，如表7-1-4 所示。

表 7-1-4　外部性的分类

类　型	概　念	举　例
生产的正外部性	一个生产者的经济行为给社会其他成员带来了利益，自己却不能从中得到补偿	一个企业对其所雇用的工人进行培训，而这些工人未来可能到其他单位去工作，该企业并不能从其他单位得到补偿
生产的负外部性	一个生产者的经济行为使社会其他成员付出了代价，自己却未给其他成员以补偿	企业扩大生产可能造成交通拥挤及对环境的破坏
消费的正外部性	一个消费者的经济行为给社会其他成员带来了利益，自己却不能从中得到补偿	一个人对自己的孩子进行教育，把他培养成更优秀的公民，这显然也使其邻居甚至整个社会都得到了好处
消费的负外部性	一个消费者的经济行为使社会其他成员付出了代价，自己却未给其他成员以补偿	吸烟者的行为危害了被动吸二手烟者的身体健康

3. 外部性与市场失灵

为什么外部性会导致市场失灵？一般而言，在存在正外部性的条件下，社会成本低于私人成本，社会收益大于私人收益，即私人活动的水平常常要低于社会所要求的最低水平。相反，在存在负外部性的情况下，私人活动的水平常常要高于社会所要求的最优水平。因此，外部性的存在使私人利益与社会利益产生背离，当个人实现自身利益最大化时，往往会忽略其行为带给他人与社会的收益或成本，从而使市场机制变得没有效率，资源配置达不到最优，最终使整个社会福利下降。

素养之窗

"不诚信"也具有外部性。人们通常认为，一个人诚信与否是个人品德问题，与他人无关。但实际上，个人品德会因为外部性而产生社会效果，一个人的不诚信，最终可能导致整个社会的不信任。例如，一个不慎摔倒的老人诬陷好心扶他的路人，除了他自己会遭受道德谴责，还会使其他好人受到"威慑"，长此以往，便没有好人再去愿意扶起摔倒的老人，这对摔倒的老人也是一种伤害。因此，我们在平时生活中要注意自己的言行举止，诚信做人，公正做事。

（三）公共物品

1. 公共物品的概念

在介绍公共物品前，我们先来介绍一下私人物品。私人物品是指具有排他性和竞争性的物品。排他性是指只有对物品支付价格的人才能够使用该物品。竞争性是指如果某人已经使用了某个物品，则其他人就不能再同时使用该物品。到目前为止，我们讨论的对象主要是私人物品，市场机制只有在具备私人物品的场合才能真正起作用。

然而在现实中，还存在着很多不满足排他性或竞争性特点的物品，我们称为"公共物品"。公共物品一般私人不愿意生产或无力生产，所以需要由政府提供。

2. 公共物品的分类

根据公共物品排他性和竞争性的不同，我们可以将公共物品进行分类，如表7-1-5所示。

表 7-1-5 公共物品的分类

类型	排他性	竞争性	特点	举例
纯公共物品	无	无	用金钱买不到，只能由政府提供	国防、外交、法律
准公共物品	有	无	一般通过收费实现排他性	高速公路、有线电视
	无	有	易因过度使用造成损害或枯竭	公海资源、桥梁

3. 公共物品与市场失灵

如果一件物品不具有排他性，即无法排除一些人"不支付便使用"，则它毫无疑问就会影响其他人的利益，并造成市场机制的失灵。例如，国防和公海资源都不具有排他性，也就是说，一个公民即使拒绝支付国防服务费用，也可以享受国防服务的好处，同样，渔民在公海上捕捞海鱼也很难被阻止。我们把不支付成本就享用公共物品的人称为"搭便车者"。可以说，公共物品的提供很难避免搭便车者的产生。

同样，如果一件物品不具有竞争性，即一些人享受了消费利益，并不减少别人的利益，在这种情况下，进行排斥是无效率的行为。例如，高速公路不付费就不能消费，虽然可以收回成本，提高生产者积极性，但是公路的社会效用得不到有效发挥，造成资源浪费。

另外，鉴于公共资源具有竞争性，每个人出于自己的利益考虑，就会尽可能多地去使用公共资源，于是公共资源会被过度消耗，从而造成灾难性的后果，带来市场失灵。

 视野拓展

古代的"搭便车者"

"搭便车者"在我国古代就已经有了代表人物，那便是滥竽充数的南郭先生。

战国时期，齐国的宣王喜欢听乐器竽的大合奏，就命乐正组织一支三百人的大型吹竽乐队。当时有位南郭先生，既无学问又无专长，靠斗鸡赌博骗取钱财。他闻得齐宣王招聘吹竽乐师三百名后，便去应聘，并凭着三寸不烂之舌混进了乐队。但他根本不会吹竽，为了不让自己的竽发出声音，便偷偷用豆子塞住竽口。这样，他就装模作样地在乐队里吹奏起来。三百名乐师齐奏，气势宏伟，宣王甚为满意。

南郭先生不会吹竽，却混进了宫廷乐队。虽然他实际上没有参加乐队合奏这个"集体行动"，但他在表演时的装模作样仍然使他得以分享国王奖赏这个"集体行动"的成果。

（四）信息不对称

1. 信息不对称的概念

信息不对称是指交易中的各方所掌握的信息不对等。一般而言，卖方比买方拥有更多关于交易物品的信息，例如在二手车的买卖中，卖方比买方更了解车辆。但相反的情况也可能存在，例如医疗保险买卖中，买方对于自身的健康状况肯定比保险公司更清楚。

2. 信息不对称的原因

产生信息不对称的原因有很多，首先，获取信息需要成本；其次，认识能力的局限性和差异性使人们不可能掌握全部需要的信息；最后，掌握信息多的一方为了自身利益，往往会隐藏信息。

3. 信息不对称与市场失灵

信息不对称会引起所谓的"逆向选择"和"道德风险"，导致市场失灵。

1）逆向选择

逆向选择普遍存在于产品市场、劳动市场和资本市场，它是指由于买卖双方信息不对称，质量好的商品被质量差的商品驱逐出市场的现象。例如，在二手车市场上，消费者由于不了解车辆相关信息，难以辨别车辆的好坏，因此就会用市场上商品的平均质量和平均价格来衡量所有车辆。而由于质量好的车辆的价格往往高于市场平均价格，因此就会出现质量好的二手车车主退出市场，只有劣质车辆成交。一旦进入恶性循环，市场上的二手车质量便会越来越差。

课堂讨论

（1）为什么假冒伪劣商品屡禁不止？
（2）试举例说明劳动市场和资本市场上的逆向选择。

2）道德风险

道德风险是指签约一方不完全承担风险后果时，会采取使自身效用最大化的自私行为。这种行为将成本转嫁给别人，从而造成他人损失的可能性。例如，在没有购买车辆失窃保险的情况下，车主通常会采取加防盗锁、报警器等多种措施保护车辆。但在购买了保险之后，汽车失窃的损失会由保险公司赔偿，车主就有可能不再采取那么多防范措施，从而导致失窃概率增大，即将成本转嫁给保险公司。又如，委托人与代理人之间，委托人不能确切地了解代理人的行为，代理人有可能为了追求自己的利益目标而牺牲委托人的利益，这就是"委托代理问题"。

 经典案例

明厨亮灶

餐饮企业的后厨卫生状况曾饱受消费者诟病。许多宾馆和饭店的大厅、包间装饰得富丽堂皇，可后厨往往惨不忍睹，卫生脏乱差、原料乱摆乱放、厨师挥汗入菜。为此，有些"挑剔"的顾客进了饭店便直奔后厨，先看配菜间干净不干净，再决定留不留下来用餐。可饭店常常仅用一张"厨房重地，闲人莫入"的告示便将顾客拒之门外。

近几年，很多餐饮企业开始实行"明厨亮灶"，即通过联网监控或者透明的后厨装修，让食品加工过程更加公开透明。例如北京推出的"海淀阳光餐饮"App，监管人员和消费者均可通过 App 实时观看后厨操作全过程。其中，一些餐饮企业还因拒绝公示后厨，被 App 提醒"请消费者谨慎前往就餐"。

餐饮业实行"明厨亮灶"的目的就是让餐饮服务单位后厨从幕后走到台前，消除餐饮管理部门、餐饮服务单位与公众间信息不对称的障碍，引导消费者直接参与到食品安全工作中，亲自监督，以实现食品安全问题的好转。

班级_____ 姓名_____ 学号_____

> **任务检测**

一、单选题

1. 市场失灵是指（   ）。
   A. 在私人部门和公共部门之间资源配置不均
   B. 不能产生任何有用成果的市场过程
   C. 以市场为基础的对资源的低效率配置
   D. 商品需求对价格变化的敏感程度下降

2. 卖方比买方知道更多关于商品生产和质量信息的情况称为（   ）。
   A. 道德风险   B. 搭便车者
   C. 排他性   D. 信息不对称

3. 某生产活动存在正外部性时，其产量（   ）帕累托最优产量。
   A. 大于   B. 小于
   C. 等于   D. 以上都有可能

4. 搭便车现象源于（   ）问题。
   A. 公共物品   B. 私人物品
   C. 社会福利   D. 信息不对称

5. 某人的行为给其他人带来利益，但其他人并没有为此利益支付费用，这种现象称为（   ）。
   A. 公共物品   B. 搭便车者
   C. 正外部性   D. 负外部性

6. 物品的非竞争性是指（   ）。
   A. 只有一个消费者   B. 只有一个生产者
   C. 生产成本为零   D. 增加一个消费者的边际成本为零

二、多选题

7. 下列选项中，属于市场失灵情形的有（   ）。
   A. 竭泽而渔   B. 假公济私
   C. 环境污染   D. 草场退化

8. 纯公共物品具有（   ）。
   A. 竞争性   B. 非竞争性
   C. 排他性   D. 非排他性

班级_____　　姓名_____　　学号_____

三、简答题

9. 信息不对称产生的风险包括哪些？请举例说明。

10. 什么是公地悲剧？公共物品为什么不能靠市场来提供？

11. 外部性是如何干扰市场资源优化配置的？

四、计算题

12. 设一产品的市场需求函数为 $Q = 500 - P$，成本函数为 $C = 20Q$。试求：

（1）若该产品为一垄断厂商生产，利润最大时的产量、价格和利润；

（2）要达到帕累托最优，产量和价格应为多少？

班级_____ 姓名_____ 学号_____

任务二 认识政府干预

 任务工单

（一）任务描述

当"看不见的手"无法合理配置资源时，就需要政府这双"看得见的手"通过微观经济政策对市场加以干预。微观经济政策是指以微观经济理论为依据，以提高资源配套效率、调节微观经济行为主体关系为目的的有关政策。那么，面对垄断、外部性、公共物品和信息不对称这四个造成市场失灵的主要原因，政府可以采取哪些微观经济政策呢？这些经济政策一定可以使市场状况变好吗？

以小组为单位，探讨面对垄断、外部性、公共物品和信息不对称这四个造成市场失灵的主要原因，政府可以采取哪些微观经济政策。

（二）任务分工

全班学生以 3~5 人为一组进行分组，每组设组长 1 名，小组讨论任务分工并将分工情况填写至表 7-2-1 中。

表 7-2-1　小组成员及分工情况

小组成员	姓　名	学　号	任务分工
组长			
组员			

（三）任务准备

请各组长组织组员进行预习，收集和整理相关资料，讨论并用通俗易懂的语言结合具体事例回答下列问题。

（1）什么是政府管制？

（2）什么是企业合并？

班级_____　　姓名_____　　学号_____

（3）什么是政府失灵？

（四）任务实施

通过课堂学习、小组合作查阅资料等，完成表 7-2-2。

表 7-2-2　政府应对市场失灵的微观经济政策

问　题	答　案
政府可以采取哪些微观经济政策来解决垄断造成的市场失灵？	
政府可以采取哪些微观经济政策来解决外部性造成的市场失灵？	
政府可以采取哪些微观经济政策来解决公共物品造成的市场失灵？	
政府可以采取哪些微观经济政策来解决信息不对称造成的市场失灵？	

（五）任务评价

各组派代表展示任务实施成果，并配合指导老师完成表 7-2-3 所示的任务评价。

表 7-2-3　任务评价

评价项目	评价内容	分　值	评价分数		
			自　评	组　评	师　评
职业素养考核目标（40%）	考勤、仪容仪表	10 分			
	责任意识、纪律意识	10 分			
	团队合作与交流	20 分			
专业能力考核目标（60%）	任务准备过程讨论及记录的完成度	20 分			
	任务实施过程记录的完成度	20 分			
	任务实施成果的展示效果	20 分			
合计		100 分			
综合评价	综合分数_____（自评×25%+组评×25%+师评×50%） 综合等级_____ 综合评语：				

指导老师签字_____

一、垄断的管制

当市场机制本身无法消除和避免垄断时，政府主要通过管制和立法这两种方式来解决垄断造成的市场失灵。

（一）政府管制

政府管制是指政府为达到一定的目的，凭借其法定的权力直接对市场主体经济活动进行一定程度的限制和约束的行为。政府对垄断的管制包括价格管制和产量管制，通过制定行业最高限价和最低产量约束垄断行为。在我国，政府管制主要适用于电力、天然气、自来水等垄断行业。

> **学习札记**
> 一般按平均成本等于厂商边际成本的原则制定限价。

（二）反垄断法

制定反垄断法是政府对垄断更加强烈的反应。反垄断法又称"反托拉斯法"，是用以控制垄断活动的法律法规、行政规章、司法判例以及国际条约的总称。

为了预防和制止垄断行为，保护市场公平竞争，提高经济运行效率，维护消费者利益和社会公共利益，促进社会主义市场经济健康发展，我国制定了《中华人民共和国反垄断法》（简称《反垄断法》）。

从"汇源案"看反垄断的意义

《反垄断法》规定："具有市场支配地位的经营者，不得滥用市场支配地位，排除、限制竞争。经营者违反本法规定，达成并实施垄断协议的，由反垄断执法机构责令停止违法行为，没收违法所得，并处上一年度销售额百分之一以上百分之十以下的罚款，上一年度没有销售额的，处五百万元以下的罚款；尚未实施所达成的垄断协议的，可以处三百万元以下的罚款。经营者的法定代表人、主要负责人和直接责任人员对达成垄断协议负有个人责任的，可以处一百万元以下的罚款。"

二、外部性的纠正

纠正由外部性造成的市场失灵，基本思路便是将外部性内部化，即通过一些政策措施将通过经济活动获得的社会收益和社会成本转化为私人收益和私人成本，在某种程度上强制实现本身并不存在的货币转让。

（一）征税和补贴

政府可以对造成负外部性的企业征税，其数额应该等于该企业给社会其他成员造成的损失，从而使该企业的私人成本恰好等于社会成本。例如，在生产者污染环境的情况下，政府向污染者征税，其税额等于对受污染者的损失补偿以及治理污染所需要的费用。反之，对造成正外部性的企业，国家可以采取发放津贴的方法，使得企业的私人利益与社会利益相等。无论是何种情况，只要政府采取措施使得私人成本和私人利益与相应的社会成本和社会利益相等，资源配置便可达到帕累托最优状态。

（二）企业合并

当一个企业的生产影响到另外一个企业时，如果影响是正的，则第一个企业的生产就会低于社会最优水平；反之，如果影响是负的，则第一个企业的生产就会超过社会最优水平。但是如果把这两个企业合并为一个企业，则此时的外部性就"消失"了，即被"内部化"了。合并后的单个企业为了利益，将使自己的生产确定在边际成本等于边际收益的水平上。而由于此时不存在外部影响，故合并企业的成本与收益就等于社会的成本与收益，于是资源配置达到帕累托最优状态。

课堂讨论

有哪些厂商可以通过企业合并将外部性内部化？

（三）规定财产权

在很多情况下，外部性之所以导致资源配置失当，是因为财产权不够明确。如果财产权是完全确定的并得到充分保障，有些外部性就不会发生。例如，某条河流的上游污染者使下游用水者受到损害，如果给予下游用水者以使用一定质量水源的财产权，则上游的污染者将因把下游水质降到特定质量之下而受罚。在这种情况下，上游污染者便会同下游用水者协商，将这种权利从他们那里买过来，然后让河流受到一定程度的污染。同时，遭到损害的下游用水者也会使用通过出售污染权而得到的收入来治理河水。总之，由于污染者为其不好的外部影响支付了代价，故其私人成本与社会成本之间不存在差别。

视野拓展

科斯定理

规定财产权的政策可以看成一般化的科斯定理的例子，甚至连使用税收和补贴这种方法也可以看成科斯定理的一个具体运用。科斯定理是指，只要财产权是明确的，并且其交易成本为零或者很小，则无论在开始时将财产权赋予谁，市场均衡的最终结果都是有效率的。下面我们举一个具体的例子来说明科斯定理。

假设有一个工厂，其烟囱冒出的烟尘使居住于工厂附近的 5 户居民所洗晒的衣服受到污染，由此造成的损失为每户 75 元，从而 5 户的损失总额为 5×75=375 元。再假设存在两种治理污染的办法：一是在工厂的烟囱上安装一个除尘器，其费用为 150 元；二是给每户居民提供一个烘干机，使他们不需要到外面去晒衣服，烘干机的费用为每户 50 元，5 户的成本总和是 250 元。显而易见，在这两种解决办法中，第一种的成本低，代表它是最有效率的解决方案。

依照科斯定理，在上面的例子中，不论是给予工厂以排放烟尘的权利，还是给予5户居民以晒衣服不受烟尘污染的权利（即财产权的分配），只要工厂与5户居民的协商费用（即交易成本）为零或者很小，那么，市场机制（即自由交易）总是可以得到最有效率的结果（即采用安装除尘器的办法）。

为什么会如此呢？因为如果把排放烟尘的权利给予工厂，那么，5户居民便会联合起来，共同给工厂的烟囱义务安装一台除尘器，因为除尘器的费用只有150元，远远低于5台烘干机的费用250元，更加低于未装除尘器时晒衣服所受到的烟尘之害375元。相反，如果把晒衣服不受烟尘之害的权利给予5户居民，那么工厂便会自动安装除尘器，因为在居民具有不受污染之害的财产权的条件下，工厂就有责任解决污染问题。而在两种解决污染的办法中，安装除尘器的费用较低。因此，科斯定理宣称，只要交易成本为零或者很小，则不论财产权归谁，自由的市场机制总会找到最有效率的办法，从而达到帕累托最优状态。

经济人物

罗纳德·哈里·科斯（1910—2013），英国经济学家，新制度经济学的鼻祖，产权理论创始人。

科斯的代表作《社会成本问题》主张完善产权界定可解决外部性问题。该文的发表标志着新制度经济学的诞生。由于发现和澄清了交易费用和产权对经济体制的生产制度结构及其运作的作用和意义，科斯于1991年获得诺贝尔经济学奖。

三、公共物品的提供

由于公共物品具有非排他性或非竞争性的特点，因此往往只能由政府提供。

（一）政府直接提供

政府直接提供是指政府通过征税来筹集资金，然后统一提供公共物品。这样就解决了搭便车者只享受、不购买的问题。纯公共物品和自然垄断性很高的准公共物品通常通过政府直接生产的方式来提供，如造币厂和中央银行由中央政府直接经营，电力、煤气、自来水、铁路、邮政服务等在一些国家也由中央政府直接经营。地方政府直接经营的公共物品主要有司法、消防、医院、自然资源保护、图书馆等。

由政府直接提供公共物品也存在一些缺陷，主要表现在以下三个方面。

（1）可能造成一部分人对公共物品只购买而不消费的不公平现象。因为税收具有全面性，可是公共物品的提供不可能全部地区都一样，所以可能出现部分地区居民为其他地区居民享受的公共物品买单的情况。

（2）政府长期承担公共物品提供的任务可能造成政府对经济活动的管制和干预越来越多，政府规模也变得越来越庞大，导致财政开支的规模也与日俱增。

（3）不能满足公众对公共物品的多元化需求。政府提供的公共物品往往都是单一的，但公众对公共物品的需求却越来越多元化，所以只靠政府提供公共物品，远远不能满足公众的需求。

基础设施和公用事业特许经营管理办法

（二）政府间接提供

由于缺乏竞争，政府直接提供公共物品的效率一般都比较低下，因此可以引入竞争机制，让私人部门参与公共物品的提供。政府间接提供公共物品主要有五种方式，如表 7-2-4 所示。

表 7-2-4　政府间接提供公共物品的方式

方　式	概　念	适用对象
签订合同	政府与私人企业签订公共物品的生产合同，通常采取公开招标的方式选择私人企业，并借助投标者的竞争把价格控制在合理水平	具有规模经济效益的自然垄断性行业，如各类基础设施和公共服务行业
特许经营	将公共物品的经营权授予私人企业	外部性显著的公共物品，如自来水、电话、供电、电视广播、报刊、航海灯塔
经济资助	给予私营公共物品补贴、贷款、无偿赠与、减免税收等优惠	盈利性不高或只有在未来才能盈利且风险大的公共物品，如高精尖技术的基础研究、应用技术的超前研究、教育、博物馆等
政府参股	分为政府控股和政府入股：政府控股针对那些具有举足轻重地位的项目，政府入股主要是指政府向私人企业提供资本和分散私人投资风险	适用于初始投入大的基础设施项目，如发电站、机场、港口、高速公路、桥梁等
法律保护	运用法律手段允许、鼓励并保护私人企业参与公共物品生产	医院、教育、慈善事业等

课堂讨论

由政府提供的物品一定是公共物品吗？

四、信息不对称的应对

市场机制本身能在一定程度上解决一部分信息不对称问题。例如，为了利润最大化，厂商必须根据消费者的偏好进行生产。市场机制本身解决信息不对称的另一个方法是建立"信誉"。所谓信誉是指消费者对厂商行为的一种主观评价。消费者根据自己购买某种产品的体验以及其他消费者的经验，对生产和销售该产品的厂商的诚信程度做出判断，以此来决定是否会继续购买该厂商的商品，即信誉提高了厂商诚信的收益和欺骗的成本。因此，厂商会通过市场调查、设计合理的契约和激励机制、打造品牌、公开生产过程、履行售后服务承诺等建立信誉。这些在一定程度上减轻了信息不对称的危害。

但是，市场机制本身解决信息不对称的能力是有限的，因此就需要政府在信息方面进行调控，主要目的是提高市场透明度。例如，建立健全有关信息披露方面的法规，如药品成分、主治功能与不良反应信息披露，服装布料成分披露，上市公司财务报告披露等；培育公正、规范的中介机构；加强相关法规的宣传工作，加强监督，深入调研；加强信息基础建设和网络建设，建设以数据共享为目的的集成数据环境，如建立个人征信系统、提供并及时更新合法厂商基本信息、及时公布违规企业及产品等。政府还可以帮助厂商和消费者建立信誉，倡导诚信和社会责任感，如规定市场对自己出售的产品提供质量保证和保修服务，鼓励树立品牌、实现标准化生产，建立抵押制度、保证金制度、效率工资制度等。

视野拓展

"一锤子"买卖需要建立信誉吗？

一般情况下，当买卖双方关系比较固定时，信誉更容易建立。因为厂商只要欺骗某个消费者一次，就有可能永远失去这个消费者，甚至失去更多的消费者。相反，如果是一次性、流动性的买卖，比如乘坐出租车、去路边的小餐馆吃饭，则建立信誉就比较困难，因为在这种情况下，对于厂商来说，回头客基本上不存在，也不用担心受骗者会向其他消费者揭发自己的不是。不过，即使是第二种场合，信誉有时也可以起到一定的作用。例如，当你去陌生的城市出差或旅游时，面对街头那些叫"张三""李四""王五"的饭馆，你无法确定他们提供的饭菜的味道，但能够肯定的是，当地的肯德基、麦当劳与你家乡的是完全一样的，因为他们的产品标准一样，去那里用餐不用担心受骗。所以，通过标准化，市场在一些"一锤子"买卖的场合也可以建立信誉。这也是鼓励厂商树立品牌的原因之一。

五、政府失灵

市场失灵为政府干预提供了依据，但是，政府干预并非万能，也会出现干预失效，从而产生政府失灵。政府失灵是指政府干预经济不当，或者干预未能有效地克服市场失灵，甚至阻碍和限制了市场功能的正常发挥，从而导致经济关系扭曲，市场缺陷和混乱加重，以致社会资源最优配置难以实现的现象。例如，前面讲到的寻租行为便是政府失灵的表现。

政府失灵有以下三种可能：① 政府干预经济活动没有达到预期目标；② 政府干预虽达到了预期目标，但成本较高；③ 干预活动达到预期目标且效率高，但引发了负面效应。

市场失灵在一定程度上可以通过政府来解决，但并不总是能够通过政府来解决，因为存在着政府失灵。所以，垄断、外部性、公共物品、信息不对称等问题在政府出面解决的同时，也要引入市场竞争机制。

经济指南

处理好政府和市场的关系,要讲辩证法、两点论,把"看不见的手"和"看得见的手"都用好。两者关系处理得好,经济发展就会"琴瑟和鸣";处理不好,经济发展就会"孤掌难鸣"。要坚持使市场在资源配置中起决定性作用,完善市场机制,打破行业垄断、进入壁垒、地方保护,增强企业对市场需求变化的反应和调整能力,提高企业资源要素配置效率和竞争力;要更好地发挥政府作用,不是简单下达行政命令,而是在尊重市场规律的基础上,用改革激发市场活力,用政策引导市场预期,用规划明确投资方向,用法治规范市场行为。

班级_____ 姓名_____ 学号_____

任务检测

一、单选题

1. 某工厂因污染环境导致社会成本大于私人成本，政府对其征税额度宜为（ ）。
   A．私人成本
   B．社会成本
   C．污染治理费用
   D．社会成本与私人成本的差额

2. 如果上游工厂污染了下游居民的饮用水，依据科斯定理，（ ），问题即可妥善解决。
   A．不管财产权是否明确，只要交易成本为零或者很小
   B．只要财产权明确，且交易成本为零或者很小
   C．只要财产权明确，不管交易成本多大
   D．不论财产权是否明确，交易成本是否为零或者很小

二、多选题

3. 下列选项中，属于政府间接提供公共物品的方式的有（ ）。
   A．签订合同　　　　　　　B．授权经营
   C．经济资助　　　　　　　D．政府参股

4. 下列选项中，属于应对信息不对称问题的措施的有（ ）。
   A．信息公开　　　　　　　B．倡导诚信
   C．加强监督　　　　　　　D．深入调研

三、简答题

5. 政府对垄断的管制包括哪些？

班级_____   姓名_____   学号_____

四、计算题

6. 一个养蜂人住在一个苹果园旁边。果园主人由于蜜蜂而受益，因为每箱蜜蜂大约能为一公顷果园的果树授粉，但果园主人并不为这一服务付钱，因为蜜蜂并不需要他做任何事就会到果园来。当养蜂人的蜜蜂不足以帮助全部果树都授粉时，果园主人必须以每公顷果树 10 元的成本完成人工授粉。已知养蜂人的边际成本 $MC = 10 + 2Q$，其中，Q 是蜂箱数目。每箱蜜蜂能产出 20 元的蜂蜜。试求：

（1）养蜂人将会持有多少箱蜜蜂？这是不是经济上有效率的蜂箱数目？

（2）什么样的变动可以导致更有效率的运作？

班级_____   姓名_____   学号_____

项目实训——分析生活中的市场失灵现象

一、实训目标

让学生将理论与实践相结合，培养学生对市场失灵问题，以及政府干预经济政策的初步分析能力，同时，能够理解政府相关政策，进而树立制度自信，提升爱国情感。

二、实训内容和要求

1. 小组工作

（1）学生自由分组，各组分别选择一个生活中常见的市场失灵现象展开讨论，分析其形成的原因，讨论政府对此的干预政策以及政策的效果。

（2）各组根据自己搜集的数据和资料，整理讨论内容并总结。

2. 班级交流

全班组织开展一次交流研讨，每组派一名代表发言，其他小组成员可以进行评价、提问，或针对发言内容发表自己的观点并阐述理由。发言人及本组成员可针对提问进行答辩。

3. 考核

每个小组提交一份问题总结，学生和教师根据学生平时课堂表现、提交的报告、班级交流发言情况在表 7-3-1 中进行评估打分，综合评定本项目的成绩。

表 7-3-1　项目考核表

考核内容	分 值	考核分数		
		自 评	组 评	师 评
日常考勤和课堂纪律	10 分			
学习态度和课堂参与	10 分			
完成任务检测并保证题目的正确率	50 分			
参与项目实训并积极完成各项任务	30 分			
合计	100 分			
综合评价	综合分数_____（自评×25%+组评×25%+师评×50%） 综合等级_____ 综合评语： 指导老师签字_____			

项目八

国民收入的衡量与决定理论

党的二十大指出，自党的十八大召开以来，我国国内生产总值从 54 万亿元增长到 114 万亿元，我国经济总量占世界经济的比重达 18.5%，提高 7.2%，稳居世界第二位；人均国内生产总值从 39 800 元增加到 81 000 元。到 2035 年，我国发展的总体目标之一是经济实力、科技实力、综合国力大幅跃升，人均国内生产总值迈上新的大台阶，达到中等发达国家水平。那么，什么是国内生产总值？它的数值是如何得出的？

在前面的项目中，我们主要研究的是经济活动个体决策者的行为及其后果，即微观经济学所要研究的问题。从本项目开始，我们将涉足宏观经济学的内容，即考量经济总体的经济行为及其后果，解决资源的最优配置问题。

本项目主要介绍国民收入的衡量指标与决定理论，包括国内生产总值（GDP）、国民生产总值（GNP）、国内生产净值、国民收入等国民收入核算的总量指标，以及简单的国民收入决定理论、IS-LM 模型和 AD-AS 模型。

项目概览

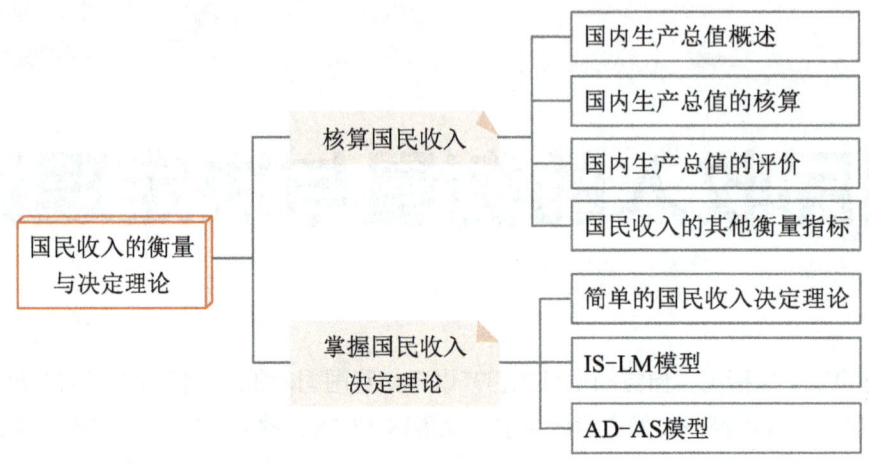

学习目标

知识目标

(1) 了解国民收入核算体系的总量指标。
(2) 掌握国内生产总值的概念与核算方法。
(3) 掌握简单的国民收入决定理论、IS-LM 模型和 AD-AS 模型。

能力目标

(1) 能够区分实际 GDP 和名义 GDP、GDP 和 GNP。
(2) 能够运用支出法和收入法核算 GDP。
(3) 能够计算均衡国民收入。
(4) 能够运用国民收入决定理论评价经济事件对均衡国民收入的影响。

素质目标

(1) 通过了解我国国民收入的核算方法及变动原因,提高学习经济学的兴趣,培养经济思维。
(2) 理解我国建成小康社会的伟大与艰辛,体会社会主义市场经济体制的优越性,树立理论自信、制度自信。

班级_____ 姓名_____ 学号_____

任务一 核算国民收入

 任务工单

（一）任务描述

宏观经济学的研究对象是整个国民经济活动，具体研究方法是通过一些指标来衡量宏观经济的运行情况。这些指标是计量国民总产出和总收入的变量，其中，国内生产总值是最基本的指标。经济学家萨缪尔森称国内生产总值是 20 世纪最伟大的发明之一。那么，什么是国内生产总值呢？它的数值是如何得出的？

以小组为单位，探讨国民收入的衡量指标以及各指标之间的关系。

（二）任务分工

全班学生以 3~5 人为一组进行分组，每组设组长 1 名，小组讨论任务分工并将分工情况填写至表 8-1-1 中。

表 8-1-1 小组成员及分工情况

小组成员	姓 名	学 号	任务分工
组长			
组员			

（三）任务准备

请各组长组织组员进行预习，收集和整理相关资料，讨论并用通俗易懂的语言结合具体事例回答下列问题。

（1）什么是 GDP？

（2）名义 GDP 和实际 GDP 有何区别？

班级_____ 姓名_____ 学号_____

（3）GDP 的核算方法有哪些？

（四）任务实施

通过课堂学习、小组合作查阅资料等，完成表 8-1-2。

表 8-1-2　国民收入的衡量指标

指　标	公　式

（五）任务评价

各组派代表展示任务实施成果，并配合指导老师完成表 8-1-3 所示的任务评价。

表 8-1-3　任务评价

评价项目	评价内容	分　值	评价分数		
			自评	组评	师评
职业素养考核目标（40%）	考勤、仪容仪表	10 分			
	责任意识、纪律意识	10 分			
	团队合作与交流	20 分			
专业能力考核目标（60%）	任务准备过程讨论及记录的完成度	20 分			
	任务实施过程记录的完成度	20 分			
	任务实施成果的展示效果	20 分			
合计		100 分			
综合评价	综合分数_____（自评×25%+组评×25%+师评×50%） 综合等级_____ 综合评语：				

指导老师签字_____

项目八 国民收入的衡量与决定理论

一、国内生产总值概述

（一）国内生产总值的概念

在西方经济学中，国内生产总值（GDP）是指经济社会（一个国家或地区）在一定时期内运用市场要素所生产的全部最终产品（商品和劳务）的市场价值。理解这一概念需要注意以下几点。

（1）GDP 是一个地域的概念。GDP 测度的是一国或地区范围内生产的最终产品，它有着严格的地域划分标准。例如，在 Z 国工作的 M 国公民的收入，要计入 Z 国的 GDP；而在 M 国开公司的 Z 国公民取得的利润，要计入 M 国的 GDP。

（2）GDP 是一个流量的概念，而不是存量的概念。流量是一定时期内发生的变量，存量是一定时点上存在的变量。例如，某人于 2024 年花 20 万元买了一套旧房子，其中旧房子价值 19.8 万元，经纪人费用为 0.2 万元。那么，19.8 万元不能计入 2024 年的 GDP，因为它在生产年份已经被计算过了，但 0.2 万元的经纪人费用可以计入 GDP，因为这笔费用是经纪人在 2024 年新获得的劳务报酬。

（3）GDP 测度的是生产的产品，而不是售卖掉的产品。例如，某厂商 2024 年生产了 200 万元的产品，卖掉了 230 万元的产品，则计入 GDP 的仍是 200 万元，另外的 30 万元只是库存减少了而已。

课堂讨论

若某厂商一年生产了 200 万元的产品，只卖掉了 120 万元的产品，则计入 GDP 的价值为多少？

（4）GDP 测度的是最终产品，而不是中间产品。最终产品是指一定时期内生产的并由其最后使用者购买的商品和劳务，中间产品是指用于再出售以生产别种产品的产品。例如，一件衣服从生产到销售要经过种棉、纺纱、织布、制衣和销售五个阶段，则最终价值的计算如表 8-1-4 所示。

表 8-1-4　衣服最终价值的计算　　　　　　　　　　　　　　单位：元

阶　段	初始价值	最终价值	增　值
种棉	0	15（棉花）	15（种植、采摘棉花）
纺纱	15（棉花）	20（纱）	5（将棉花纺成纱）
织布	20（纱）	30（布）	10（将纱织成布）
制衣	30（布）	45（衣服）	15（将布做成衣服）
销售	45（衣服）	55（消费者购买的衣服）	10（将衣服销售出去）
合计	—	165	55

在这个过程中，棉花、纱、布是中间产品，消费者购买到的衣服为最终产品。实际计算最终产品的价值时应使用增值法或最终产品法。从表8-1-4中可以看到，在五个阶段中，这件衣服的价值增值55元（15+5+10+15+10＝55元），正好等于衣服的售价。如果把中间产品的价值（15元、20元、30元和45元）都算作这一时期生产的价值进行相加，明显会造成重复计算。因此55元才是这件衣服在生产中真正被创造出来的价值。

（5）GDP是一个市场价值的概念。这是因为所有产品的价值都是以市场价格衡量的。例如，某地区一年生产10万件上衣，每件上衣售价100元，那么该地区一年生产上衣创造的GDP为价格和产量的乘积，即1 000万元。

（6）GDP仅指市场活动创造的价值，不包括非市场活动（如家务劳动、自给自足）和非生产性活动（如购买债券等纯粹金融市场交易）带来的价值。

视野拓展

总产出=总收入=总支出

总产出不仅等于增值的总和，而且等于总收入以及总支出。

为什么总产出总是等于总收入呢？我们仍以衣服为例，它的每一个生产环节都能产生增值，因为农民种出棉花、纺纱厂把棉花纺成纱等活动，都需要投入劳动、土地、资本等生产要素。增值就是由这些生产要素共同创造的，而使用生产要素必须支付代价，例如工资、地租、利息等。因此，增值会转化为生产要素所有者的收入。一个厂商的产出等于收入，一个国家的总产出也必然等于总收入。

为什么总产出总是等于总支出呢？这是因为，最终产品的销售收入，就是最终消费者的支出。例如，一件衣服卖55元，既是生产和经营上衣的五个阶段的厂商创造了55元的价值，也是消费者支出了55元。衣服是这样，其他产品也是这样。因此，从整个国家看，总产出就总是等于总支出。但是，如果一国某年生产了2万亿元的产品，只卖掉1.5万亿元怎么办呢？在国民收入核算中，剩下的0.5万亿元产品被看作厂商在存货方面的投资支出，因此总支出仍为2万亿元。

总产出等于总收入以及总支出的结论，对于学习如何核算GDP有着重大意义。

（二）国内生产总值的分类

由于GDP是用货币来计算的，因此商品和劳务的数量变动或价格变动都会导致一国GDP的变动。为了分清楚国内生产总值的变动究竟是由产量变动还是价格变动引起的，我们需要区分名义GDP和实际GDP。

名义GDP也称货币GDP，是指用生产商品和劳务的当年价格计算的全部最终产品的市场价值。实际GDP是指用之前某一年作为基期的价格计算的全部最终产品的市场价值。二者的区别可以用表8-1-5来说明。

表 8-1-5　名义 GDP 和实际 GDP

项　目	2020 年的名义 GDP	2024 年的名义 GDP	2024 年的实际 GDP
雪糕	15 万单位×1 元=15 万元	20 万单位×1.5 元=30 万元	20 万单位×1 元=20 万元
衣服	5 万单位×40 元=200 万元	6 万单位×50 元=300 万元	6 万单位×40 元=240 万元
合计	215 万元	330 万元	260 万元

从表 8-1-5 中可以看出，2024 年的名义 GDP 是 2024 年的实际 GDP 的 126.9%（330÷260=126.9%），说明从 2020 年到 2024 年，该国价格水平上升了 26.9%。在这里，126.9% 称为"GDP 折算系数"，它是名义 GDP 与实际 GDP 的比率。

显然，由于价格的变动，名义 GDP 变动并不能完全反映实际产出的变动。因此，如果不做特殊说明，以后内容中提到的 GDP 总是指实际 GDP。

二、国内生产总值的核算

GDP 的核算有三种方法，即生产法、收入法和支出法。三种方法从不同的角度反映国民经济生产活动成果。

（一）生产法

生产法是从生产过程中创造的货物和服务价值中，剔除生产过程中投入的中间货物和服务价值，得到增加值的一种方法。国民经济各行业生产法增加值计算公式为

$$增加值 = 总产出 - 中间投入 \qquad (8\text{-}1\text{-}1)$$

将国民经济各行业生产法增加值相加，得到生产法国内生产总值。

（二）收入法

收入法是从生产过程形成收入的角度，对生产活动成果进行核算。严格来讲，最终产品的市场价值除了生产要素收入，还包括一些非要素收入，如间接税、企业转移支付、折旧等。因此，用收入法核算的国内生产总值包括以下项目。

1. 工资、利息、租金和利润

工资包括工作酬金、津贴、福利，也包括个人缴纳的个人所得税和社会保险费等；利息是指人们提供货币资金所获得的收入，如银行存款利息、企业债券利息等；租金包括出租土地、房屋等获得的租赁收入和转让专利、版权等获得的收入；利润是指企业的税前利润，包括企业所得税、股东红利及未分配利润等。

2. 间接税和企业转移支付

间接税是指发生在企业经营过程中的税收支出，如消费税、城市维护建设税等；企业转移支付包括对非营利组织的捐款和消费者坏账。间接税和企业转移支付不是要素收入，但往往都会转嫁给消费者，也就是说二者都是最终产品价格的组成部分，故计入 GDP。

3. 折旧

折旧不属于要素收入，但是包含在总投资中，故也计入 GDP。

综上所述，按收入法核算 GDP 的公式为

$$GDP = 工资 + 利息 + 租金 + 利润 + 间接税和企业转移支付 + 折旧 \quad (8\text{-}1\text{-}2)$$

（三）支出法

支出法是从生产活动成果最终使用的角度计算国内生产总值的一种方法。在现实生活中，产品的最终支出包括消费、投资、政府购买及净出口。

1. 消费

消费（C）是指居民个人消费，包括购买耐用消费品（如小汽车、电视机、洗衣机）、非耐用消费品（如食物、衣服）和劳务（如医疗、旅游）的支出。

2. 投资

投资（I）是指增加或更换资本资产的支出，包括固定资产投资和存货投资两个部分。

固定资产投资包括新厂房、新居民住房、新商业用房和新机器设备等支出。需要注意的是，由于住宅和其他固定资产一样，是被长期使用、慢慢消耗的，因此新增住宅属于投资而不是消费。

存货投资是指厂商存货的增加或减少。例如，年初全国厂商存货为 1 万亿元，年末为 1.2 万亿元，则存货投资为 0.2 万亿元。存货投资可能是正值也可能是负值。

 课堂讨论

（1）为什么用于生产的厂房、机器是投资品而不是中间产品？

（2）购买股票和债券属于投资吗？

资本品由于损耗造成的价值减少称为"折旧"，它不仅包括在使用过程中的有形磨损，还包括资本老化、过时带来的无形磨损。如果某国一年内投资 10 万亿元，而机器和厂房等折旧为 3 万亿元，则净投资只有 7 万亿元。这里的 3 万亿元是用于重置资本设备的，称为"重置投资"。故总投资等于净投资加重置投资。用支出法计算 GDP 时的投资，是指总投资。

3. 政府购买

政府购买（G）是指政府在最终产品上的支出，如政府在科学研究、教育、卫生、国防、警察、公益事业及其他领域的经常性支出。需要注意的是，政府购买和政府支出是有区别的。政府购买只是政府支出的一部分，政府还有一些支出并不计入 GDP，比如政府对个人的转移支付（如给残疾人发放救济金）、公债利息等，因为这些并没有相应的产品或劳务的交换发生。

4. 净出口

净出口是指出口（X）与进口（M）的差额，用（$X-M$）表示。这里加上出口，是因为出口表示从外国流入的收入用于购买本国产品，是对本国产品的支出；减去进口，是

因为进口表示收入没有用于购买本国产品,而是流到了国外,因此不算作对本国产品的支出。净出口可能是正值也可能是负值。

因此,将上述四个项目进行加总,得到用支出法核算 GDP 的公式为

$$GDP = C + I + G + (X - M) \qquad (8\text{-}1\text{-}3)$$

三、国内生产总值的评价

GDP 作为官方分析经济形势的主要参考依据,从总体上代表了一国国民经济福利水平,可以用来表明国家经济周期变化,衡量国家经济力量大小并据此进行国家间的比较。但 GDP 也并非一个完美指标,原因有以下几点。

(1) GDP 不能完全反映一国的真实产出。GDP 的统计数据是通过市场交换获得的,因此至少有两个方面的产出得不到反映。一是自给自足和家务劳动等非市场性经济活动。举个例子,如果一名男士雇用一名保姆,那么保姆的工资将计入 GDP;如果这位男士与保姆结婚,虽然她仍然做着和以前一样的事情,但是没有了工资,那么 GDP 就会减少。二是地下经济活动,包括赌博、走私、黑市交易等非法活动,以及流动贩卖、无证经营等通过现金交易,避开政府税务系统的逃税行为。可见,一国国民的实际产出有可能比国内生产总值高。

(2) GDP 不能反映社会成本。GDP 反映的是新创造的总价值,却不能反映所花费的成本,如能耗、污染等。采伐树木时,GDP 在增加,企业把污染排放到空气和水中时,GDP 也在增加。然而这些 GDP 付出了巨大的社会成本。

  素养之窗

绿色 GDP

环境和生态是一个国家综合经济的一部分,因此,人们引入了绿色 GDP 这一概念。绿色 GDP 概念的基础是,只有当全部的资本存量随时间保持不变或增长时,这种发展途径才是可持续的。例如,昆明的滇池在过去几十年内受到严重污染,周围的农田、化工厂是主要污染源。如果将这些农田和化工厂几十年来的利润汇总,有几十亿元。它们虽然创造了物质财富,但同时也造成了严重的环境污染。如果要使滇池水恢复清澈,最起码要投入几百亿元。这样算下来,即使不包括滇池内许多原有的鱼类和微生物的灭绝,以及昆明气候变化所造成的影响成本,滇池周围几十年来的经济活动也亏大了。

绿色 GDP 将经济活动中所付出的资源耗减成本和环境降级成本从 GDP 中予以扣除,实质上代表了国民经济增长的净正效应。绿色 GDP 占 GDP 的比重越高,表明国民经济增长的正面效应越高,负面效应越低,反之亦然。

我国现阶段的发展也十分重视绿色 GDP。全社会已形成了"绿水青山就是金山银山"的共识,既要 GDP,又要绿色 GDP,努力实现经济发展和生态建设双赢,建设环境友

好型社会，让生态文化在全社会扎根。因此，在日常生活中我们应自觉注意环境卫生、善待地球上的所有生命。善待环境，环境是友好的；污染环境，环境总有一天会翻脸，会毫不留情地报复。

（3）GDP 不能完全反映人们的生活水平与质量。例如，两辆汽车静静驶过，一切平安无事，它们对 GDP 的贡献几乎为零。但是，一起恶性交通事故使驾驶人员蒙受了巨大损失，随之而来的医疗服务、汽车修理或买新车、损失赔偿等却会导致 GDP 增加。又如，人们天天加班能生产更多的商品和劳务，GDP 就在增长，但这并没有反映出人们对闲暇、健康的身体和良好的工作环境的需求是否得到满足。

（4）GDP 不能反映收入分配状况。通过增加的 GDP，可以推断居民收入增加了，但是这些收入的增加可能只是在一部分人的身上。

尽管 GDP 存在着种种缺陷，但这个世界上本来就不存在包罗万象、反映一切的经济指标。在我们现在使用的所有描述和衡量一国经济发展状况的指标体系中，GDP 无疑是最重要的一个指标。

四、国民收入的其他衡量指标

国民收入是一个总括性的概念，它有着一系列的衡量指标，除国内生产总值外，还包括国民生产总值、国内生产净值、国民收入、个人收入和个人可支配收入等。

（一）国民生产总值

如前所述，GDP 是一个地域概念。国民生产总值（GNP）则是一个国民概念，是指一国国民所拥有的全部生产要素在一定时期内所生产的最终产品的市场价值。例如，受雇于中国国家足球队的前意大利主教练马尔切洛·里皮的收入要计入中国的 GDP，同时也计入意大利的 GNP，但不计入意大利的 GDP，也不计入中国的 GNP。因此，当某国一定时期内的 GNP 超过 GDP 时，说明该时期该国公民从外国获得的收入超过了外国公民从该国获得的收入。

（二）国内生产净值

国内生产净值（NDP）是指一个国家或地区在一定时期内所生产的最终产品按市场价格计算的净值，可从国内生产总值中扣除折旧得到。公式为

$$NDP = GDP - 折旧 \tag{8-1-4}$$

从一定意义上说，国内生产净值能够更加确切地衡量一个国家的产出。

（三）国民收入

国民收入（NI）是指按生产要素报酬计算的国民收入，即一个国家或地区在一定时期内用于生产的各种生产要素的全部收入，为工资、利息、租金和利润的总和，可由国内生

产净值扣除间接税和企业转移支付，再加上政府补助金得到。公式为

$$NI = NDP - 间接税和企业转移支付 + 政府补助金 \quad (8\text{-}1\text{-}5)$$

企业间接税和转移支付虽然构成产品价格，但是不成为要素收入；相反，政府给企业的补助金虽不列入产品价格，但成为要素收入。因此，应扣除前者，加入后者。

（四）个人收入

个人收入（PI）是指一个国家或地区的所有个人在一定时期内所得全部收入的总和。个人收入的来源主要有三个，分别是企业、职工和政府。

（1）企业在得到利润收入后，要拿出一部分缴纳企业所得税，还要留下一部分作为投资，只有一部分利润会以红利和股息形式分给个人，成为个人收入。

（2）职工得到收入后，要拿出一部分缴纳社会保险费，剩余的部分为个人收入。

（3）政府会通过转移支付的方式把一部分财政收入转化成个人收入，例如发放退伍军人津贴、工人失业救济金、职工养老金和职工困难补助等。

因此，从国民收入中减去公司未分配利润、企业所得税及社会保险费，再加上政府给个人的转移支付，就得到了个人收入。公式为

$$PI = NI - 公司未分配利润 - 企业所得税 - 社会保险费 + 政府转移支付 \quad (8\text{-}1\text{-}6)$$

（五）个人可支配收入

个人可支配收入（DPI）是指一个国家或地区在一定时期内所有个人可以直接支配的收入总额。从个人收入中减去缴纳的个人所得税即可得到个人可支配收入。公式为

$$DPI = PI - 个人所得税 \quad (8\text{-}1\text{-}7)$$

班级_____ 姓名_____ 学号_____

任务检测

一、单选题

1. 名义国内生产总值与实际国内生产总值的比率是 GDP（   ）。
   A．物价指数 B．产量指数
   C．折算指数 D．经济增长率

2. 从经济学的角度看，投资不包括（   ）。
   A．购买股票 B．购买厂房
   C．购买新建住房 D．产品库存增加

3. 下列选项中，价值应当计入当年国内生产总值的是（   ）。
   A．当年生产的果汁
   B．今年出售的去年生产的衣服
   C．拍卖一幅古画的收入
   D．当年卖出的二手房

4. 下列选项中，价值应当计入当年国内生产总值的是（   ）。
   A．面包店用来生产面包的面粉
   B．居民用来自己食用的面粉
   C．粮店用来为居民加工面条的面粉
   D．艺术品店用来制作工艺品的面粉

5. 今年的名义 GDP 大于去年的名义 GDP，说明（   ）。
   A．今年物价水平一定比去年高了
   B．今年生产的商品和劳务的总量一定比去年增加了
   C．今年的物价水平和产品产量一定都比去年提高了
   D．以上说法都不一定正确

6. 下列选项中，（   ）不计入国内生产总值。
   A．出口到外国的一批货物
   B．政府给农民发放的种粮补贴
   C．经纪人收取的一栋旧房买卖的佣金
   D．银行办理转账收取的手续费

二、多选题

7. 下列选项中，属于居民消费支出的有（   ）。
   A．生活用品支出 B．住房租金支出
   C．教育支出 D．购买新房支出

班级_____   姓名_____   学号_____

8. 下列选项中，属于国民收入衡量指标的有（　　）。
   A．GNP　　　　B．NDP　　　　C．NI　　　　D．PI

三、简答题

9. 什么是GDP？它的核算方法有哪些？

四、计算题

10. 假定某国的国民收入统计资料如表8-1-6所示。试求：

表8-1-6　某国的国民收入统计资料　　　　　　　单位：亿元

国内生产总值	总投资	净投资	消费	政府购买	政府预算盈余
4 800	800	300	3 000	960	30

（1）国内生产净值；

（2）净出口；

（3）政府税收减去转移支付后的收入；

（4）个人可支配收入；

（5）个人储蓄。

班级_____   姓名_____   学号_____

任务二 掌握国民收入决定理论

任务工单 ▶▶

（一）任务描述

荷兰经济学家伯纳德·曼德维尔在《蜜蜂的寓言》一书中讲过这么一个有趣的故事。一群蜜蜂追求奢华的生活，大肆挥霍，结果这个蜂群很快兴旺起来。后来，这群蜜蜂改变了习惯，开始崇尚节俭，结果整个蜂群却逐渐衰败。众所周知，节俭是一种美德，是人们积累财富最常用的方式，那么，为什么开始崇尚节俭的蜂群却走向了没落呢？

以小组为单位，探讨简单的国民收入决定理论、IS-LM 模型和 AD-AS 模型。

（二）任务分工

全班学生以 3~5 人为一组进行分组，每组设组长 1 名，小组讨论任务分工并将分工情况填写至表 8-2-1 中。

表 8-2-1　小组成员及分工情况

小组成员	姓　名	学　号	任务分工
组长			
组员			

（三）任务准备

请各组长组织组员进行预习，收集和整理相关资料，讨论并用通俗易懂的语言结合具体事例回答下列问题。

（1）什么是均衡产出？

（2）什么是 IS-LM 模型？

班级_____   姓名_____   学号_____

（3）什么是 AD-AS 模型？

（四）任务实施

通过课堂学习、小组合作查阅资料等，完成表 8-2-2。

表 8-2-2　任务实施

问　题	答　案
运用简单的国民收入决定理论分析储蓄变动对均衡国民收入的影响	
运用 IS-LM 模型分析利率变动对均衡国民收入的影响	
运用 AD-AS 模型分析价格变动对均衡国民收入的影响	

（五）任务评价

各组派代表展示任务实施成果，并配合指导老师完成表 8-2-3 所示的任务评价。

表 8-2-3　任务评价

评价项目	评价内容	分　值	评价分数		
			自　评	组　评	师　评
职业素养考核目标（40%）	考勤、仪容仪表	10 分			
	责任意识、纪律意识	10 分			
	团队合作与交流	20 分			
专业能力考核目标（60%）	任务准备过程讨论及记录的完成度	20 分			
	任务实施过程记录的完成度	20 分			
	任务实施成果的展示效果	20 分			
	合计	100 分			
综合评价	综合分数_____（自评×25%+组评×25%+师评×50%） 综合等级_____ 综合评语： 指导老师签字_____				

项目八 国民收入的衡量与决定理论

一、简单的国民收入决定理论

国民收入决定理论涉及四个市场,即产品市场、货币市场、劳动市场和国际市场。仅包括产品市场的国民收入决定理论被称为"简单的国民收入决定理论"。

(一)均衡产出

根据凯恩斯主义理论,经济社会的总量即国民收入取决于总需求,这是因为,当生产超过需求时,厂商的非意愿存货就会过多,进而厂商就会减少生产;当生产低于需求时,厂商就会增加生产。总之,经济社会的收入正好等于居民和厂商想要有的支出时,社会达到均衡,与总需求相等的产出称为"均衡产出"。需要注意的是,非意愿存货是指厂商由于错误估计形势而多生产的产品,这部分存货在国民收入核算中是投资支出的一部分,在国民收入决定理论中,均衡产出与计划需求相一致,因此,非意愿存货为零。

(二)两部门经济中国民收入的决定

两部门经济是指假设一个经济社会里只有消费者和企业两个部门。消费者是生产要素的所有者,企业是生产要素的使用者。在两部门经济中,不存在税收、政府支出及国际贸易。

从支出的角度看,在均衡产出的条件下,经济社会总收入刚好等于整个社会对产品与劳务的总需求。由于两部门经济中的总需求只包括居民的消费需求和厂商的投资需求,因此,均衡产出公式为

$$y = c + i \tag{8-2-1}$$

式(8-2-1)中,y,c,i 都用小写字母表示,分别为剔除价格变动的实际收入、实际意愿消费和实际意愿投资,而不是任务一中用大写字母表示的名义收入、名义消费和名义投资。

从收入的角度看,经济社会总收入一部分用作消费,其余部分则当作储蓄,则有

$$y = c + s \tag{8-2-2}$$

联立式(8-2-1)和式(8-2-2)可得到均衡条件的公式为

$$i = s \tag{8-2-3}$$

即经济社会要达到均衡,投资必须等于储蓄。

视野拓展

在国民收入核算中,两部门经济的情况下,用支出法计算的国民收入为消费加投资,即 $C+I$,而国民收入一部分是消费,一部分是投资,即 $C+S$,因此也可以得到 $I=S$ 的"储蓄-投资恒等式"。但这里的恒等指的是实际发生的投资(包括计划和非计划存货投资在内)始终等于实际储蓄。这是根据定义得到的,此时经济并不一定处在均衡状态。在三部门经济和四部门经济中也是同样的道理。

1. 消费函数与国民收入决定

影响消费支出的因素包括收入、财富、商品价格、个人偏好、社会风尚、利率以及收入分配状况等，其中，收入是决定性因素。假设收入以外的因素给定不变，则消费函数公式为

$$c = c(y) \tag{8-2-4}$$

简单起见，我们假设消费函数是线性函数，公式为

$$c = \alpha + \beta y \quad (\alpha > 0, \ 0 < \beta < 1) \tag{8-2-5}$$

式（8-2-5）中，α 为自主消费，表示全部消费支出中不随收入的变化而变化的那部分消费支出，即收入为零时也会有的消费支出。它在坐标轴中表现为消费曲线纵轴的截距，如图 8-2-1 所示。β 为边际消费倾向（MPC），即增加一单位收入中用于增加消费部分的比例，也是消费曲线的斜率。

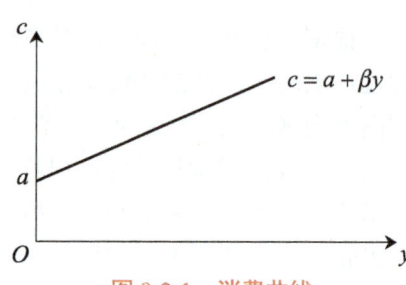

图 8-2-1　消费曲线

在两部门经济社会中，依据消费函数来求均衡国民收入，即联立式（8-2-1）和式（8-2-5）可得均衡国民收入公式为

$$y = \frac{\alpha + i}{1 - \beta} \tag{8-2-6}$$

 随堂巩固

某国的消费函数 $c = 1\,000 + 0.8y$，自发的计划投资始终为 600 亿元，求均衡收入。

【参考答案】该国的均衡收入 $y = \dfrac{1\,000 + 600}{1 - 0.8} = 8\,000$ 亿元。

2. 储蓄函数与国民收入决定

在凯恩斯宏观经济模型中，储蓄被视为收入的函数，公式为

$$s = s(y) \tag{8-2-7}$$

又因为储蓄是收入中未消费的部分，故可表示为

$$s = y - c = y - (\alpha + \beta y) = -\alpha + (1 - \beta)y \tag{8-2-8}$$

式（8-2-8）中，$(1-\beta)$ 为边际储蓄倾向（MPS）。将式（8-2-3）与式（8-2-8）联立可得均衡收入公式为

$$y = \frac{\alpha + i}{1 - \beta} \tag{8-2-9}$$

 随堂巩固

某国的储蓄函数 $s = -1\,000 + 0.2y$，自发的计划投资始终为 800 亿元，求均衡收入。

【参考答案】该国的均衡收入 $y = \dfrac{1\,000 + 800}{0.2} = 9\,000$ 亿元。

以上两种方法是从同一种关系中引申出来的,所以无论是使用消费函数还是储蓄函数,求得的均衡收入都是一样的。在其他条件不变的条件下,投资增加或者储蓄减少都会导致均衡国民收入增加。

3. 乘数论

如上所述,当自发投资是 600 亿元时,均衡国民收入为 8 000 亿元;若自发投资增加到 800 亿元时,均衡国民收入就会增加到 9 000 亿元,增加的收入是增加的投资的 5 倍。如果以 k 代表倍数,那么我们称其为"投资乘数",指收入的变化与带来这种变化的投资变化的比率,公式为

$$k = \frac{\Delta y}{\Delta i} = \frac{1}{1-\beta} \tag{8-2-10}$$

可见,投资乘数的大小与边际消费倾向 MPC 有关,MPC 越大(或者说 MPS 越小),投资乘数就越大。

课堂讨论

请用相同的原理推出消费乘数的概念与公式。

素养之窗

以上的讲解可以解释任务导入中蜜蜂的故事的困惑。根据凯恩斯主义理论,经济社会的总量,即国民收入取决于总需求,因此,节俭虽然对个人是好事,但是当社会上每个人都节俭的时候,国民收入往往会下降,从而导致每个人生活水平都下降。我们将这一现象称为"节俭悖论"。明白节俭悖论的内涵对于我国这样一个崇尚节俭的社会具有积极的意义。人们应该根据自身的收入水平适当消费,而不是一味地去节俭。这样对自身、对社会都具有积极作用。但是,节俭悖论并不是要求我们选择一种奢侈的生活方式,我国是一个人口众多的国家,自然资源尤其是能源非常紧缺,所以理性的节俭是有选择的节俭,而不是一味的、不分场合的节俭。

(三)三部门经济中国民收入的决定

在三部门经济中,我们引入了政府部门。从支出的角度看,国民收入包括消费、投资和政府购买(g),公式为

$$y = c + i + g \tag{8-2-11}$$

从总收入的角度看,国民收入包括消费、储蓄和税收(t),公式为

$$y = c + s + t \tag{8-2-12}$$

这里的税收是指总税收减去转移支付后的净纳税额。联立式(8-2-11)和式(8-2-12)可得均衡条件公式为

$$s + t = i + g \tag{8-2-13}$$

视野拓展

在国民收入核算中，通过公式也可以推出
$$S+T=I+G$$
变换形式后可得
$$I=S+(T-G)$$
这里，$(T-G)$ 可以看作是政府储蓄，因此三部门经济仍满足"储蓄-投资恒等式"。

在三部门经济中，决定消费的收入不再是总收入 y，而是由税后收入和政府转移支付（t_r）组成的可支配收入（y_d），因此消费函数公式为

$$c=\alpha+\beta(y-t+t_r) \qquad (8\text{-}2\text{-}14)$$

在三部门经济社会中，依据消费函数来求均衡国民收入，联立式(8-2-11)和式(8-2-14)可得

$$y=\frac{\alpha+i+g-\beta t+\beta t_r}{1-\beta} \qquad (8\text{-}2\text{-}15)$$

可见，在三部门经济中，政府行为也对均衡国民收入的决定产生重大影响。在其他条件不变的条件下，均衡国民收入随着政府购买的增加而增加，随着税收的增加而减少。

随堂巩固

某国消费函数 $c=1\,600+0.75y_d$，计划投资 $1\,000$ 亿元，政府计划税收 800 亿元，政府计划购买支出 $2\,000$ 亿元，求均衡收入。

【参考答案】该国的均衡收入 $y=\dfrac{1\,600+1\,000+2\,000-0.75\times 800}{1-0.75}=16\,000$ 亿元。

课堂讨论

请推出政府购买乘数、税收乘数和政府转移支付乘数的概念与公式。

二、IS-LM 模型

简单的国民收入决定理论仅包括产品市场，即不论需求量为多少，市场总能以不变的价格提供相应的供给量。但市场经济不但有产品市场，还有货币市场。IS-LM 模型便是说明产品市场与货币市场同时达到均衡时国民收入与利率决定的模型，其中，I 指投资，S 指储蓄，L 指货币需求，M 指货币供给。这一模型被认为是凯恩斯主义宏观经济学的核心。

（一）产品市场的均衡：IS 曲线

在简单的国民收入决定理论中，投资被看作一个既定的外生变量。而在现实生活中，投资是企业从自身利益出发加以决定的内生变量。因此，要研究均衡国民收入如何决定，就必须考虑投资是如何决定的。

1. 投资函数

在影响投资的因素中，利率是决定性因素。这里的利率是实际利率，等于名义利率减通货膨胀率。投资的预期收益既定时，是否进行投资首先取决于实际利率的高低。实际利率上升时，投资需求就会减小；实际利率下降时，投资需求就会增加。这是因为，企业用于投资的资金，大多是借来的，利息是投资的成本。即使是自有资本，投资者也会把利息看作投资的机会成本。因此，利率上升时，投资者自然会减少对投资产品的购买。所以，投资函数是关于利率的减函数，公式为

$$i = i(r) \quad (8\text{-}2\text{-}16)$$

简单起见，我们通常把投资函数表示为线性函数（见图 8-2-2），公式为

$$i = e - dr \quad (8\text{-}2\text{-}17)$$

式（8-20）中，e 为自发投资，d 为利率对投资的影响系数。

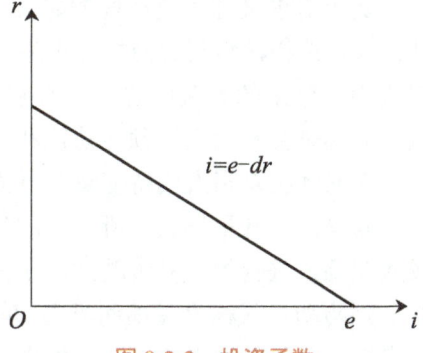

图 8-2-2　投资函数

2. IS 曲线的推导

由于在两部门经济中，产品市场的均衡条件为 $i(r)=s(y)$，因此，我们将在产品市场达到均衡时，表示利率 r 与收入水平 y 之间关系的曲线，称为"IS 曲线"。为了简单起见，我们以两部门经济为例进行推导。

在产品市场中，两部门经济的均衡国民收入公式为

$$y = \frac{\alpha + i}{1 - \beta} \quad (8\text{-}2\text{-}18)$$

由于在两部门经济中加入了货币市场，投资不再是一个既定的量，而是关于利率的函数，因此，均衡国民收入公式变为

$$y = \frac{\alpha + e - dr}{1 - \beta} \quad (8\text{-}2\text{-}19)$$

整理可得 IS 曲线公式为

$$r = \frac{\alpha + e}{d} - \frac{1 - \beta}{d} y \quad (8\text{-}2\text{-}20)$$

IS 曲线（见图 8-2-3）是一条向右下方倾斜的曲线。它有以下经济含义。

（1）均衡国民收入与利率之间存在着反向变化的关系，

> **学习札记**
> 在三部门、四部门经济中，IS 曲线也是成立的。

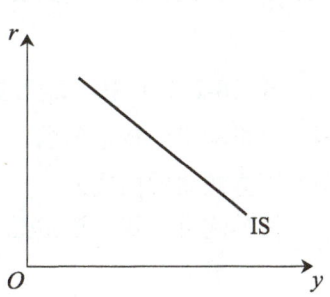

图 8-2-3　IS 曲线

即利率提高时收入水平趋于减少，利率降低时收入水平趋于增加。

（2）IS 曲线上的任意点都表示 $i=s$，偏离曲线的任意点都表示产品市场没有实现均衡。

（3）如果某一点处于 IS 曲线右边，则表示 $i<s$，即现行的利率水平过高，从而导致投资规模小于储蓄规模，产品市场供大于求；如果某一点处于 IS 曲线左边，则表示 $i>s$，即现行的利率水平过低，从而导致投资规模大于储蓄规模，产品市场供小于求。

（二）货币市场的均衡：LM 曲线

货币市场是否达到均衡，关键在于货币需求与供给的关系。

1. 货币需求与供给

1）货币需求

货币需求又称"流动性偏好"，由凯恩斯首先提出，是指由于货币具有使用上的灵活性，人们选择牺牲利息而持有不生息的货币来保持财富的心理倾向。那么人们为什么会放弃货币能带来的收益而选择持有它呢？凯恩斯主义经济学家认为人们持有货币有三种动机，分别是交易动机、预防动机和投机动机。

交易动机是指人们持有货币是为了方便进行日常交易。出于交易动机的货币需求取决于交易量，交易量越大，所需要的货币越多。而交易量的大小又取决于人们的收入水平，收入越高，进行的交易量越大，所需要的货币也就越多。

预防动机又称"谨慎动机"，是指人们持有货币是为了应付意外事件。在这个充满不确定性和风险的世界，出现意外事件总是难免的，为应付这种事件，人们需要货币。预防动机所需要的货币也取决于收入，收入越多，用于预防的货币越多，对货币的需求就越大，即货币需求与收入同方向变动。

投机动机是指人们持有货币是为了抓住有利的购买有价证券的机会。出于投机动机的货币需求与利率相关，利率越高，即有价证券价格越低，人们会认为其很快就会回升，便用货币购买有价证券以备日后以更高的价格卖出，货币需求就会减少；反之，货币需求就会增加。当利率极低时，人们会认为这时利率不大可能再下降，或者说有价证券价格只会下降，故不管手中有多少货币都只愿意持在手中，这种情况被称为"凯恩斯陷阱"或"流动性偏好陷阱"。综上所述，货币需求与利率呈反方向变动关系。

基于交易动机和预防动机的货币需求取决于收入水平，投机动机的货币需求取决于利率水平。因此，凯恩斯的货币需求函数公式为

$$L = L_1 + L_2 = L_1(y) + L_2(r) \qquad (8\text{-}2\text{-}21)$$

式（8-2-21）中，L_1 为基于交易动机和预防动机的货币需求，是收入 y 的函数；L_2 为基于投机动机的货币需求，是利率 r 的函数。如图 8-2-4 所示，货币需求曲线是关于 r 的向右下方倾斜的曲线。

简单起见，我们通常把货币需求函数表示为线性函数，公式为

$$L = ky - hr \qquad (8\text{-}2\text{-}22)$$

式（8-2-22）中，k 和 h 均为正的常数。

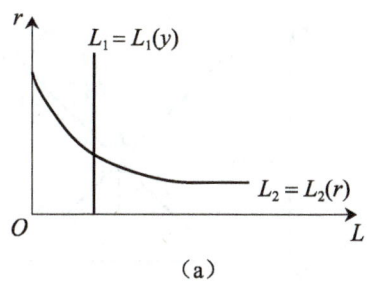
(a)

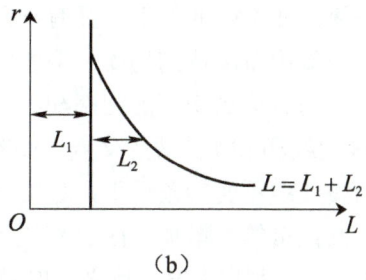
(b)

图 8-2-4　货币需求曲线

2）货币供给

货币供给是指一个国家在某一时点上所持有的不属于政府和银行所有的硬币、纸币和银行存款的总和。这里的货币供给量是名义货币量，即仅仅计算票面价值，不考虑购买力。把名义货币量折算成具有不变购买力的实际货币量，公式为

$$m = \frac{M}{P} \quad (8\text{-}2\text{-}23)$$

式（8-2-23）中，m 为实际货币量，M 为名义货币量，P 为价格指数。

货币供给是由国家货币当局加以控制和调节的，因而是一个外生变量，大小与利率无关。

2. LM 曲线的推导

当货币市场到达均衡时，有 $L = m$，从而

$$ky - hr = \frac{M}{P} \quad (8\text{-}2\text{-}24)$$

整理可得 LM 曲线公式为

$$r = \frac{k}{h}y - \frac{1}{h}\left(\frac{M}{P}\right) \quad (8\text{-}2\text{-}25)$$

LM 曲线（见图 8-2-5）是一条向右上方倾斜的曲线。它有以下经济含义。

（1）在 LM 曲线上的任一点都代表一定利率和收入的组合，在这样的组合下，货币需求与供给都是相等的，即货币市场是均衡的。

（2）位于 LM 曲线右方的任意点，都是 $L > m$ 的非均衡组合；位于 LM 曲线左方的任意点，都是 $L < m$ 的非均衡组合。

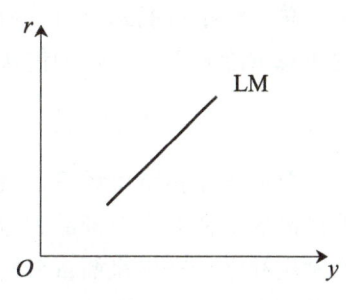

图 8-2-5　LM 曲线

（3）当货币供给增加时，要使货币需求等于供给，需求也要增加。而货币需求增加的前提是收入增加或者利率下降。如果利率不变，则收入增加；如果收入不变，则利率下降，这些都意味着 LM 曲线向右移动。反之，LM 曲线向左移动。

（三）国民收入的决定：IS-LM 模型

通过前面的分析我们已经知道，在 IS 曲线上，有一系列利率与收入的组合使产品市

场达到均衡；在 LM 曲线上，又有一系列利率和收入的组合使货币市场达到均衡。但能够使产品市场和货币市场同时达到均衡的利率和收入组合只有一个，即 IS 曲线和 LM 曲线的交点，如图 8-2-6 所示。

在 LM 曲线不变的条件下，总支出（如消费者支出、厂商投资等）增加，IS 曲线向右平移，从而国民收入增加，利率上升；反之，IS 曲线向左平移，从而国民收入减少，利率下降。在三部门经济中，

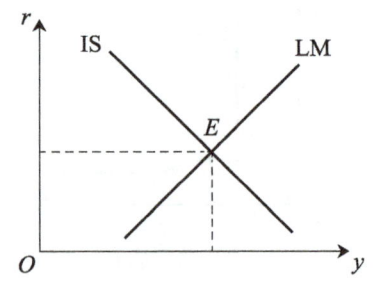

图 8-2-6　产品市场和货币市场的一般均衡

政府支出由政府的政策决定，所以，如果把财政支出的变动作为总支出的变动，这里分析的就是财政政策对收入和利率的影响。

在 IS 曲线不变的条件下，货币量增加，LM 曲线向右平移，从而收入增加，利率下降；反之，货币量减少，LM 曲线向左平移，从而收入减少，利率上升。如果货币量的变动是由中央银行货币政策的变动引起的，这里分析的就是货币政策对收入和利率的影响。

总之，IS-LM 模型分析了储蓄、投资、货币需求与货币供给如何影响均衡国民收入和利率，不仅精炼地概括了总需求分析，而且可以用来分析财政政策和货币政策的影响。因此，IS-LM 模型被认为是凯恩斯主义宏观经济学的核心。

三、AD-AS 模型

在西方经济学中，供求决定价格和产量的原理在微观经济学和宏观经济学中都适用。不同的是，在微观经济学中，供求决定的是个别商品的价格和产量；在宏观经济学中，供求决定的是整个社会的价格水平和产出水平，也就是国民收入。

之前关于国民收入的讨论都是在一般价格水平不变的假定下进行的，但在现实经济中，总供给不可能总是与总需求同步变化，即价格水平是会变动的。因此，接下来我们将说明总供给和总需求是如何决定国民收入与价格水平的。

（一）总需求曲线

总需求是指整个经济社会在每一个价格水平（指社会总价格水平，而不是指某一种具体商品的价格）上对商品和劳务的需求总量。社会总需求决定了社会总产出水平，因此，通常用社会总产出来衡量总需求。在一个对外开放的经济社会中，经济主体包括消费者、企业、政府和国外部门，因此，总需求衡量的是各经济主体的总支出，如家庭购买的冰箱、企业购买的卡车、政府购买的办公设备等。

总需求函数是指以产出（国民收入）表示的需求总量和价格水平之间的关系，其几何表示被称为"AD 曲线"或"总需求曲线"，如图 8-2-7 所示。

总需求曲线通常向右下方倾斜，这意味着总需求与价格水平呈反方向变动，即价格水平上升，总需求减少，价格水平下降，总需求增加。

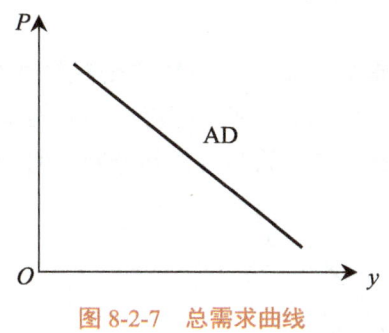

图 8-2-7 总需求曲线

> **学习札记**
> 在总需求曲线上的每一点,产品市场和货币市场都达到了均衡。

(二) 总供给曲线

总供给是指整个经济社会在每一价格水平上提供的商品和劳务的总量。总供给函数是指以产出(国民收入)表示的供给总量和价格水平之间的关系,其几何表示被称为"AS 曲线"或"总供给曲线"。不同于总需求的无长期、短期之分,总供给在短期和长期上有明显的差别。短期总供给曲线在经济学界也存在着很大的分歧。

1. 短期总供给曲线

1) 古典学派与凯恩斯主义的分歧

古典学派认为,市场是一个灵活的调节器,社会资源在灵活的价格、工资、利率的调节下得以充分利用。因此,短期内总需求曲线的上移只能形成单方面的价格水平的同步上升,而不能增加真实的国民收入。任何人为的刺激总需求的行为(如预算赤字)对增加产量和就业都是徒劳无益的,反而会引起严重的通货膨胀。显然,古典总供给曲线是一条垂直于横轴的直线,如图 8-2-8 (a) 所示,其中,y_f 代表充分就业的产出或国民收入。

1936 年问世的《就业、利息和货币通论》是凯恩斯的代表作,书中的内容和观点主要立足于解释 20 世纪 30 年代的大萧条以及解决失业问题、实现充分就业的办法。凯恩斯理论的出发点:在短期内,市场自发调节的力量并不能使各种生产资源达到充分就业,资源的闲置是经济社会中的一般现象;产品需求的增加,产量的提高,不会使价格整体水平上升,价格和工资在经济体系中是稳定的,具有"刚性"。这就注定了在凯恩斯主义经济学中,总供给曲线是一条平行于横轴的直线,如图 8-2-8 (b) 所示。鉴于此,政府应当在经济中充当重要角色,积极发挥其作用,增加政府支出,扩大总需求,以解决失业问题。只有通过政府的干预,充分就业才可能得以实现,干预主义自此被人们视为凯恩斯主义经济学的一大特征。只有实现充分就业以后,总需求的继续扩大才可能造成价格水平的同步上升。

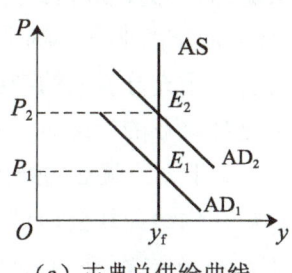
(a) 古典总供给曲线

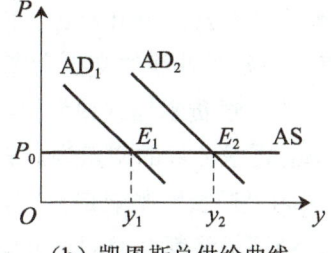
(b) 凯恩斯总供给曲线

图 8-2-8 古典和凯恩斯总供给曲线

2）常规总供给曲线

纯粹的凯恩斯主义观点和纯粹的古典学派观点，解释的是经济所处的两种极端状态——极端的萧条和极端的繁荣。当代经济学综合二者，拓展出通常的或常规的总供给曲线（见图 8-2-9），其自左下方向右上方倾斜，总供给与价格水平同方向变动。

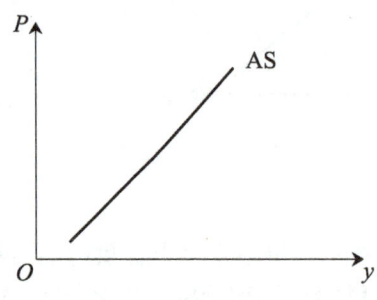

图 8-2-9　常规总供给曲线

2. 长期总供给曲线

长期总供给曲线（LRAS）和古典总供给曲线形状相同，是一条垂线。因为在长期中，价格、工资和利率被认为具有充分的时间进行调整，社会资源依旧可以得到充分利用。

（三）国民收入的决定：AD-AS 模型

AD-AS 模型（总需求-总供给模型）将总需求与总供给结合，把它们的曲线放在一个坐标系中（见图 8-2-10），以解释均衡国民收入和价格水平的决定，考察价格变化的原因以及社会经济如何实现总需求与总供给的均衡。

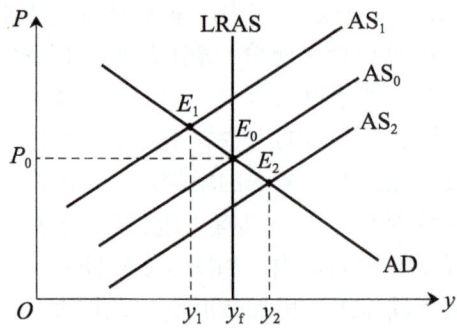

图 8-2-10　宏观经济长期和短期均衡

在图 8-2-10 中，点 E_0 既是短期均衡点，又是长期均衡点，此时经济社会处于充分就业状态，均衡价格为 P_0，产出为 y_f。而当经济社会处于低于充分就业的状态时，总供给曲线为 AS_1，其与总需求曲线的交点为点 E_1，此时均衡产出 y_1 低于充分就业的产出 y_f，相差的部分我们称为"通货紧缩缺口"。当经济社会处于高于充分就业的状态时，总供给曲线为 AS_2，其与总需求曲线的交点为点 E_2，此时均衡产出 y_2 高于充分就业的产出 y_f，相差的部分我们称为"通货膨胀缺口"。但随着时间的推移，短期供给曲线会通过预期价格的调整而移动，经济最终都会返回充分就业的产出水平，宏观经济学将这一特征称为"自我矫正机制"。

班级_____　　姓名_____　　学号_____

任务检测

一、单选题

1. 长期总供给曲线是（　　）。
   A．向右上方倾斜　　　　　　　　B．向右下方倾斜
   C．一条垂直线　　　　　　　　　D．一条水平线

2. 政府计划使实际国内生产总值增加200亿元。如果乘数为4，则政府对物品与劳务的购买应该增加（　　）。
   A．100亿元　　　B．80亿元　　　C．50亿元　　　D．40亿元

3. 如果在两部门经济中，与可支配收入无关的消费为300亿元，投资为400亿元，边际储蓄倾向为0.2，那么，均衡的国民收入为（　　）亿元。
   A．770　　　　　B．4 300　　　　C．3 500　　　　D．7 000

4. 按照凯恩斯货币理论，货币供给的增加将使（　　）。
   A．利率提高，从而使投资增加　　B．利率降低，从而使投资减少
   C．利率提高，从而使投资减少　　D．利率降低，从而使投资增加

5. IS曲线上的每一个点都表示（　　）。
   A．投资等于储蓄的收入和利率组合
   B．投资等于储蓄的均衡货币量
   C．货币需求等于货币供给的均衡货币量
   D．产品市场和货币市场同时均衡的收入

二、多选题

6. 根据简单的国民收入决定理论，下列选项中，会引起国民收入减少的是（　　）。
   A．消费减少　　　　　　　　　　B．储蓄减少
   C．税收增加　　　　　　　　　　D．政府购买支出增加

三、简答题

7. 关于总供给曲线，古典学派与凯恩斯主义的分歧有哪些？

班级_____   姓名_____   学号_____

四、计算题

8. 假设在一个两部门经济中，消费 $c = 100 + 0.8y$，投资 $i = 150 - 6r$，货币供给 $m = 50$，货币需求 $L = 0.2y - 4r$，试求：

（1）IS 和 LM 曲线；

（2）产品市场和货币市场同时均衡时的利率和国民收入。

班级_____ 姓名_____ 学号_____

项目实训——探讨 GDP 对国民经济的重要性

一、实训目标

培养学生通过网络等媒介查询和初步分析我国相关国民收入核算数据的能力，同时，能够深入了解我国经济发展现状，理解政府相关政策，进而树立制度自信，提升爱国情怀。

二、实训内容和要求

1. 小组工作

学生自由分组，各组收集整理我国改革开放以来党和国家出台的与 GDP 相关的各种经济发展战略目标和规划目标。在小组讨论会上，解决以下问题。

（1）改革开放以来，党的十三大至党的二十大制定过哪些与 GDP 有关的经济发展战略目标？

（2）我国政府制定的国民经济和社会发展五年规划纲要中有哪些与 GDP 有关的规划目标？

2. 班级交流

全班组织开展一次交流研讨，各组介绍自己总结的问题答案。全部介绍完成后，全班讨论 GDP 对国民经济的重要性。

3. 考核

每个小组提交总结的问题答案。学生和教师根据学生平时课堂表现、提交的报告、班级交流发言情况在表 8-3-1 中进行评估打分，综合评定本项目的成绩。

表 8-3-1 项目考核表

考核内容	分值	考核分数		
		自评	组评	师评
日常考勤和课堂纪律	10 分			
学习态度和课堂参与	10 分			
完成任务检测并保证题目的正确率	50 分			
参与项目实训并积极完成各项任务	30 分			
合计	100 分			
综合评价	综合分数_____（自评×25%+组评×25%+师评×50%） 综合等级_____ 综合评语： 指导老师签字_____			

项目九

宏观经济政策

凯恩斯在其著作《就业、利息和货币通论》中记述了这样一则寓言：乌托邦处于一片混乱之中，整个社会的经济处于完全瘫痪的境地，工厂倒闭，工人失业，人们无家可归，饿殍遍野，人们束手无策。这个时候，政府采用了一个经济学家的建议，用发行债券的收入雇用 200 人挖了一个很大的坑。这 200 人需要购买 200 把铁锹，于是，生产铁锹的企业、生产钢铁的企业、生产锹把的企业相继开工了，工人也开始上班、吃饭、穿衣……于是，交通部门、食品企业、服装企业也相继开工了。坑挖好后，政府又雇用 200 人把这个大坑填埋上，这样又需要 200 把铁锹……萧条的市场就这样一点点复苏了。经济恢复之后，政府通过税收，偿还挖坑时发行的债券，一切又恢复如常了，人们在灿烂的阳光下过着幸福的生活。

本书在之前的项目中讲到，经济发展中出现的问题并不是全部都可以由市场自身来调节的。市场经济的正常发展不仅需要充分发挥市场的基础性作用，还需要有国家的宏观调控。只有加强国家的宏观调控，才能把"看得见的手"与"看不见的手"结合起来，克服市场的种种缺陷，保证市场经济健康、有序地发展。那么，政府在市场经济中扮演了什么样的角色呢？政府调节经济的政策主要有哪些？

本项目主要介绍宏观经济政策的相关知识，内容包括宏观经济政策的目标、宏观经济政策的工具、财政政策的工具、财政制度的自动稳定器、财政政策的局限性、货币政策工具、中央银行与商业银行的职能、财政政策与货币政策的组合等。通过这些知识来解释政府颁布的宏观经济政策。

项目概览

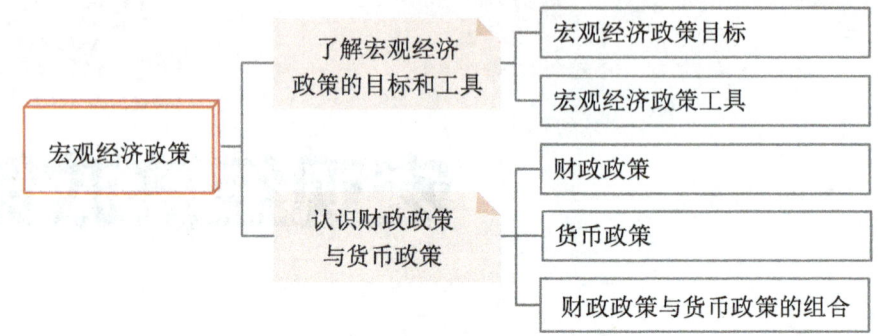

学习目标

知识目标

(1) 了解宏观经济政策的目标和工具。
(2) 掌握财政政策和货币政策的工具及其局限性。
(3) 掌握财政制度的自动稳定器功能。
(4) 了解中央银行与商业银行的职能。
(5) 了解财政政策与货币政策的组合效应。

能力目标

(1) 能够理解我国宏观经济政策目标。
(2) 能够分析、评价财政政策和货币政策对经济发展的影响。
(3) 能够应用财政政策和货币政策知识解决实际问题。

素质目标

(1) 通过了解我国实施的宏观经济政策的原因和目的，提高学习经济学的兴趣，培养经济思维。
(2) 理解我国宏观经济政策的有效性和创新性，体会社会主义市场经济体制的优越性，树立理论自信、制度自信。

班级_____　　姓名_____　　学号_____

　了解宏观经济政策的目标和工具

任务工单 >>

（一）任务描述

政府在市场经济中被看作一只"看得见的手"，它不仅可以补救"看不见的手"在调节微观经济运行中的失效，还可以通过宏观经济政策对宏观经济进行调节。宏观经济政策是指政府为了增进经济福利、改善经济运行状况，以达到一定的经济目标和社会目标而对宏观经济领域进行的有意识的干预。那么，政府颁布的政策哪些属于宏观经济政策呢？它们想要实现什么样的目标？

以小组为单位，探讨宏观经济政策目标和工具。

（二）任务分工

全班学生以 3～5 人为一组进行分组，每组设组长 1 名，小组讨论任务分工并将分工情况填写至表 9-1-1 中。

表 9-1-1　小组成员及分工情况

小组成员	姓　名	学　号	任务分工
组长			
组员			

（三）任务准备

请各组长组织组员进行预习，收集和整理相关资料，讨论并用通俗易懂的语言结合具体事例回答下列问题。

（1）什么是经济增长？

（2）什么是国际收支平衡？

班级_____ 姓名_____ 学号_____

（3）常用的宏观经济政策工具有哪些？

（四）任务实施

通过课堂学习、小组合作查阅资料等，完成表9-1-2。

表9-1-2 任务实施

问 题	答 案
宏观经济政策的目标有哪些？	
各个宏观经济政策目标之间的关系是怎样的？	
收入政策主要有哪几种形式？	
人力政策主要有哪几种形式？	

（五）任务评价

各组派代表展示任务实施成果，并配合指导老师完成表9-1-3所示的任务评价。

表9-1-3 任务评价

评价项目	评价内容	分 值	评价分数		
			自 评	组 评	师 评
职业素养考核目标（40%）	考勤、仪容仪表	10分			
	责任意识、纪律意识	10分			
	团队合作与交流	20分			
专业能力考核目标（60%）	任务准备过程讨论及记录的完成度	20分			
	任务实施过程记录的完成度	20分			
	任务实施成果的展示效果	20分			
	合计	100分			
综合评价	综合分数_____（自评×25%+组评×25%+师评×50%） 综合等级_____ 综合评语：				

指导老师签字_____

一、宏观经济政策目标

一般认为，宏观经济政策应该同时达到如表 9-1-4 所示的四个目标。

表 9-1-4　宏观经济政策目标

目　标	内　容
充分就业	充分就业是指一切生产要素都有机会以自己愿意的报酬参加生产的状态。需要指出的是，充分就业不是 100%就业。谋求充分就业是政府的责任，因为失业不仅浪费了社会资源，而且使劳动者失去了生活来源，可能引起社会的不安定。因此，降低失业率，实现充分就业是宏观经济政策的首要目标
物价稳定	物价稳定是指物价总水平的稳定。这不意味着物价不变，而是指价格指数的相对稳定，即维持一个低而稳定的通货膨胀率，这种通货膨胀能为社会所接受，对经济也不会产生过多不利的影响。由于高的通货膨胀率对经济有较大的破坏作用，所以为了控制通货膨胀对经济的冲击，物价稳定成为宏观经济政策的目标之一
经济增长	经济增长是指在一个特定时期内人均产出和人均收入的增长。这种增长要既能满足社会发展的需要，又是人口增长和技术进步所能达到的。保持经济增长，实际上是指保持一个与发展阶段相适应的、含常规波动的、可持续的、稳定的经济增长速度。经济增长和失业常常是相互关联的，因此维持经济持续、稳定增长以实现充分就业是宏观经济政策追求的目标之一
国际收支平衡	国际收支平衡主要是要求一国能保持汇率稳定，同时使其进出口基本平衡，达到既无大量的国际收支赤字，又无过度的国际收支盈余的水平。一国的收支状况不仅反映了整个国家的对外经济交往状况，也反映了该国经济的稳定程度，过度的国际收支赤字和盈余都会给国内经济发展带来不利的影响

以上四个宏观经济政策目标之间既存在着密切的联系，又存在着矛盾。

（1）充分就业与物价稳定之间往往是矛盾的。要实现充分就业，就必须运用扩张性财政政策和货币政策，而这些政策又会由于财政赤字的增加和货币供给量的增加而引起通货膨胀。

小贴士

国际收支平衡不等同于进口和出口相等。

（2）充分就业与经济增长之间有一致的一面，也有矛盾的一面。一方面，经济增长会提供更多的就业机会，有利于充分就业；另一方面，经济增长中的技术进步又会引起资本对劳动的替代，相对地减少生产对劳动的需求，从而使部分工人尤其是文化技术水平低的工人失业。

（3）物价稳定与经济增长之间存在矛盾。因为经济增长过程中，通货膨胀是难以避免的。

（4）充分就业与国际收支平衡之间也存在着矛盾。因为充分就业的实现引起国民收入增加，而在边际进口倾向既定的情况下，国民收入增加必然引起进口增加，从而使国际收支失衡。

宏观经济政策目标之间存在着矛盾，这就要求决策者确定重点政策目标，或者对这些政策目标进行协调。决策者在确定宏观经济重点政策目标时，既受到自己对各项政策目标重要程度的理解以及国内外各种政治因素的制约，又受到社会可接受程度的制约。通常来说，不同的国家在不同时期选择宏观经济政策目标的侧重点会有所不同。

 经济指南

> 2025 年《政府工作报告》提出，我国 2025 年经济发展的预期目标是：国内生产总值增长 5%左右；城镇调查失业率 5.5%左右，城镇新增就业 1 200 万人以上；居民消费价格涨幅 2%左右；居民收入增长和经济增长同步；国际收支保持基本平衡；粮食产量 1.4 万亿斤左右；单位国内生产总值能耗降低 3%左右，生态环境质量持续改善。

二、宏观经济政策工具

宏观经济政策工具是指用来达到政策目标的手段。一旦确定了宏观经济目标，决策者就必须明确可用的政策工具，使经济达到预期的目标。常用的宏观经济政策工具有需求管理政策和供给管理政策。

（一）需求管理政策

需求管理政策是指通过调节总需求来达到一定政策目标的宏观经济政策工具。这也是凯恩斯主义所重视的政策工具。需求管理政策是要通过调节总需求实现供求平衡，达到既无失业又无通货膨胀的目标。在总需求小于总供给时，经济中会由于需求不足而产生失业，这时就要运用扩张性的政策工具来刺激总需求；在总需求大于总供给时，经济中会由于需求过度而产生通货膨胀，这时就要运用紧缩性的政策工具来压抑总需求。需求管理政策包括财政政策与货币政策，这将在本项目后面的任务中重点讲解。

（二）供给管理政策

供给管理政策是指通过调节总供给达到一定政策目标的宏观经济政策工具。供给即生产，在短期内影响供给的主要因素是生产成本，特别是生产成本中的工资成本；在长期内影响供给的主要因素是生产能力，即经济潜力。因此，供给管理政策工具主要包括控制工资与物价的收入政策、改善劳动力市场状况的人力政策，以及促进经济增长的增长政策等。

1. 收入政策

收入政策以成本推动通货膨胀理论为基础，通过限制工资增长率来限制物价水平上涨，从而控制生产成本，保障供给。收入政策主要有四种形式，如图 9-1-1 所示。

一般情况下，收入政策需要与总需求政策相结合。收入政策的目的是通过使总供给曲线下移而达到降低通货膨胀率的目的，如果没有总需求曲线的下移相伴随，那么工资和价格控制将只是增加通货膨胀的压力，而且这种压力终将爆发出来。

项目九　宏观经济政策

工资-物价指导线	工资-物价管制	税收政策	收入指数化
根据劳动生产率等因素的变动，规定工资和物价（主要是工资）的上涨限度	采用行政措施禁止在一定时期内提高工资与物价，这种形式一般只用于战争等特殊时期或通货膨胀严重时期	对工资增长率超过工资指导线的企业，课以重税；对工资增长率低于工资指导线的企业，给予减税优惠	将名义收入与某种物价指数联系起来，使名义收入随物价指数变动而变动

图 9-1-1　收入政策的四种形式

2. 人力政策

人力政策旨在通过改善劳动市场结构减少失业。人力政策主要有四种形式，如图 9-1-2 所示。

制定法律	教育与培训	提供帮助	完善劳动力市场
通过制定法律以确定人力政策实行的基本方向，如美国的《人力发展和训练法案》《充分就业法案》等	政府对高等教育及其他正规教育进行大量投资以及建立社会开放式的人才培训系统来提高劳动者素质，从而满足市场需要	通过提供充分的信息、必要的物质帮助等促进劳动力的地区性迁移，促进劳动力流动，扩大就业门路，减轻流动的负作用	通过完善劳动力市场，强化职业介绍、劳动力市场信息服务等就业服务体系，使劳动者找到满意的工作、企业得到需要的员工

图 9-1-2　人力政策的四种形式

3. 经济增长政策

长期来看，影响总供给的主要因素是生产能力，即经济的增长。因此，经济增长政策是供给管理政策的重要内容，其主要形式有提高劳动力的数量与质量、资本积累和技术进步等。

班级_____ 姓名_____ 学号_____

任务检测

一、单选题

1. 下列选项中，不属于宏观经济政策目标的是（　　）。
   A．物价稳定　　　　　　　　B．充分就业
   C．政府预算盈余　　　　　　D．国际收支平衡
2. 物价稳定目标是指（　　）。
   A．使物价保持不变　　　　　B．使物价降低
   C．使价格水平稳定　　　　　D．使价格水平降低
3. 经济增长目标是指（　　）。
   A．使经济增长率越高越好　　B．使经济增长率不变
   C．使经济持续、稳定增长　　D．使GDP数值越大越好
4. 国际收支平衡目标是指（　　）。
   A．使出口大于进口　　　　　B．使出口等于进口
   C．使出口小于进口　　　　　D．使出口与进口接近

二、多选题

5. 需求管理政策包括（　　）。
   A．财政政策　　　　　　　　B．货币政策
   C．扩张政策　　　　　　　　D．紧缩政策
6. 供给管理政策包括（　　）。
   A．收入政策　　　　　　　　B．消费政策
   C．人力政策　　　　　　　　D．增长政策

三、简答题

7. 什么是收入政策？它包含哪些内容？

班级_____ 姓名_____ 学号_____

8. 什么是经济增长政策？它包含哪些内容？

班级_____ 姓名_____ 学号_____

任务二 认识财政政策与货币政策

 >>

（一）任务描述

2024 年 12 月，中央经济工作会议在北京举行。会议指出，2025 年要实施更加积极的财政政策和适度宽松的货币政策，要打好政策"组合拳"。财政政策与货币政策是宏观经济治理体系中的两大重要支柱，也是支持扩大内需、促进经济高质量发展的两大重要手段。那么，什么是财政政策和货币政策？财政政策和货币政策有哪些工具？它们又是如何影响经济发展的？

以小组为单位，应用财政政策和货币政策的相关知识解决通货膨胀和失业问题。

（二）任务分工

全班学生以 3~5 人为一组进行分组，每组设组长 1 名，小组讨论任务分工并将分工情况填写至表 9-2-1 中。

表 9-2-1 小组成员及分工情况

小组成员	姓　名	学　号	任务分工
组长			
组员			

（三）任务准备

请各组长组织组员进行预习，收集和整理相关资料，讨论并用通俗易懂的语言结合具体事例回答下列问题。

（1）什么是财政政策？什么是货币政策？

（2）财政政策有哪些工具？货币政策有哪些工具？

班级_____　　姓名_____　　学号_____

（3）简述财政政策和货币政策的局限性。

（四）任务实施

通过课堂学习、小组合作查阅资料等，完成表9-2-2。

表9-2-2　任务实施

问　题	答　案
要解决通货膨胀问题，可以实行哪些财政政策与货币政策？	
要解决失业问题，可以实行哪些财政政策与货币政策？	

（五）任务评价

各组派代表展示任务实施成果，并配合指导老师完成表9-2-3所示的任务评价。

表9-2-3　任务评价

评价项目	评价内容	分　值	评价分数		
			自　评	组　评	师　评
职业素养考核目标（40%）	考勤、仪容仪表	10分			
	责任意识、纪律意识	10分			
	团队合作与交流	20分			
专业能力考核目标（60%）	任务准备过程讨论及记录的完成度	20分			
	任务实施过程记录的完成度	20分			
	任务实施成果的展示效果	20分			
	合计	100分			
综合评价	综合分数_____（自评×25%+组评×25%+师评×50%） 综合等级_____ 综合评语： 指导老师签字_____				

一、财政政策

(一) 财政政策工具

财政政策工具是指政府为实现一定的政策目标而采取的财政手段和措施。国家财政由政府收入和政府支出两个方面构成,因此财政政策工具包括政府支出和政府收入。

1. 政府支出

政府支出是指整个国家中各级政府支出的总和,由许多具体的支出项目组成,主要可以分为政府购买和政府转移支付两大类。

1) 政府购买

政府购买是指政府对商品和劳务的购买。军需用品、机关办公用品、政府雇员报酬、公共项目工程所需的支出等都属于政府购买。政府购买是一种实质性支出,有着商品和劳务的实际交易,能够直接形成社会需求和购买力,是决定国民收入的重要因素之一。因此,政府购买对整个社会总支出水平具有十分重要的调节作用。

2) 政府转移支付

政府转移支付是指政府在社会福利、政府补贴、社会保障和公债利息等方面的支出。与政府购买不同,它只是将收入在不同社会成员之间进行转移和重新分配,并没有变动全社会的总收入。但同样能够通过转移支付乘数作用于国民收入。

2. 政府收入

政府收入是指整个国家中各级政府收入的总和,包括税收和公债两部分。

1) 税收

税收是政府收入的最主要部分,是国家为了实现其职能,按照法律规定强制、无偿地取得财政收入的一种手段。因此,税收可以作为财政政策的有力工具之一。根据课税对象的不同,税收可以分为商品和劳务税、所得税、财产和行为税、资源和环境保护税、特定目的税五类。其中,所得税主要是在国民收入形成后,对生产经营者的利润和个人的纯收入发挥调节作用,是税收的主要来源。通过税收来调节社会总需求时,既可以变动税率(主要是所得税税率),也可以变动税收总量。

税收的重要性

2) 公债

公债是政府运用信用筹集资金的特殊形式,它是政府对公众的债务或者说是公众对政府的债权,可分为中央政府债务(国债)和地方政府债务。政府发行公债既可以筹集资金、影响财政收支,又可以影响货币的供求。因此,公债是实现财政政策目标必不可少的一个工具。

 课堂讨论

什么是财政赤字?

(二) 财政政策的分类

根据调节方向不同,财政政策可以分为扩张性财政政策、紧缩性财政政策和中性财政政策。

财政支出规模发展及变化分析

1. 扩张性财政政策

扩张性财政政策是指通过扩大政府支出,减少政府收入来增加总需求的政策。在经济萧条时期,总需求小于总供给,失业率上升,此时政府就要实行扩张性财政政策,具体措施如图 9-2-1 所示。

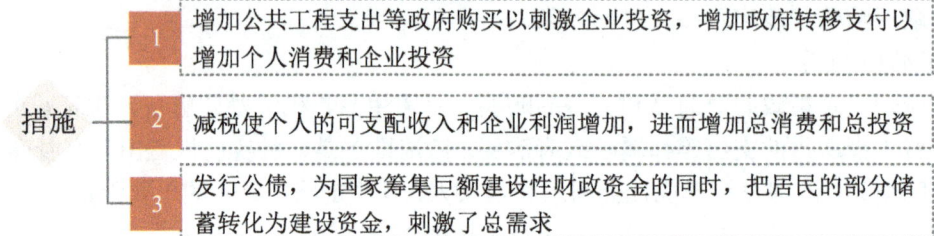

图 9-2-1 扩张性财政政策的具体措施

措施：
1. 增加公共工程支出等政府购买以刺激企业投资,增加政府转移支付以增加个人消费和企业投资
2. 减税使个人的可支配收入和企业利润增加,进而增加总消费和总投资
3. 发行公债,为国家筹集巨额建设性财政资金的同时,把居民的部分储蓄转化为建设资金,刺激了总需求

2. 紧缩性财政政策

紧缩性财政政策是指通过减少政府支出,扩大政府收入来减少总需求的政策。在经济繁荣时期,总需求大于总供给,出现物价上涨和通货膨胀,此时政府就要实行紧缩性财政政策,具体措施如图 9-2-2 所示。

措施：
1. 减少政府购买以抑制投资,减少政府转移支付以减少个人消费和企业投资
2. 增税使个人的可支配收入和企业利润减少,进而减少总消费和总投资

图 9-2-2 紧缩性财政政策的具体措施

 视野拓展

"逆经济风向行事"

实行扩张性财政政策和紧缩性货币政策被称为"逆经济风向行事"。需要注意的是,当政府"逆经济风向行事"时,其年度预算会出现不平衡。例如,通货膨胀时,国民收入水平增加,在税率不变的情况下,政府收入也将增加。这时,政府如果要坚持收入等于支出的预算平衡,则需要增加政府支出,显然,这样会使通货膨胀进一步扩大;政府如果"逆经济风向行事",减少支出或增税,那么,在缓解通货膨胀的同时,也会使政府产生财政盈余。

3. 中性财政政策

中性财政政策是指财政收支保持平衡，不对社会总需求产生扩张或紧缩影响的财政政策。中性财政政策不是反周期的操作，而是一种导向性的操作。需要注意的是，即便在理论层面上，中性财政政策也只是一种理想化的说法，现实中的财政收支运作不可能实现完全意义上的平衡，所以，"中性"不过是财政政策追求的一个目标。我国所称的"稳健的财政政策"便属于中性财政政策。

中性财政政策的具体措施如图 9-2-3 所示。

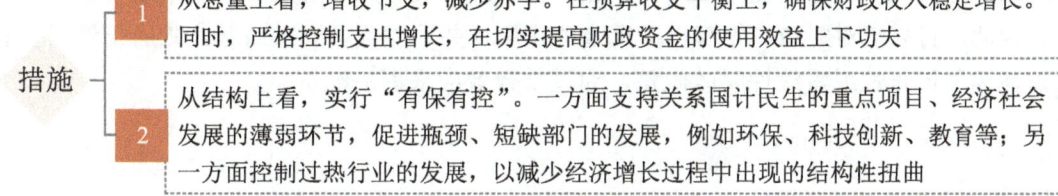

图 9-2-3　中性财政政策的具体措施

（三）财政制度的自动稳定器

财政制度本身有着自动稳定经济即自动稳定器的功能。自动稳定器是指经济系统本身存在的一种会减少各种干扰对国民收入冲击的机制，它能够在经济繁荣时期自动抑制膨胀，在经济衰退时期自动减轻萧条，无须政府采取任何行动。这种功能主要通过以下方式得以发挥。

1. 政府税收的自动变化

政府税收的自动变化是指居民和企业的纳税额可以自动随国民收入的变化而同方向变化。这里的税主要指个人所得税和企业所得税，尤其是累进税的形式。当经济萧条时，国民生产总值下降，居民和企业收入减少，在税率不变的情况下，税收也会自动减少，有助于维持总需求，起到控制经济衰退的作用；反之，当经济繁荣时，居民和企业收入增加，税收也会自动增加，从而起到抑制通货膨胀的作用。特别是在实行累进税率的情况下，由于累进税有规定的起征点和税率，且税率会随着收入的增加而递增，因此在繁荣的情况下，纳税人的收入自动进入较高的纳税档次，税收的增长率往往超过了国民收入的增长率。因此，税收对经济变动会自动地起到遏制总需求扩张和经济过热的作用；反之，则起到控制衰退的作用。

2. 政府转移支付的自动变化

失业救济金等社会福利支出有其固定的发放标准。当经济萧条时，失业人数增加，符合救济条件的人数增加，失业救济等社会福利开支就会相应增加，这样可以抑制人们可支配收入的下降，从而抑制消费与投资的减少，有助于减轻经济萧条的程度。当经济繁荣时，由于失业人数和需要其他补助的人数减少，这类转移支付会自动减少，从而抑制消费与投资的增加，有助于减轻由于需求过大而引起的通货膨胀。

3. 农产品价格维持制度

经济萧条时，农产品价格下跌，政府按照农产品价格维持制度，用支持价格收购剩余农产品，可使农民收入和消费维持在一定水平上。经济繁荣时，农产品价格上涨，这时政府减少收购农产品，同时销售农产品以增加供给，限制农产品价格上涨，可抑制农民收入和消费的过度增长，并稳定农产品的价格，有助于减轻通货膨胀。

总之，西方经济学家认为以上三项方式都能对宏观经济活动起到自动稳定的作用，都是财政制度的内在稳定器，是应对经济波动的第一道防线。需要注意的是，内在稳定器的作用是十分有限的，它只能减轻萧条或通货膨胀的程度，并不能改变萧条或通货膨胀的趋势。因此，它只能对财政政策起自动配合的作用，并不能代替财政政策，政府仍然需要有意识地运用扩张性或紧缩性财政政策，通过乘数效应来调节经济。

（四）财政政策的局限性

1. 乘数难以确定

乘数难以确定是指在制定与实行财政政策时，能够实现政策目标的政府支出和收入的调整量难以准确把握。

2. 时滞

运用财政政策的关键是抓住时机，但是财政政策在制定、实行和充分发挥效力的过程中都存在"时滞"问题，这不仅会直接影响政策的效力，而且很可能导致政策的实际效果与预期目标背道而驰。

时滞的表现主要有三种，如图9-2-4所示。

识别时滞	行动时滞	反应时滞
在经济发生变化与认识这种变化之间存在的时间迟误	从认识经济的变化与制定执行政策措施之间存在的时间迟误	在政策措施开始实行与这些措施产生实际效果之间存在的时间迟误

图9-2-4 时滞的表现

3. 挤出效应

挤出效应是指政府支出增加所引起的私人消费或投资降低的现象。由于政府支出增加，商品市场购买商品和劳务的竞争会加剧，物价便会上涨。在货币名义供给量不变的情况下，货币实际供给量会因价格上涨而减少，进而使可用于投机目的的货币量减少。结果，债券价格下跌，利率上升，进而导致私人投资减少，人们的消费也随之减少。这就是说，政府支出的增加"挤占"了私人消费和投资，从而使财政政策的效力相对削弱。

二、货币政策

(一) 货币与银行

1. 货币与货币供应量

货币是指在商品交换过程中从商品世界分离出来的固定地充当一般等价物的商品,它具有价值尺度、流通手段、支付手段、贮藏手段和世界货币的职能。现代货币可以分为现钞(纸币和硬币)、活期存款、准货币(定期存款、储蓄存款和股票、债券等金融资产)和货币替代物(如信用卡)。

为了测算、掌握流通中货币供应量的情况,更有效地调控货币供应量,国际货币基金组织根据货币涵盖范围的大小和流动性的差别,把货币供应量划分成三种。它们之间的关系如下:

$$M_0(流通中货币) = 现钞$$
$$M_1(狭义货币) = M_0 + 银行体系的活期存款$$
$$M_2(广义货币) = M_1 + 商业银行的储蓄存款和定期存款$$

其中,M_1 代表了一国经济的现实购买力,对社会经济生活有着最广泛和直接的影响,因此许多国家都把 M_1 作为调控货币供应量的主要对象。本书前文讲到的货币供给指的便是 M_1。M_2 不仅反映了现实购买力,还反映了潜在的购买力,近年来很多国家开始把货币供应量的调控目标转向 M_2。

由于各国银行业务名称不尽相同,同一名称的业务内容也不尽相同,故一般来说,各国只有 M_0 和 M_1 两项大体相同。

> **经济指南**
>
> 2024 年 12 月 2 日,中国人民银行发布公告称,决定自统计 2025 年 1 月份数据起,启用新修订的狭义货币(M_1)统计口径。此次 M_1 统计口径修订,是在现行基础上,纳入个人活期存款和非银行支付机构客户备付金。这两项金融工具目前包含在广义货币(M_2)中,尚未包含在 M_1 中。
>
> 修订后的 M_1 包括:流通中货币(M_0)、单位活期存款、个人活期存款、非银行支付机构客户备付金。

2. 银行体系

银行是指依法成立的经营货币信贷业务的金融机构,主要包括中央银行和金融中介机构两类。其中,最主要的金融中介机构是商业银行,此外还有政策性银行、储蓄和贷款协会、保险公司等。

政策性银行

1）中央银行

中央银行是国家中居主导地位的金融中心机构，是国家干预和调控国民经济发展的重要工具。中央银行主要有以下三种职能。

> **小贴士**
>
> 我国的中央银行是中国人民银行。

（1）发行国家货币，即中央银行是"发行的银行"。

（2）为商业银行提供贷款、集中保管存款准备金、办理全国的结算业务等，即中央银行是"银行的银行"。

（3）代理国库收取税款和公债以及拨付经费，提供政府所需资金，代表政府与外国发生金融业务关系，执行货币政策，监督和管理全国金融市场活动等，即中央银行是"国家的银行"。

中央银行的历史

2）商业银行

商业银行是指通过存款、贷款、汇兑、储蓄等业务，承担信用中介的营利性金融机构。商业银行的主要职能如表 9-2-4 所示。

表 9-2-4　商业银行的职能

职　能	概　念	地位或作用
信用中介	通过负债业务，把社会上的闲散货币集中到银行里，再通过资产业务，把它投向各经济部门	银行最基本的职能，是银行利润的主要来源，加速了资本周转
支付中介	通过资金在账户上的转移为客户办理货币结算、货币收付、货币兑换、存款转移等业务	节约流通费用，降低筹资成本，扩大资金来源
信用创造	把负债作为货币进行流通，在支票流通和转账结算的基础上，贷款转化为存款，在存款不提或不完全提现时，形成派生存款	以信用中介和支付中介职能为基础，产生货币乘数效应
金融服务	适应经济发展和科技进步，实现资产负债业务和金融服务的有机结合，如代发工资、提供信用证服务、代付其他费用、办理信用卡等	进一步促进资产负债业务的扩大，已成为商业银行的重要职能

（二）货币政策工具

货币政策工具是指中央银行为实现一定的经济目标而采取的货币供给量调整手段和措施。与财政政策直接影响总需求不同的是，货币政策通过利率的变动间接影响总需求。中央银行变动货币供给量的工具主要有以下三个。

1. 公开市场业务

公开市场业务是指中央银行在金融市场上公开买卖政府债券，以控制货币供给量和利率的政府行为。政府债券初次卖出时，在居民、企业、银行等单位中间被反复交易。而中央银行买进政府债券实际上就是发行货币，从而增加货币供应量，造成利率上升；卖出政府债券实际上就是回笼货币，从而减少货币供应量，造成利率下降。同时，中央银行买卖政府债券的行为也会引起债券市场上供求的变动，进而影响到市场价格和利率。

公开市场业务是一种灵活而有效的调节货币供给量进而影响利率的工具。中央银行可以及时、自由地决定购买有价证券的数量、时间和方向，可以大体上按货币乘数估计出货币供给量增加了多少，从而易于准确地控制银行体系的准备金。中央银行即使有时会出现某些政策失误，也可以及时纠正。因此，它是最重要的货币政策工具。

课堂讨论

公开市场业务是如何通过影响债券供求进而影响债券的价格和利率的？

2. 调整再贴现率

再贴现率是指中央银行对商业银行及其他金融机构的贷款利率。商业银行在资金不足时，把未到期的商业票据卖给中央银行，从而获得资金的做法便是再贴现。它是商业银行从中央银行贷款的方式。中央银行降低再贴现率会使商业银行得到更多的资金，这样就可以增加商业银行对客户的贷款，贷款的增加又可以通过银行创造货币的机制而增加流通中的货币供给量，从而降低利率。相反，中央银行提高再贴现率会使商业银行资金短缺，这样商业银行就不得不减少对客户的贷款或回收贷款，贷款的减少也可以通过银行创造货币的机制而减少流通中的货币供给量，从而提高利率。可以看出，利率水平与再贴现率呈同方向变动。

需要注意的是，中央银行的再贴现窗口主要用于商业银行应对临时发生的准备金不足的情况，平时很少使用。事实上，商业银行和其他金融机构也尽量避免去再贴现窗口贷款，避免被人误以为自己财务状况有问题。此外，通过调整再贴现率控制货币供给本身也有缺陷，例如，当银行缺乏准备金时，即使再贴现率很高，银行依然会进行贷款。因此，调整再贴现率往往作为补充工具和公开市场业务结合在一起使用。

3. 调整法定存款准备金率

存款准备金是指金融机构为保证客户提取存款和资金清算需要而准备的资金，金融机构按规定向中央银行缴纳的存款准备金占其存款总额的比例就是法定存款准备金率。

中央银行可以通过变动法定存款准备金率来影响货币供给量和利率。当中央银行认为需要增加货币供给时，就降低法定存款准备金率。其原理在于法定存款准备金率的降低使银行可贷货币增多，进而增加了货币供给，降低了利率。反之，当中央银行认为需要减少货币供给时，就提高法定准备金率，减少货币供给量，提高利率。

从理论上说，变动法定存款准备金率是中央银行调节货币供给量最简便的办法。然而，现实中，中央银行一般不愿轻易使用这一手段，原因在于变动法定存款准备金率的作用十分猛烈。一旦准备金率变动，所有银行的信用都必须扩张或收缩。再者，如果法定存款准备金率变动频繁，会使商业银行和其他金融机构的正常信贷业务受到干扰而无所适从。

货币政策工具常常需要配合使用。例如，当中央银行在公开市场业务中出售政府债券使市场利率上升后，需相应提高再贴现率，以防止商业银行增加贴现，于是商业银行的贷款利率也将提高，以免发生亏损。相反，当中央银行认为需要扩大信用时，可在公开市场操作中买进债券，也可同时降低再贴现率。

货币政策除了以上三种主要工具，还有一些其他工具，道义劝告就是其中之一。道义劝告是指中央银行运用自己在金融体系中的特殊地位和威望，对商业银行及其他金融机构进行劝告，以影响其贷款和投资方向，进而达到控制信用的目标。但由于道义劝告没有可靠的法律地位，因而并不是强有力的控制措施。

（三）货币政策的分类

与财政政策一样，根据调节方向的不同，货币政策也可以分为扩张性货币政策、紧缩性货币政策和中性货币政策，如表 9-2-5 所示。

表 9-2-5　货币政策的分类

类　　型	说　　明
扩张性货币政策	在经济萧条时期，总需求小于总供给，失业率上升，此时政府就要实行扩张性货币政策，如降低法定存款准备金率、降低再贴现率、在公开市场上买进有价证券等
紧缩性货币政策	在经济繁荣时期，总需求大于总供给，出现通货膨胀，此时政府就要实行紧缩性货币政策，如提高法定存款准备金率、提高再贴现率、在公开市场上卖出有价证券等，即采取"逆经济风向行事"原则
中性货币政策	中性货币政策是一种"顺经济风向行事"的货币政策。中性货币政策并不意味着货币信贷零增长，更不意味着银行体系流动性零增长，而是指货币信贷以及银行体系流动性增长要与经济增长和物价上涨相匹配，支持合理的经济增长和物价上涨。我国实行的"稳健的货币政策"便属于中性货币政策

（四）货币政策的局限性

1. 扩张性货币政策的局限性

扩张性货币政策的局限性主要体现在以下两点。

（1）实行扩张性货币政策是为了使货币供给量增加，利率下降。通过"流动性偏好陷阱"我们知道，利率下降到一定程度后，货币供给量无论怎样增加，利率都不会再降低，因此货币供给量对利率的影响是有限度的。

（2）当经济处于剧烈收缩时，扩张性货币政策的有效性会减弱。尽管中央银行采取扩张性措施能在一定程度上刺激投资，但是商业银行往往为了安全起见不肯冒此风险。企业认为市场前景暗淡，预期利润低，也不愿为增加投资而向银行借款。因为此时的企业和消费者对经济前景失去信心，即使政府通过扩张性货币政策为其提供贷款优惠条件，以诱导他们增加投资和消费，企业也会认为自己的库存和厂房设备相对来说过多了，所以不愿意再增加贷款，反而减少库存，缩减生产。而消费者则因害怕失业或收入减少，不会去寻求贷款来购买不动产或耐用消费品，反而力求减少已经欠下的债务。可见，如果影响需求决策的其他条件不尽如人意，那么扩张性政策的效率就会被抵消。

2. 紧缩性货币政策的局限性

紧缩性货币政策可能被货币流通速度的变化抵消。对于紧缩性货币政策，人们有抵制心理，所以当政府实行减少货币供给量的措施时，公众会通过各种方式更有效地利用现有货币供给，使货币流通速度加快，这就意味着部分抵消了紧缩性货币政策的作用。

紧缩性货币政策还容易受国际准备金流动的冲击。如果实行紧缩性货币政策，使国内利率上升，则会吸引国外准备金流入，从而扩大国内货币供给量，使紧缩性货币政策失效。此外，与财政政策一样，货币政策也会受到时滞的影响。

三、财政政策与货币政策的组合

根据前面的分析可知，在经济萧条时期，政府既可以采用扩张性财政政策，也可以采用扩张性货币政策，还可以将两种政策结合起来使用。经济繁荣时期也是同样的道理。财政政策和货币政策的组合是多种多样的，其基本组合及相应的效应如表 9-2-6 所示。

表 9-2-6　财政政策与货币政策的组合效应

政策配合	产　出	利　率
扩张性财政政策和紧缩性货币政策	不确定	上升
紧缩性财政政策和紧缩性货币政策	减少	不确定
紧缩性财政政策和扩张性货币政策	不确定	下降
扩张性财政政策和扩张性货币政策	增加	不确定

政府和中央银行可以根据具体情况和不同目标，选择不同的政策组合。例如：当经济萧条但又不太严重时，可采用第一种组合，用扩张性财政政策刺激总需求，又用紧缩性货币政策控制通货膨胀；当经济发生严重通货膨胀时，可采用第二种组合，用紧缩性货币政策来提高利率，降低总需求水平，又用紧缩性财政政策防止利率过分提高；当经济中出现通货膨胀又不太严重时，可采用第三种组合，用紧缩性财政政策压缩总需求，又用扩张性货币政策降低利率，以免财政过度紧缩而引起衰退；当经济严重萧条时，可采用第四种组合，用扩张性财政政策增加总需求，用扩张性货币政策降低利率以克服"挤出效应"。

课堂讨论

请用 IS-LM 曲线解释产生不同政策效应的原因。

班级_____ 姓名_____ 学号_____

任务检测

一、单选题

1. 下列选项中，属于紧缩性财政政策的是（　　）。
   A. 减少政府支出和减少税收　　B. 减少政府支出和增加税收
   C. 增加政府支出和增加税收　　D. 增加政府支出和减少税收

2. 为了解决失业问题，政府应实行的财政政策是（　　）。
   A. 增加政府支出　　B. 提高企业所得税
   C. 提高个人所得税　　D. 增加货币发行量

3. 一般来说，利率水平与再贴现率（　　）。
   A. 呈同方向变动　　B. 呈反方向变动
   C. 无关　　D. 不能确定

4. 当经济中存在较多失业时，可以采用的货币政策是（　　）。
   A. 在公开市场上买进有价证券　　B. 在公开市场上卖出有价证券
   C. 提高再贴现率　　D. 提高法定准备金率

5. 中央银行稳定经济最常用、最重要、最灵活的政策工具是（　　）。
   A. 公开市场业务　　B. 调整再贴现率
   C. 调整法定存款准备金率　　D. 控制消费信用

二、多选题

6. 下列选项中，关于财政制度自动稳定器的说法正确的有（　　）。
   A. 财政制度是应对经济波动的第一道防线
   B. 其作用是十分有限的
   C. 财政制度只能减轻萧条或通货膨胀的程度，不能改变萧条或通货膨胀的趋势
   D. 财政制度只能对财政政策起自动配合的作用，不能代替财政政策

7. 财政政策的内在稳定经济的功能主要通过（　　）得到发挥。
   A. 政府支出的自动变化　　B. 政府税收的自动变化
   C. 政府转移支付的自动变化　　D. 农产品价格维持制度

8. 要解决通货膨胀问题，政府可以（　　）。
   A. 提高再贴现率　　B. 降低法定准备金率
   C. 卖出政府债券　　D. 劝说银行减少贷款
   E. 提高法定存款准备金率

班级_____   姓名_____   学号_____

三、简答题

9. 税收是如何发挥对经济的自动稳定效应的？

10. 时滞有哪些表现？

11. 什么是挤出效应？请简要说明其作用过程。

12. 公开市场业务的作用机制是什么？

班级_____　　姓名_____　　学号_____

 项目实训——了解我国的宏观经济政策

一、实训目标

培养学生分析现实经济背景下财政政策和货币政策的具体实施及作用过程的能力。

二、实训内容和要求

1. 小组工作

学生自由分组，搜集我国上一年度的经济运行状况以及国家出台的各种经济政策，在小组讨论会上，解决以下问题。

（1）上一年度我国经济运行的整体态势怎么样？

（2）上一年度我国出台了哪些重大的财政政策和货币政策？

（3）国家出台以上经济政策的原因是什么？其作用过程如何？

2. 班级交流

全班组织开展交流研讨，每组派一名代表发言，其他小组成员可以进行评价、提问，或针对发言内容发表自己的观点并阐述理由。发言人及本组成员可针对提问进行答辩。

3. 考核

每个小组完善三个问题的答案并提交，学生和教师根据学生平时课堂表现、提交的报告、班级交流发言情况在表 9-3-1 中进行评估打分，综合评定本项目的成绩。

表 9-3-1　项目考核表

考核内容	分值	考核分数		
		自评	组评	师评
日常考勤和课堂纪律	10 分			
学习态度和课堂参与	10 分			
完成任务检测并保证题目的正确率	50 分			
参与项目实训并积极完成各项任务	30 分			
合计	100 分			
综合评价	综合分数_____（自评×25%+组评×25%+师评×50%） 综合等级_____ 综合评语： 　　　　　　　　　　　　　　　　　　　　　指导老师签字_____			

项目十

失业与通货膨胀理论

　　大学毕业踏入社会不久的小旌，回想过去一年的经历，感触良多。刚毕业时，一个月能拿到 4 000 元左右的工资，还能支撑自己和朋友下几次馆子，买上一两件上点档次的衣服。本以为自己找到了一份还不错的工作，幻想着能够生活得好一些。可是越到后面，他发现这件事情越难实现。房租涨价、食品涨价、日用品涨价……身边的东西没有一样是不涨价的。原来 100 元可以满足自己整整一个星期的米面、蔬菜和副食开销，现在只能支撑 2 天。他感觉自己手里的钱越来越不值钱了。

　　福无双至，祸不单行。年底的时候，他被公司告知，因为经济不景气，公司的市场份额不断萎缩，所以需要裁员。不幸的是，这个"灾难"落在了小旌头上。公司也向他做出了解释，不是因为他工作不努力，而是公司现在确实不需要这么多人。小旌刚刚在工作上有点起色，却不得不面临失业的困境。

　　小旌很困惑，为什么手里的钱会贬值，这就是所谓的通货膨胀吗？国家陆续出台了一系列调控市场价格的措施，这会不会有效地抑制通货膨胀呢？为什么自己这么努力工作也会失业？失业到底是什么原因造成的？

　　本项目主要介绍失业和通货膨胀的相关知识，内容包括失业的分类、失业的影响、通货膨胀的概念与分类、通货膨胀的原因、通货膨胀与失业的关系等，通过这些知识来解释生活中的失业与物价普遍上涨现象，帮助人们以积极乐观的心态面对它们。

项目概览

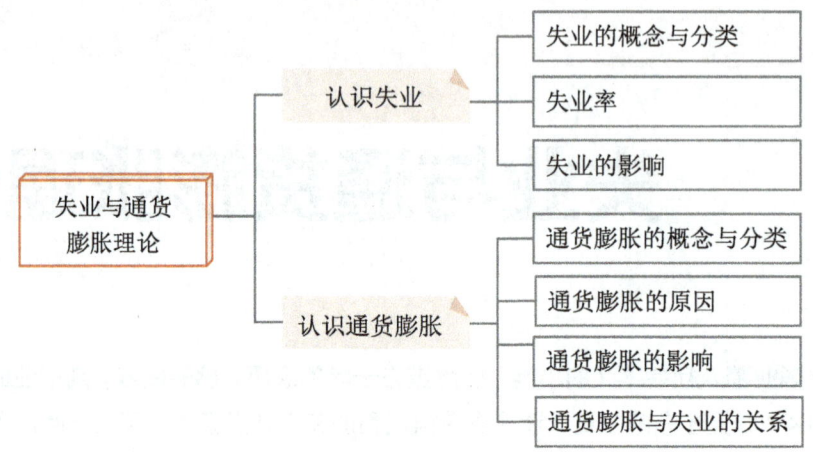

学习目标

知识目标

（1）了解失业、失业率和自然失业率的概念。
（2）掌握失业的分类和影响。
（3）了解通货膨胀的概念、分类和影响。
（4）掌握通货膨胀的原因、菲利普斯曲线。

能力目标

（1）能够计算失业率。
（2）能够运用通货膨胀的相关知识分析现实经济形势。
（3）能够运用经济学理论分析通货膨胀产生的原因。
（4）能够运用菲利普斯曲线说明失业与通货膨胀的关系。

素质目标

（1）能够努力提升自我，树立正确的职业观。
（2）理解我国政府治理通货膨胀的经济学原理，体会社会主义市场经济体制的优越性，树立理论自信、制度自信。

班级_____ 姓名_____ 学号_____

任务一　认识失业

 任务工单

（一）任务描述

寒冷的北风呼啸着，一个身穿单衣的小女孩蜷缩在屋子的角落，不解地问："妈妈，天气这么冷，我们为什么不生火炉呢？"妈妈叹了口气，说："因为家里没有煤。你爸爸失业了，我们没有钱买煤。""妈妈，爸爸为什么会失业呢？""因为煤太多了。"

以小组为单位，探讨失业的类型、失业率的计算公式和失业的影响。

（二）任务分工

全班学生以 3~5 人为一组进行分组，每组设组长 1 名，小组讨论任务分工并将分工情况填写至表 10-1-1 中。

表 10-1-1　小组成员及分工情况

小组成员	姓　名	学　号	任务分工
组长			
组员			

（三）任务准备

请各组长组织组员进行预习，收集和整理相关资料，讨论并用通俗易懂的语言结合具体事例回答下列问题。

（1）什么是失业？失业有哪几种类型？

（2）什么是自然失业率？

（3）什么是奥肯定律？

班级_____ 姓名_____ 学号_____

（四）任务实施

通过课堂学习、小组合作查阅资料等，完成表 10-1-2。

表 10-1-2 失业的类型、失业率的计算公式和失业的影响

问　　题			答　　案
失业的类型	摩擦性失业	概念	
		特点	
	结构性失业	概念	
		特点	
	周期性失业	概念	
		特点	
失业率的计算公式	失业率的公式		
	自然失业率的公式		
失业的影响	对社会的影响		
	对经济的影响		

（五）任务评价

各组派代表展示任务实施成果，并配合指导老师完成表 10-1-3 所示的任务评价。

表 10-1-3　任务评价

评价项目	评价内容	分　值	评价分数		
			自　评	组　评	师　评
职业素养考核目标（40%）	考勤、仪容仪表	10 分			
	责任意识、纪律意识	10 分			
	团队合作与交流	20 分			
专业能力考核目标（60%）	任务准备过程讨论及记录的完成度	20 分			
	任务实施过程记录的完成度	20 分			
	任务实施成果的展示效果	20 分			
	合计	100 分			
综合评价	综合分数_____（自评×25%+组评×25%+师评×50%） 综合等级_____ 综合评语：				

指导老师签字_____

一、失业的概念与分类

在经济学中,失业是指在法定年龄范围内有劳动能力者愿意为获取报酬而工作,但尚未找到工作的状态。

课堂讨论

全日制在读大学生、不想工作的"啃老族"和瘫痪在床的病人都处于失业状态吗?请说明理由。

在宏观经济学中,根据原因不同,失业通常可分为摩擦性失业、结构性失业和周期性失业三种类型,如表10-1-4所示。

表10-1-4 失业的分类

类型	概念	特点	举例
摩擦性失业	劳动力正常流动过程中产生的失业	短期的、局部的、不可避免的;失业率的高低取决于劳动力流动性的大小和寻找工作所需时间的长短;通常起源于劳动力的供给方	人们由于在城市间迁居而重新找工作
结构性失业	劳动力的供给和需求在职业、技能、产业、地区分布等方面的不协调所引起的失业	不可避免,可以改善;既有失业,又有职位空缺;通常起源于劳动力的需求方	产业结构升级,一些传统行业衰落,导致大量人员失业
周期性失业	由于整个经济周期性波动造成劳动力总需求不足产生的失业	与经济的周期性波动一致	经济衰退,社会总需求不足,导致企业倒闭,工人失业

二、失业率

失业率是反映一个国家或地区劳动力资源利用程度的核心指标,一般来讲,失业率上升意味着更多的劳动力资源不能得到有效的利用,失业者增加从而导致社会总需求下降,经济增长动力也将减弱。因此,各国政府历来都把失业率作为判断宏观经济运行状况和劳动力市场景气程度,进而出台或调整相关宏观经济政策和就业政策的重要依据。

失业率是指失业人数占就业人数与失业人数总和的百分比。失业率的公式为

$$失业率 = \frac{失业人数}{就业人数 + 失业人数} \times 100\% \qquad (10\text{-}1\text{-}1)$$

周期性失业率会因为经济步入扩张期而下降为零,但摩擦性失业和结构性失业都是不可避免的问题,所以一个经济的整体失业率不会为零。当经济中只存在摩擦性失业和结构性失业(二者又称"自然失业"),不存在周期性失业时,我们便认为实现了充分就业,此时的失业率我们称为"自然失业率",公式为

$$自然失业率 = \frac{摩擦性失业人数 + 结构性失业人数}{就业人数 + 失业人数} \times 100\% \quad (10\text{-}1\text{-}2)$$

视野拓展

从劳动力市场的存量——流量模型来看，失业人数的变化，不仅与就业人数的变化有关，还与非劳动力人数的变化有关（见图10-1-1）。

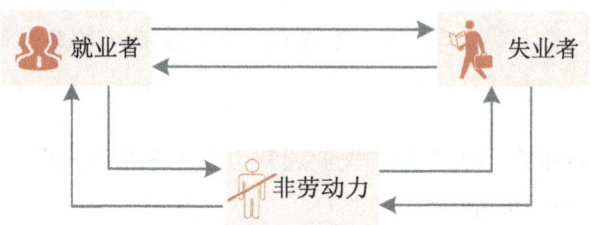

图10-1-1　劳动力市场的存量——流量模型

在经济学理论中，劳动年龄人口可以按照就业状况分为三类：就业、失业和非劳动力。如果其有工作就属于就业状态；如果其没有工作但能够工作并在寻找工作，则处于失业状态；如果其没有工作并不寻找工作或不能工作，则处于非劳动力状态。

三、失业的影响

失业的影响主要包括社会影响和经济影响。

（一）社会影响

失业的社会影响难以用数字衡量，但很容易被人们感受到。失业使失业人员生活水平下降并承受痛苦，既影响他们的身心健康，又不利于社会的安定。

有关心理学研究表明，被解雇造成的创伤不亚于亲友的去世或学业的失败。此外，失业者在家庭之外的人际关系也会受到失业的严重影响，他们在就业的人员当中失去了自尊和影响力，还可能在情感上受到严重打击。

从社会学角度来看，失业不利于社会的稳定。失业率高的社会，往往伴随着高犯罪率、高离婚率和各种社会骚乱，还有许多社会悲剧，如自杀、吸毒等。尽管很难从数字上证明，但失业与这些现象之间存在关系的确是普遍的事实。

素养之窗

个体只有具备相应的职业能力，才能胜任相应的工作任务。同时，想要在职业竞争中脱颖而出，也要重视职业能力的提升。因此，大学生要想实现职业理想，就不能只把工作当成养家糊口的手段，而应形成对工作执着、对职业敬畏的敬业态度。对待工作中的每一个环节都要一丝不苟、精益求精，不断提升自身职业能力和素养，以此打通职业中的晋升通道。

（二）经济影响

失业的经济影响可以从机会成本的角度来看。失业造成劳动力和其他经济资源的闲置，导致社会未能充分利用稀缺的经济资源创造出最大的财富。

那么，失业到底会对经济增长造成多大的损失呢？20世纪60年代，美国经济学家奥肯根据美国的实际资料估算出失业率与实际国内生产总值增长率之间的关系：实际GDP每低于充分就业时的GDP（潜在GDP）2%，失业率将高于自然失业率1%。这就是奥肯定律。奥肯定律意味着，实际GDP必须保持与潜在GDP同样快的增长，以防止失业率的上升。如果政府想让失业率下降，那么必须使实际GDP的增长快于潜在GDP的增长。

奥肯悖论

随堂巩固

假定某经济的潜在GDP为20亿元，实际GDP为19.2亿元，如果自然失业率为5%，那么根据奥肯定律，此经济的实际失业率为多少？

【参考答案】由于实际GDP比潜在GDP低 $\frac{20-19.2}{20} \times 100\% = 4\%$，根据奥肯定律，实际失业率会比自然失业率高2%，即实际失业率为7%。

经济人物

阿瑟·奥肯（1928—1980），美国经济学家，1968年被任命为约翰逊总统经济顾问委员会主席。

奥肯长期以来致力于宏观经济理论及经济预测的研究，并且从事政策的制定及分析。他在理论上的主要贡献是分析了平等与效率的替换关系，提出了估算"可能产出额"的奥肯定律，代表作有《平等与效率》等。潜在GDP这个概念也是由奥肯首先提出的。

奥肯定律是根据美国20世纪60年代的统计资料得出的，是一个经验统计公式，不一定适用于其他国家，也不一定适用于美国的其他时期。它指出的失业率与实际GDP增长率反方向变动的关系是普遍存在的。在实际运用这一原理时，应根据实际统计资料调节这种比例关系。

经济指南

"十四五"时期是我国全面建成小康社会、实现第一个百年奋斗目标之后，乘势而上开启全面建设社会主义现代化国家新征程、向第二个百年奋斗目标进军的第一个五年。

当前和今后一段时期，我国发展仍然处于重要战略机遇期，党中央、国务院高度重视就业问题，实施就业优先战略，为实现更加充分更高质量就业提供了根本保证；我国已转向高质量发展阶段，以国内大循环为主体、国内国际双循环相互促进的新发展格局加快构建，经济稳中向好、长期向好，为就业长期稳定创造了良好条件；新一轮科技革命和产业变革深入发展，新兴就业创业机会日益增多；新型城镇化、乡村振兴孕育巨大发展潜力，新的就业增长点不断涌现；劳动力市场协同性增强，劳动力整体受教育程度上升，社会性流动更加顺畅，为促进就业夯实了人力资源支撑。

但也要看到，"十四五"时期就业领域也出现了许多新变化新趋势。人口结构与经济结构深度调整，劳动力供求两侧均出现较大变化，产业转型升级、技术进步对劳动者技能素质提出了更高要求，人才培养培训不适应市场需求的现象进一步加剧，"就业难"与"招工难"并存，结构性

《"十四五"就业促进规划》

就业矛盾更加突出，将成为就业领域主要矛盾。城镇就业压力依然较大，促进高校毕业生等重点群体就业任务艰巨，在工业化、城镇化进程中，还有大量农村富余劳动力需要转移就业，规模性失业风险不容忽视。同时，就业歧视仍然存在，灵活就业人员和新就业形态劳动者权益保障亟待加强；人工智能等智能化技术加速应用，就业替代效应持续显现；国际环境日趋复杂，不稳定性不确定性明显增加，对就业的潜在冲击需警惕防范。总之，就业形势仍较严峻。必须深刻认识就业领域主要矛盾的变化，深入分析面临的挑战和风险，坚持问题导向，采取务实举措，抓住机遇，调动各种积极因素，不断开创就业工作新局面，努力实现更加充分更高质量就业。

班级_____ 姓名_____ 学号_____

任务检测

一、单选题

1. 在经济衰退期间,某厂商经营不善而破产导致的失业属于( )。
   A. 摩擦性失业　　　　　　　B. 结构性失业
   C. 周期性失业　　　　　　　D. 自然失业

2. 如果某人因为钢铁行业不景气而失去工作,这种失业属于( )。
   A. 摩擦性失业　　　　　　　B. 结构性失业
   C. 永久性失业　　　　　　　D. 周期性失业

3. 某人由于更换居住的城市而重新找工作,这种失业属于( )。
   A. 摩擦性失业　　　　　　　B. 结构性失业
   C. 永久性失业　　　　　　　D. 周期性失业

4. 社会总需求不足引起的失业属于( )。
   A. 摩擦性失业　　　　　　　B. 结构性失业
   C. 周期性失业　　　　　　　D. 自然失业

5. 失业率是指( )。
   A. 失业人数占就业人数与失业人数总和的百分比
   B. 失业人数占整个国家人数的百分比
   C. 失业人数占就业人数的百分比
   D. 没有工作的人数占整个国家人数的百分比

6. 自然失业率等于( )。
   A. 结构性失业率
   B. 摩擦性失业率
   C. 周期性失业率
   D. 摩擦性失业率与结构性失业率之和

二、多选题

7. 下列选项中,属于摩擦性失业的特点的有( )。
   A. 短期的、局部的、不可避免的,即使在充分就业时也会存在一定的比例,是正常的经济现象
   B. 通常起源于劳动力的供给方
   C. 市场上既有失业,又有职位空缺,失业者没有合适的技能,因此无法填补现有的职位空缺
   D. 长期性,属于可以改善的经济问题
   E. 通常起源于劳动力的需求方

班级_____ 姓名_____ 学号_____

8. 下列选项中，可能引起结构性失业的有（　　）。
   A．经济结构变化　　　　　　B．季节性因素
   C．雇主歧视工人　　　　　　D．信息不对称

三、简答题

9. 简述失业的分类。

10. 经济达到充分就业时，失业率为零吗？为什么？

四、计算题

11. 假设某经济时期有 1.75 亿成年人，其中，1.2 亿人有工作，0.1 亿人在寻找工作，0.45 亿人没工作也没在找工作。试求失业率。

12. 假定某经济的自然失业率为 6%，潜在 GDP 为 20 亿元，如果实际失业率为 8%，那么根据奥肯定律，此经济的实际 GDP 为多少？

班级_____ 姓名_____ 学号_____

任务二 认识通货膨胀

任务工单

(一) 任务描述

第一次世界大战后的德国,有一个小偷去别人家里偷东西,看见一个筐里装满了钱,他把钱倒了出来,把筐拿走了;几个儿童在街头用大捆大捆的纸币玩堆积木的游戏;一位正在煮饭的家庭妇女,烧的不是煤,而是本应该用来买煤的纸币……这些情景令人难以置信,但事实确实如此。当时的德国经历着历史上最疯狂的通货膨胀,货币贬值到今天看来几乎无法相信的程度:年初 1 马克还能换 2.38 美元,到了夏天 1 美元能换 4 万亿马克,一份报纸的价格从 0.3 马克涨到 7 000 万马克。究竟什么是通货膨胀?它产生的原因是什么呢?

以小组为单位,运用经济学理论分析通货膨胀产生的原因,并运用菲利普斯曲线说明失业与通货膨胀的关系。

(二) 任务分工

全班学生以 3~5 人为一组进行分组,每组设组长 1 名,小组讨论任务分工并将分工情况填写至表 10-2-1 中。

表 10-2-1 小组成员及分工情况

小组成员	姓 名	学 号	任务分工
组长			
组员			

(三) 任务准备

请各组长组织组员进行预习,收集和整理相关资料,讨论并用通俗易懂的语言结合具体事例回答下列问题。

(1) 什么是通货膨胀?通货膨胀有哪几种类型?

班级_____ 姓名_____ 学号_____

（2）通货膨胀会对个人和整个社会的经济生活产生哪些影响？

（3）什么是菲利普斯曲线？

（四）任务实施

通过课堂学习、小组合作查阅资料等，完成表 10-2-2。

表 10-2-2 分析通货膨胀产生的原因及失业与通货膨胀的关系

问　题	答　案
运用经济学理论分析通货膨胀产生的原因	
运用菲利普斯曲线说明失业与通货膨胀的关系	

（五）任务评价

各组派代表展示任务实施成果，并配合指导老师完成表 10-2-3 所示的任务评价。

表 10-2-3 任务评价

评价项目	评价内容	分　值	评价分数		
			自　评	组　评	师　评
职业素养考核目标（40%）	考勤、仪容仪表	10 分			
	责任意识、纪律意识	10 分			
	团队合作与交流	20 分			
专业能力考核目标（60%）	任务准备过程讨论及记录的完成度	20 分			
	任务实施过程记录的完成度	20 分			
	任务实施成果的展示效果	20 分			
合计		100 分			
综合评价	综合分数_____（自评×25%+组评×25%+师评×50%） 综合等级_____ 综合评语：				

指导老师签字_____

一、通货膨胀的概念与分类

通货膨胀是指一个经济中大多数商品和劳务的价格在一定时期内持续、普遍上涨的现象。理解通货膨胀的概念时要注意两点：一是少数几种商品和劳务的价格上涨不能称为通货膨胀，必须是大多数商品和劳务的价格同时上涨；二是偶尔的价格上涨也不能称为通货膨胀，必须是在一段时间内持续、普遍上涨。通货膨胀程度通常用通货膨胀率进行衡量。通货膨胀率是指从一个时期到另一个时期价格水平变动的百分比，公式为

$$\pi_t = \frac{P_t - P_{t-1}}{P_{t-1}} \times 100\% \qquad (10\text{-}2\text{-}1)$$

式（10-2-1）中，π_t 为 t 时期的通货膨胀率，P_t 和 P_{t-1} 分别为 t 时期和 $t-1$ 时期的价格水平。

视野拓展

用于计算通货膨胀率的价格指数一般有以下三种。

（1）CPI。CPI 是居民消费价格指数，是反映一定时期内城乡居民所购买的生活消费品和服务项目价格变动趋势和程度的指标。通过该指数可以观察和分析消费品的零售价格和服务项目价格变动对城乡居民实际生活消费支出的影响程度。

（2）PPI。PPI 是工业生产者出厂价格指数，是反映一定时期内全部工业产品第一次出售时的出厂价格总水平的变动趋势和变动幅度的指标。

（3）GDP 折算数。GDP 折算数是名义 GDP 与实际 GDP 的比率，是衡量各个时期所有商品和劳务的价格变动的指标。

居民消费价格指数编制方法

依据价格上涨速度不同，我们可以将通货膨胀分为三类，如图 10-2-1 所示。

通货膨胀的分类：
- 温和的通货膨胀：年通货膨胀率在 10% 以内，不会对经济造成巨大影响，甚至可能对经济有积极的刺激作用
- 奔腾的通货膨胀：年通货膨胀率在 10%～100% 之间，对经济有较大的破坏作用，且有加剧趋势
- 超级通货膨胀：年通货膨胀率在 100% 以上，人们对货币失去信任，经济体系崩溃，甚至会导致社会动乱

图 10-2-1 通货膨胀的分类

课堂讨论

参考通货膨胀的概念，思考什么是通货紧缩？

二、通货膨胀的原因

关于通货膨胀的原因，经济学家给出了很多解释，其中具有代表性的有以下三种。

（一）货币供给过多

货币数量论认为货币供给量过多是通货膨胀的根本原因。例如，如果货币供给按每年10%的速度增长，而实际产出每年的增速为6%，则该经济每年的通货膨胀率为4%。现实生活中，货币供给量的增加往往是政府扩大支出后，通过增加货币发行量进行弥补导致的。

（二）需求拉动与成本推动

1. 需求拉动

需求拉动通货膨胀又称"超额需求通货膨胀"，是指总需求超过总供给所引起的一般价格水平持续、显著地上涨。需求拉动通货膨胀理论把通货膨胀解释为"过多的货币追求过少的产品"，如图10-2-2所示。

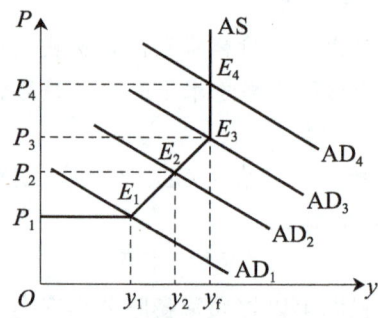

图10-2-2　需求拉动通货膨胀

从图10-2-2中可以看到，AS曲线起初平行于横轴，这表示总产出较低时，总需求的增加不会引起价格水平的上涨。当总产出到达y_1后，AS曲线开始向右上方倾斜，这表明在从点E_1到点E_3的过程中，市场越来越接近充分就业，社会上的闲置资源也越来越少，总供给的增加能力逐渐变小。那么，当总需求继续增加，AD曲线继续向右移动（如图10-2-2中总需求曲线从AD_1移到AD_2）会导致总产出增加，价格水平上涨。这种情况称为"瓶颈式的通货膨胀"。

当总产出达到y_f后，AS曲线成为垂直于横轴的直线，这表明市场达到了充分就业状态，社会上已经没有闲置资源，总供给不会再增加。那么，当总需求继续增加时，AD曲线继续向右移动（如图10-2-2中总需求曲线从AD_3移动到AD_4）只会导致物价上涨，而总产量不再增加。这就是"过多的货币追求过少的产品"所产生的通货膨胀。

2. 成本推动

成本推动通货膨胀又称"供给推动通货膨胀",是指在没有超额需求的情况下,由于供给成本的提高所引起的一般价格水平持续、显著的上涨,如图10-2-3所示。

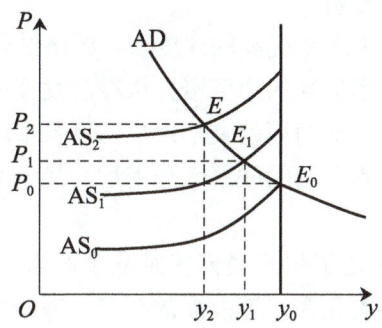

图 10-2-3　成本推动通货膨胀

从图10-2-3中可以看到,AD曲线始终不变,表明当生产成本增加时,厂商要么在保持同等总产出的同时提高价格,要么在保持同等价格的同时降低总产出,因而总供给曲线从 AS_0 移动到 AS_1,结果导致在总需求不变的情况下,价格水平上升,总产出缩减。当生产成本继续增加,总供给曲线从 AS_1 移动到 AS_2 时,价格水平继续上升,总产出继续缩减。可见,生产成本的提高引起了物价水平的提高和总产出的下降,也就是说,成本推动了通货膨胀。

成本的提高一般可归纳为两种原因。第一种原因是工会力量使工资过度上涨所造成的成本增加。工资上涨使得生产成本增长,在既定的价格水平下,厂商愿意并且能够供给的数量减少,从而使得总供给曲线向左上方移动。有学者认为,工资提高引起价格水平上涨,价格水平上涨又会引起工资提高,二者螺旋式上升,即"工资-价格螺旋"。成本提高的第二种原因是利润推进,即具有市场支配力的垄断和寡头厂商为谋求更大的利润导致一般价格总水平的上涨。

3. 供求混合影响

许多经济学家认为,通货膨胀的根源不是单一的总需求或总供给,而是这两者共同作用的结果,即混合通货膨胀理论。如果通货膨胀是由需求拉动开始的,即过度需求的存在引起物价上升,这种物价上升又会使工资增加,从而供给成本增加,进而又引起了成本推动的通货膨胀。如果通货膨胀是由成本推动开始的,即成本增加引起物价上升,工资和利润的增加导致人们收入增加,从而总需求增加,形成需求拉动的通货膨胀。

> **课堂讨论**
>
> 如果你的房东说:"工资、水费、电费等费用都涨了,我也只能提高你的房租。"这是属于什么类型的通货膨胀?如果某店主说:"商品可以提价,别怕卖不掉,店门口排队买的人多着呢!"这又属于什么类型的通货膨胀?

(三) 经济结构变动

结构性通货膨胀是指在没有需求拉动和成本推动的情况下，由于经济结构变动导致一般价格水平的持续、普遍上涨。结构性通货膨胀的产生是由经济结构本身的特点决定的，我们可以从以下两个方面进行分析。

(1) 经济结构不平衡。从生产率提高的速度看，经济结构的特点是一些部门生产率提高的速度快，另一些部门生产率提高的速度慢；从经济发展的过程看，经济结构的特点是一些部门正在迅速发展，另一些部门渐趋衰落；从同世界市场的关系看，经济结构的特点是一些部门（开放部门）同世界市场的联系十分密切，另一些部门（非开放部门）同世界市场没有密切联系。

(2) 现代社会经济结构决定了生产要素很难从生产率低的部门转移到生产率高的部门，或从渐趋衰落的部门转移到正在迅速发展的部门，或从非开放部门转移到开放部门。但是，生产率提高慢的部门、渐趋衰落的部门以及非开放部门在工资和价格问题上都要求"公平"，要求向生产率提高快的部门、正在迅速发展的部门以及开放部门"看齐"，要求"赶上去"，结果导致一般价格水平上涨。

三、通货膨胀的影响

通货膨胀会对个人和整个社会的经济生活产生影响，这种影响主要包括两种，分别是收入再分配效应和产出效应。

(一) 收入再分配效应

通货膨胀意味着人们手中持有的货币的购买力下降，也就是说，通货膨胀会导致人们的实际收入水平发生变化，这就是通货膨胀的再分配效应。但是，通货膨胀对不同经济主体的再分配效应是不同的。

1. 对固定收入者的不利影响

通货膨胀不利于靠固定收入维持生活的人。对于固定收入者来说，其收入是固定的货币数额，即收入增长率为零，但物价水平是不断上升的，这就导致他们的实际购买力将下降，实际收入因通货膨胀而减少，生活水平也会降低。

视野拓展

在现实生活中，靠政府救济金维持生活的人比较容易受到通货膨胀的冲击，因为政府救济金发放水平的调整相对较慢。此外，工薪阶层、公务员以及靠福利和转移支付维持生活的人，也都比较容易受到这种冲击。那些收入能随着通货膨胀而变动的人则会从通货膨胀中得益。例如在扩张的行业工作并有强大的工会支持的工人，他们的工资合同中有工资随生活费用的上涨而提高的条款，或强有力的工会可以代表他们进行谈判，在每个新合同中工资都有可能得到大幅度的增长。

2. 对储蓄者的不利影响

随着价格水平的上涨，存款的购买力就会下降，那些在银行有存款的人会因此受到打击。同样，保险金、养老金等的实际价值在通货膨胀中也会下降。

3. 对债权人的不利影响

通货膨胀牺牲了债权人的利益而使债务人得益。例如，A 向 B 借款 1 万元，约定一年以后归还，假定这一年中发生了通货膨胀，物价上升了一倍，那么，一年后，A 归还给 B 的 1 万元只能购买到原来一半的商品和劳务。也就是说，通货膨胀使 B 损失了一半的实际收入。为了反映通货膨胀对借贷款人实际收入的影响，一般用实际利率来代替名义利率。

普通人如何应对通货膨胀

（二）产出效应

一般认为，需求拉动型通货膨胀促进了产出水平的提高。这种情况产生的前提条件是有一定的资源闲置。在一个经济体存在一定的资源闲置的情况下，物价温和的上涨会刺激人们的购买欲望，因为人们消费时有"买涨不买跌"的倾向，即当人们认为物价会涨时，会采取即时消费的策略，消费的增加会刺激厂商扩大生产规模，从而就业增加、国民收入上升；而当人们认为物价将下跌时，会采取持币等待的策略，消费的减少会导致厂商缩小生产规模，从而失业增加、国民收入下降。

通常，温和的通货膨胀对经济的影响比较小，不会带来危害，而奔腾的通货膨胀甚至超级通货膨胀对经济影响较大。物价的持续上升会使人们在价格上升前将货币花掉，从而产生过度的消费购买，导致储蓄和投资都减少，产出水平下降；劳动者会要求提高工资，厂商成本上升，导致厂商规模缩小，产出水平下降；厂商在通货膨胀率上升时，会力求增加存货，以便在稍后抬高价格出售以增加利润，从而使得市场可供销售的货物减少，物价将进一步上升。最后，当出现恶性通货膨胀时，情况会变得更坏，经济体系有可能陷入崩溃。

西方经济学家认为，通货膨胀真正的严重性在于其造成的政治后果，例如扩大的贫富差距导致的社会动荡。总之，通货膨胀有利有弊，但从第二次世界大战后各国的实际情况看，通货膨胀的弊大于利，因此，借助通货膨胀来发展经济绝非上策。

四、通货膨胀与失业的关系

通货膨胀与失业是经济中的两个主要问题，那么，它们之间有什么关系呢？20 世纪 50 年代中期，新西兰经济学家菲利普斯提出了菲利普斯曲线这一概念。

（一）菲利普斯曲线的概念

1958 年，菲利普斯根据英国 1861—1957 年间失业率和货币工资变动率的经验统计资料，提出了一条用以表示失业率和货币工资变动率之间替换关系的曲线。这条曲线表明，当失业率较低时，货币工资增长率较高。反之，当失业率较高时，货币工资增长率较低，甚至是负数。

美国新古典综合派经济学家萨缪尔森和索洛在 1960 年发表文章，用美国的统计资料证明了菲利普斯曲线所表示的关系是存在的。根据成本推动通货膨胀理论，货币工资增长率可以表示通货膨胀率，因此他们把菲利普斯曲线进一步解释为失业和通货膨胀之间的关系，如图 10-2-4 所示。

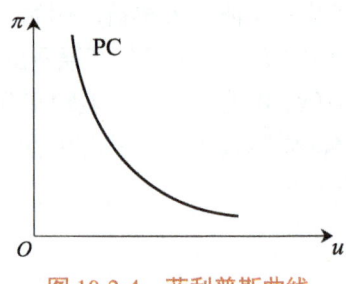

图 10-2-4　菲利普斯曲线

菲利普斯曲线（PC）表示了失业率（u）与通货膨胀率（π）之间的替换关系，即失业率高，通货膨胀率低；失业率低，通货膨胀率高。失业率高表明经济处于萧条阶段，这时工资与物价水平都较低，从而通货膨胀率也低。反之，失业率低表明经济处于繁荣阶段，这时工资与物价水平都较高，从而通货膨胀率也高。

菲利普斯曲线表明：① 通货膨胀是由工资成本推动引起的，这就是成本推动通货膨胀理论，正是根据这一理论，把货币工资增长率与通货膨胀率联系了起来；② 菲利普斯曲线承认了通货膨胀与失业的替换关系，这也就否定了凯恩斯失业与通货膨胀不会并存的观点；③ 当失业率为自然失业率时，通货膨胀率为零，因此，也可以把自然失业率定义为通货膨胀率为零时的失业率。

（二）菲利普斯曲线的应用

菲利普斯曲线还可以用于指导政策的制定，即根据菲利普斯曲线所表明的失业与通货膨胀之间的关系，运用政策对经济进行调整，实现宏观经济的稳定。具体做法是先确定一个临界点，失业率与通货膨胀率在此范围之内时，政府不用调节，如在此范围之外，则可根据菲利普斯曲线所表示的关系进行调节。

例如，假定失业率和通货膨胀率在 4% 以内被认为是合理的或者可容忍的，这时就得到了一个临界点，即图 10-2-5 中的点 A，由此形成的阴影区域称为"安全区域"。如果实际失业率和通货膨胀率的组合在安全区域内，则决策者无须采取任何措施。

如果实际通货膨胀率高于 4%，例如达到了 5%，组合点处于图 10-2-5 中点 B 的位置。此时，根据菲利普斯曲线，决策者可以采取紧缩性政策，即以提高失业率为代价降低通货膨胀率，使组合点移动到安全区域。

如果实际失业率高于 4%，例如达到了 5%，组合点处于图 10-2-5 中点 D 的位置。此时，根据菲利普斯曲线，决策者可以采取扩张性政策，以提高通货膨胀率为代价降低失业率，使组合点移动到安全区域。

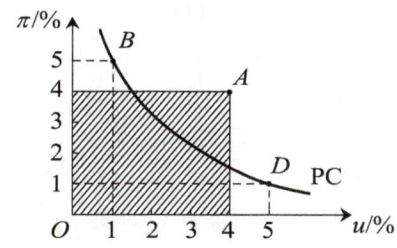

图 10-2-5　菲利普斯曲线的应用

（三）长期菲利普斯曲线

菲利普斯曲线反映的失业与通货膨胀之间的替换关系基本符合 20 世纪 50 年代至 60 年代西方国家的实际情况，根据这种解释提出的政策主张也是有效的。但是，20 世纪 70 年代末期出现的经济滞胀使失业与通货膨胀之间又不存在这种替换关系了，于是，对失业与通货膨胀之间的关系又有了新的解释。

> **视野拓展**
>
> 在短期内，如果 AD 曲线不变，AS 曲线发生移动，则会造成市场价格与收入反方向运动。如果 AS 曲线向左移动，价格水平会上涨，而收入则下降，出现经济发展停滞和通货膨胀共生的"滞胀"现象。

货币主义者在解释菲利普斯曲线时引入了预期的因素，即人们会根据过去的经验来形成并调整他们对未来的预期。货币主义者根据预期，把菲利普斯曲线分为短期菲利普斯曲线和长期菲利普斯曲线。

在短期中，工人来不及调整通货膨胀预期，预期的通货膨胀率可能低于以后实际发生的通货膨胀率。这样，工人所得到的实际工资可能小于先前预期的实际工资，从而使厂商实际利润增加，刺激了投资，进而就业增加，失业率下降。在此前提下，通货膨胀率与失业率之间存在替换关系。所以，向右下方倾斜的菲利普斯曲线在短期内是可以成立的。这也说明，在短期中，引起通货膨胀率上升的扩张性政策是可以起到减少失业的作用的。这就是宏观经济政策的短期有效性。

但是在长期中，工人将根据实际发生的情况不断调整自己的预期（如图 10-2-6 中由 PC_1 调整为 PC_2）。工人预期的通货膨胀率与实际发生的通货膨胀率迟早会一致。这时，工人会要求增加名义工资，使实际工资不变，从而通货膨胀率提高就不会起到减少失业的作用了。即长期菲利普斯曲线（LPC）是一条垂线，表明失业率与通货膨胀率之间不存在替换关系。在长期中，经济能实现充分就业，此时失业率为自然失业率。因此，垂直的菲利普斯曲线表明，无论通货膨胀率如何变动，失业率总是固定在自然失业率的水平上。以引发通货膨胀为代价的扩张性政策并不能减少失业。这就是宏观经济政策的长期无效性。

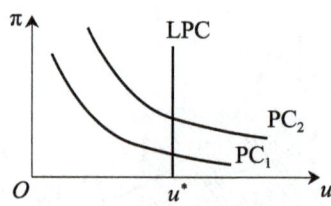

图 10-2-6　短期菲利普斯曲线和长期菲利普斯曲线

由此可以得出结论，扩张性政策可以在短期内减少失业，但其代价是通货膨胀率不断上升。从长期来看，运用扩张性政策不但不能降低失业率还会使通货膨胀率不断上升。因此，政府不应用扩张性政策来刺激经济。20世纪70年代的滞胀正是政府不断用扩张性政策刺激经济的恶果。

班级_____   姓名_____   学号_____

任务检测

一、单选题

1. 根据菲利普斯曲线，短期内降低通货膨胀率的办法是（   ）。
   A．增加货币供应量   B．降低失业率
   C．提高失业率   D．提高自然失业率
2. 在不能完全预期的情况下，通货膨胀将有利于（   ）。
   A．债务人   B．债权人
   C．在职职工   D．离退休人员
3. 某国连续 3 年货币供应量增速为 5%，GDP 增长速度为 9%，货币流通速度不变，则其物价水平变动趋势为（   ）。
   A．上升   B．下降
   C．不变   D．不确定

二、多选题

4. 理论上讲，要降低通货膨胀率，可以采取的措施有（   ）。
   A．减少货币供应   B．增加就业
   C．增加货币供应   D．减少就业
5. 下列选项中，可能在通货膨胀中利益受损的是（   ）。
   A．债权人   B．固定收入者
   C．货币持有者   D．政府

三、简答题

6. 通货膨胀的影响有哪些？

班级_____   姓名_____   学号_____

7. 为什么长期菲利普斯曲线是一条垂线?

班级_____ 姓名_____ 学号_____

项目实训——理性面对就业与失业

一、实训目标

使大学生认清当前就业形势，能够找出大学生就业难的原因，并积极探寻应对方法，形成正确的就业观，树立积极提升自身能力的意识。

二、实训内容和要求

1. 小组工作

学生自由分组，查阅有关大学生失业的新闻报道和分析报告等资料，以及国家应对大学生失业问题的相关政策内容，在小组讨论会上，解决以下问题。

（1）部分大学生毕业即失业现象的根源是什么？

（2）大学生应怎样提高自身的就业竞争力？

2. 班级交流

全班组织开展一次"理性面对就业与失业"主题交流研讨，每组派一名代表发言，其他小组成员可以进行评价、提问，或针对发言内容发表自己的观点并阐述理由。发言人及本组成员可针对提问进行答辩。

3. 考核

每个小组提交一份《理性面对就业与失业》的总结，学生和教师根据学生平时课堂表现、提交的总结、班级交流发言情况在表 10-3-1 中进行评估打分，综合评定本项目的成绩。

表 10-3-1 项目考核表

考核内容	分 值	考核分数		
		自 评	组 评	师 评
日常考勤和课堂纪律	10 分			
学习态度和课堂参与	10 分			
完成任务检测并保证题目的正确率	50 分			
参与项目实训并积极完成各项任务	30 分			
合计	100 分			
综合评价	综合分数_____（自评×25%+组评×25%+师评×50%） 综合等级_____ 综合评语： 指导老师签字_____			

项目十一

经济周期与经济增长

国家统计局 2024 年发布的新中国 75 年经济社会发展成就系列报告指出:"1952 年国内生产总值仅为 679 亿元,到 1978 年增加至 3 679 亿元;十一届三中全会开启改革开放历史新时期以来,经济发展驶入快车道,1986 年突破 1 万亿元,2000 年突破 10 万亿元,2006 年突破 20 万亿元,此后以每 1~2 年便突破一个十万亿元关口的速度发展,2020 年突破 100 万亿元大关,2023 年超过 126 万亿元,稳居世界第二大经济体。按不变价计算,2023 年国内生产总值比 1952 年增长 223 倍,年均增长 7.9%;其中,1979—2023 年年均增长 8.9%,远高于同期世界经济 3.0%的增速水平。"

回顾新中国 75 年的经济社会发展历程,我们见证了从 1952 年国内生产总值仅为 679 亿元,到 2023 年超过 126 万亿元的惊人飞跃。这一过程中,中国经济不仅实现了量的积累,更实现了质的飞跃。然而,在这波澜壮阔的发展史中,我们也看到了经济波动的身影——经济周期。它如同一股无形的力量,影响着经济的起伏与变迁。

本项目主要介绍经济周期与经济增长的相关知识,内容包括经济周期的概念、分类与成因,经济增长的概念与原因,经济增长模型等。通过这些知识来解释一国经济增长呈现周期性的原因以及政府促进经济增长的政策的原理。

项目概览

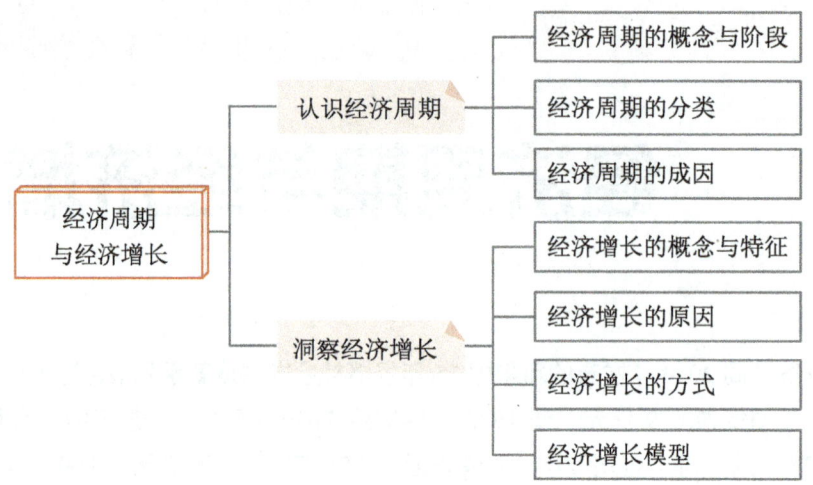

学习目标

知识目标

（1）掌握经济周期的四个阶段。
（2）了解内生经济周期理论与外生经济周期理论。
（3）理解经济增长的原因。
（4）了解新古典增长模型和内生增长模型的内容。

能力目标

（1）能够运用经济周期理论解释经济现象。
（2）能够运用经济周期理论和经济增长理论判断宏观经济运行情况。
（3）能够分析我国经济增长的原因。

素质目标

（1）通过了解经济波动和增长的原因，提高学习经济学的兴趣，培养经济思维。
（2）了解"中国经济奇迹"，感受我国经济增长的强大动力，树立理论自信、制度自信。

班级_____   姓名_____   学号_____

任务一　认识经济周期

任务工单

（一）任务描述

改革开放以来，我国的经济增长呈现出周期性波动。无独有偶，美国 40 年来的经济增长速度虽然没有我国快，且趋势不同，但整体也呈现出了周期性波动。

为什么两国国情和制度都不同，经济增长却都呈现出周期性波动呢？世界其他国家是否也有相同的特点？

以小组为单位，搜集近 20 年我国经济增长率的数据，并据此绘制折线图，随后观察图形，探讨该时期我国经济周期波动情况。

（二）任务分工

全班学生以 3～5 人为一组进行分组，每组设组长 1 名，小组讨论任务分工并将分工情况填写至表 11-1-1 中。

表 11-1-1　小组成员及分工情况

小组成员	姓　名	学　号	任务分工
组长			
组员			

（三）任务准备

请各组长组织组员进行预习，收集和整理相关资料，讨论并用通俗易懂的语言结合具体事例回答下列问题。

（1）什么是经济周期？

（2）经济周期可划分为哪几个阶段？

班级_____   姓名_____   学号_____

（3）什么是乘数-加速数理论？

（四）任务实施

通过课堂学习、小组合作查阅资料等，完成表 11-1-2。

表 11-1-2　近 20 年我国经济增长情况及分析

近 20 年我国经济增长率（用折线图展示）	我国经济周期的结构特征

（五）任务评价

各组派代表展示任务实施成果，并配合指导老师完成表 11-1-3 所示的任务评价。

表 11-1-3　任务评价

评价项目	评价内容	分　值	评价分数		
			自　评	组　评	师　评
职业素养考核目标（40%）	考勤、仪容仪表	10 分			
	责任意识、纪律意识	10 分			
	团队合作与交流	20 分			
专业能力考核目标（60%）	任务准备过程讨论及记录的完成度	20 分			
	任务实施过程记录的完成度	20 分			
	任务实施成果的展示效果	20 分			
合计		100 分			
综合评价	综合分数_____（自评×25%+组评×25%+师评×50%） 综合等级_____ 综合评语：				

指导老师签字_____

一、经济周期的概念与阶段

（一）经济周期的概念

经济周期是指在长期中，总体经济活动的扩张和收缩交替反复出现的过程。扩张亦称复苏，收缩亦称衰退。早期经济学家对经济周期的定义是建立在实际 GDP 或总产量绝对量变动的基础上的，认为经济周期是实际 GDP 对潜在 GDP 的偏离。现代经济学家认为，经济周期是增长率上升和下降交替的过程。因此，只要 GDP 的增长率下降，即使 GDP 绝对量在增加，也可以称为"经济衰退"，所以在西方有着"增长性的衰退"之说。

经济周期

视野拓展

经济学家萨缪尔森对资本主义经济的发展曾做过这样的描述："在繁荣之后，可以有恐慌与暴跌。经济扩张让位于衰退。国民收入、就业和生产下降，价格与利润跌落，工人失业。当到达最低点后，复苏开始出现。复苏可以是缓慢的，也可以是快速的。新的高涨可以表现为长期持续的、旺盛的需求，充足的就业机会以及提高的生活标准。它也可以表现为短暂的价格膨胀和投机活动，紧接着便是又一次灾难性的萧条。简单说来，这就是所谓的'经济周期'。"

（二）经济周期的阶段

西方经济学家一般把经济周期细分为四个阶段：复苏、繁荣、衰退和萧条（见图 11-1-1）。其中，复苏和繁荣属于扩张阶段，衰退和萧条属于收缩阶段。

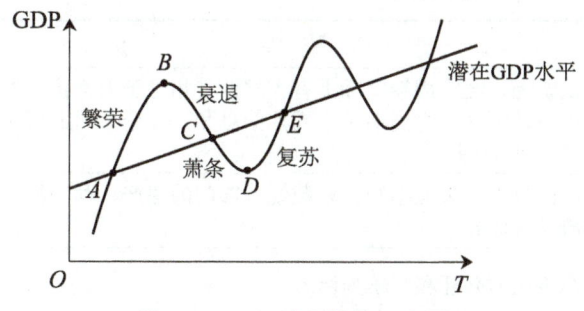

小贴士

衰退和萧条虽然都是指经济活动的下降，但衰退时期的 GDP 水平仍高于潜在 GDP 水平，而萧条时期的 GDP 水平低于潜在 GDP 水平。

图 11-1-1　经济周期的示意图

图 11-1-1 中，向右上方倾斜的直线表示经济长期稳定的增长趋势（潜在 GDP），曲线部分则用来表示经济活动围绕"长期趋势"上下波动的实际水平（实际 GDP）。曲线 A—E 部分代表了一个完整的经济周期：A—B 为**繁荣**阶段，此阶段经济形势好，就业充分，利润丰厚；B—C 为**衰退**阶段，是总需求和经济活动下降的时期，通常伴随着就业、生产、价格、货币、工资、利率和利润的下降；C—D 为**萧条**阶段，此阶段生产和投资很少，工

人难以找到工作，利润微薄；$D—E$ 为复苏阶段，是总需求和经济活动增长的时期，通常伴随着就业、生产、价格、货币、工资、利率和利润的上升。此经济周期中，点 B 为扩张阶段到收缩阶段的转折点，是整个经济周期的峰顶；点 D 为收缩阶段到扩张阶段的转折点，是整个经济周期的谷底。

视野拓展

经济周期波动的几个特点

（1）历史上没有两个完全相同的经济周期，它就像天气一样变化无常。但可以肯定的是，每一个经济周期都可以分为扩张上升和收缩下降两个阶段，两个阶段是相互交替的；也可以更细分为复苏、繁荣、衰退和萧条四个阶段。

（2）虽然经济周期的四个阶段从逻辑上是按顺序排列，但它们在每个周期中的长度和实际形态有很大的差异。例如，一个周期的谷底或峰顶可能仅持续几周，也可能持续几个月。

（3）在一定时期内存在着生产能力的增长趋势，所以，某一周期谷底阶段的实际生产和就业水平有可能比以前周期峰顶时期的水平还要高。

二、经济周期的分类

根据波动的时间不同，经济周期可以分为短周期（短波）、中周期（中波）和长周期（长波），其各自的时间和特点如表 11-1-4 所示。其中，括号内的周期名称是以类型提出者的名字命名的。

表 11-1-4　经济周期的分类

类　型	时　间	特　点
短周期 （基钦周期）	40 个月	基钦认为，经济周期实际上有大周期（相当于朱格拉周期）和小周期两种，大周期是小周期的总和，一个大周期可包括 2~3 个小周期
中周期 （朱格拉周期）	9~10 年	以国民收入、失业率和大多数经济部门的生产、利润和价格的波动为标志
长周期 （库兹涅茨周期）	15~25 年	以建筑业的兴旺和衰落为标志
长周期 （康德拉季耶夫周期）	50~60 年	以主要发明、新资源的利用、黄金的供求等为标志

三、经济周期的成因

对经济周期成因的分析有很多，大体可以分为内生经济周期理论和外生经济周期理论两类。

（一）内生经济周期理论

内生经济周期理论认为，经济波动的根源在于经济体系自身，是内生的。最具代表性的内生经济周期理论为凯恩斯主义的乘数-加速数理论。

1. 乘数-加速数理论

凯恩斯主义认为，投资的变动会引起收入或消费若干倍的变动（乘数作用），而收入或消费的变动又会引起投资若干倍的变动（加速数作用），乘数和加速数的交互作用造成了经济的周期性波动。但是，经济并不会无限扩张下去，因为终究会遇到约束因素，比如资源短缺。一旦经济停止扩张或增长速度放慢，投资便会下降，经济开始走向衰退。由于在衰退阶段长期进行负投资，生产设备逐年减少，因此，仍在营业的一部分企业会感到有必要更新设备。这样，随着投资的增加，收入开始上升，上升的国民收入通过加速数的作用又一次使经济进入扩张阶段，从而出现周期性波动，如图11-1-2所示。

因此，凯恩斯主义认为政府干预是有效的，政府可以采取措施来改变或者缓和经济波动。

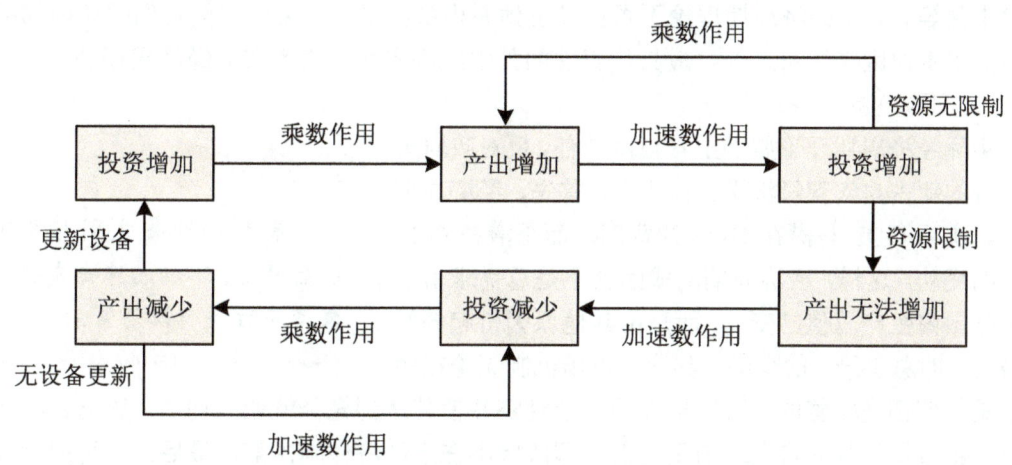

图 11-1-2　乘数-加速数理论

2. 纯货币理论

货币主义认为，经济周期是一种纯货币现象，经济周期性波动主要是金融体系中信用规律性扩张和收缩的交替进行所造成的。

例如，假定政府实行扩张的货币政策使货币供给增加并使商品价格水平上升5%，在短时期内，厂商只看到自己产品的价格上升了5%，未来得及认识到其他商品价格的上升情况，因此他们会把自己产品价格的上升当作市场对自己产品需求的增加，从而增加生产。而劳动者也只看到自己货币工资的增加，以为实际工资增加了，因而会提供更多劳动量，于是就业就会增加。当然，这种情况只会在短期内存在，因为经营者和劳动者迟早会认识到自己产品的实际价格和实际工资并没有增加，生产和就业会回到原来的状态。对于货币供给减少在短期内引起生产和就业的收缩，情况也是如此。这种理论认为未被预期的政策变动虽能引起经济波动，但经过一定时期，经济总会回到自然率水平，因此主张政府干预无效，甚至会引起经济波动。

3. 投资过度理论

投资过度理论将经济周期的成因归结为投资过多。首先，对资本品需求的增加导致资本品价格上升，这就进一步刺激了对资本品的投资，促使经济进入繁荣阶段。但与消费品生产相比，资本品生产发展过快，过度生产导致的过剩又会促使经济陷入衰退阶段。

4. 心理周期理论

心理周期理论和投资过度理论有着密切的联系，该理论也认为投资是导致经济周期的原因，但投资大小主要取决于公众对未来的心理预期。因此，经济波动的最终原因是人们对未来的预期：当预期乐观时，增加投资，经济步入复苏与繁荣；当预期悲观时，则减少投资，经济陷入衰退与萧条。随着人们心理的变化，经济也就周期性地发生波动。

（二）外生经济周期理论

外生经济周期理论认为是经济体系外部不可预测的事件引起了经济波动，例如战争、政治事件等。外生经济周期理论不否认经济体系内部因素的重要性，但它们强调内部因素变动的根本原因在体系之外。最具代表性的外生经济周期理论为实际经济周期理论。

1. 实际经济周期理论

实际经济周期理论属于主张自由放任，反对政府干预经济的新古典宏观经济学。它认为，首先，经济周期并不是实际 GDP 与潜在 GDP 的背离，而是潜在 GDP 本身的变动。这样，经济周期的成因就不是总需求引起的实际国内生产总值的变动，而是由其他原因引起的经济潜力（即总供给）的变动。其次，市场机制无论在短

有利的冲击先引起繁荣然后衰退，不利的冲击先引起衰退而后逐渐恢复繁荣。

期还是长期都是完善的，可以自发地调节经济并使其达到充分就业的均衡。因此，经济周期不是由市场机制的自发调节引起的，即成因不在于经济体制内部。最后，经济周期源自外部的冲击，即一些实际因素。这些外部冲击可以是技术进步、自然灾害、战争或其他突发事件。由于这些冲击没有规律，因此经济周期也没有规律。

经典案例

AI 的出现带来了投资机会，投资的增加带动了整个经济的发展，引起经济繁荣，直到这个有利的外部冲击引起的投资机会消失。如果有利的外部冲击接连出现，经济就会持续繁荣下去，但这个条件很难实现。当投资逐渐减少时，经济就进入了衰退，只有等下一次技术突破的出现，才可能再次繁荣。技术突破是间断性的，因此经济也出现了扩张与收缩的交替。

因此，实际经济周期理论认为，当经济受到外部冲击而发生波动时，要靠市场机制自发调节恢复均衡。政府的政策只会加剧波动，不会有助于稳定，甚至可能成为引起经济波

动的外部冲击之一。政府应放弃对经济的干预，让市场机制自发发挥调节作用。

 课堂讨论

实际经济周期理论和乘数-加速数理论有什么联系与区别？

2. 创新理论

创新理论是由奥地利经济学家 J. 熊彼特提出的。这里的创新不是技术概念，而是经济概念，是指一种新的生产函数，或者生产要素的一种"新组合"。当新组合出现时，大量企业会相继模仿，形成"创新浪潮"，从而投资增加，经济扩张。而一旦用新组合的技术扩散，被大多数企业获得，最后的阶段——停滞阶段也就临近了。在停滞阶段，因为没有新的技术创新出现，很难刺激大规模投资，从而难以摆脱萧条。这种情况直到新的创新出现才会被打破，才会有新的繁荣出现。

总之，该理论把周期性的原因归为科学技术的创新，而科学技术的创新不可能持续不断地出现，因此必然有经济的周期性波动。

3. 太阳黑子理论

太阳黑子理论由英国经济学家杰文斯于 1875 年提出，他把经济的周期性波动归因于太阳黑子的周期性变化。因为据说太阳黑子的周期性变化会影响气候的周期变化，从而影响农业收成，而农业收成的丰歉又会影响整个经济。太阳黑子的出现是有规律的，每十年左右出现一次，因而经济周期大约也是十年一个周期。

从上述关于经济周期成因的不同理论可以看出，经济周期是多种因素结合的成果。尽管在理论上关于政府是否该干预经济波动仍存在分歧，但在现实中，各国在面对经济出现大起大落时都无一例外地选择了积极干预。

班级_____ 姓名_____ 学号_____

 任务检测

一、单选题

1. 经济周期的四个阶段依次为（　　）。
   A. 复苏、繁荣、衰退、萧条　　B. 繁荣、衰退、萧条、复苏
   C. 萧条、复苏、繁荣、衰退　　D. 以上各项都对
2. 经济周期的核心问题是（　　）。
   A. 价格的波动　　B. 利率的波动
   C. 国民收入的波动　　D. 股票的波动
3. 持续时间为 15～25 年的经济周期是由（　　）提出的。
   A. 基钦　　B. 朱格拉
   C. 库兹涅茨　　D. 康德拉季耶夫
4. 一个中周期持续的时间为（　　）。
   A. 3～5 年　　B. 9～10 年
   C. 40 个月　　D. 20～30 年
5. 加速原理认为（　　）。
   A. 消费增长会引起 GDP 数倍增长　　B. GDP 增长会引起投资数倍增长
   C. GDP 增长会引起消费数倍增长　　D. 投资增长会引起 GDP 数倍增长

二、多选题

6. 在经济周期的扩张阶段，通常伴随着（　　）的现象。
   A. 总需求增加　　B. 产出增加
   C. 失业率降低　　D. 投资增加
7. 下列选项中，属于外生经济周期理论的有（　　）。
   A. 实际经济周期理论　　B. 心理周期理论
   C. 创新理论　　D. 太阳黑子理论

三、简答题

8. 实际经济周期理论有哪些观点？

班级_____　　姓名_____　　学号_____

9. 简述你所了解的内生经济周期理论（至少 3 个）。

班级_____   姓名_____   学号_____

任务二　洞察经济增长

 **任务工单**

（一）任务描述

对于经济增长，摆在人们面前的难题是，为什么收入和经济增长率在世界各国存在着巨大差异？对这一难题的认识，涉及经济增长的三个基本问题，它们是

第一，为什么一些国家如此富裕，而另一些国家那么贫穷？

第二，什么是影响经济增长的因素？

第三，怎样理解一些国家和地区的增长奇迹？

在宏观经济学中，对上述问题的解答有两种互为补充的分析方法：一种是增长核算，它试图把产量增长的不同决定因素的贡献程度数量化；另一种是增长理论，它把增长过程中生产要素供给、技术进步、储蓄和投资互动关系模型化。大致说来，这两种方法构成了分析增长问题的框架。

以小组为单位，分析本项目任务一绘制的近20年我国经济增长率折线图，探讨我国经济增长的方式和原因。

（二）任务分工

全班学生以3～5人为一组进行分组，每组设组长1名，小组讨论任务分工并将分工情况填写至表11-2-1中。

表11-2-1　小组成员及分工情况

小组成员	姓　名	学　号	任务分工
组长			
组员			

（三）任务准备

请各组长组织组员进行预习，收集和整理相关资料，讨论并用通俗易懂的语言结合具体事例回答下列问题。

（1）什么是经济增长？

班级_____　　姓名_____　　学号_____

（2）经济增长的方式有哪些？

（3）在经济增长理论中，什么是稳态？

（四）任务实施

通过课堂学习、小组合作查阅资料等，完成表 11-2-2。

表 11-2-2　近 20 年我国经济增长情况、增长方式及增长原因分析

问　题	答　案
简述近 20 年我国经济增长情况	
分析近 20 年我国经济增长方式	
分析近 20 年我国经济增长原因	

（五）任务评价

各组派代表展示任务实施成果，并配合指导老师完成表 11-2-3 所示的任务评价。

表 11-2-3　任务评价

评价项目	评价内容	分　值	评价分数		
			自评	组评	师评
职业素养考核目标（40%）	考勤、仪容仪表	10 分			
	责任意识、纪律意识	10 分			
	团队合作与交流	20 分			
专业能力考核目标（60%）	任务准备过程讨论及记录的完成度	20 分			
	任务实施过程记录的完成度	20 分			
	任务实施成果的展示效果	20 分			
	合计	100 分			
综合评价	综合分数_____（自评×25%+组评×25%+师评×50%） 综合等级_____ 综合评语：				
	指导老师签字_____				

一、经济增长的概念与特征

（一）经济增长的概念

经济增长是指一个国家或地区生产商品和劳务能力的增长。简单来说，经济增长是产出的增加，这里的产出既可以是 GDP 总量，也可以是人均 GDP。

美国经济学家库兹涅茨给经济增长下了这样一个定义："一个国家的经济增长是指为居民提供日益繁多的经济产品能力的长期上升，这种不断增长的能力是建立在先进技术以及所需要的制度和思想意识相应的调整的基础上的。"他认为，这个定义有三个组成部分：① 不断提高的国民生活水平是经济增长的结果，也是经济增长的标志；② 技术进步是经济增长的基础或必要条件；③ 制度与意识的调整是技术得以发挥作用的充分条件。

（二）经济增长的特征

库兹涅茨还总结了现代经济增长的六个特征，如图 11-2-1 所示。

图 11-2-1　经济增长的特征

二、经济增长的原因

经济为什么会增长？寻求这个问题的答案一直是经济学家孜孜以求的目标。经济增长是产出的增加，因此可以根据总生产函数来研究经济增长的原因。总生产函数公式为

$$Y = Af(K, N) \tag{11-2-1}$$

式（11-2-1）中，Y 为总产出，A 为技术，K 为资本，N 为劳动。可以看出，经济增长的原因是生产要素投入的增加和技术进步。需要注意的是，与之前学习的总生产函数不同的是，这里多了技术因素。这是因为，前面的分析都以技术水平不变为前提，即生产率不变。但事实上，生产率会因为技术进步而提升，因此在总生产函数中加入了外生变量 A。

(一) 生产要素

1. 资本

在对经济增长的分析中，资本指的是物质资本，即投在设备、厂房和基础设施等生产物资上的资本。资本的积累使人均资本量提高，每个劳动者使用的设备越先进，其产出就越高。例如，由于农业机械化，美国的农民现在工作一小时相当于 50 年前工作一周，这使得美国 1% 的农业劳动力生产的农产品不仅足够本国人消费，还可供出口。经济学家亚当·斯密认为，资本的增加是国民财富增加的源泉。很多经济学家也把资本积累作为实现经济增长的首要任务。他们认为，占国民收入 10%～15% 的资本积累是经济飞速发展的先决条件。

2. 劳动

劳动增长包括劳动力数量的增加和质量的提高。其中，劳动力数量的增加主要源于人口的增加，就业率的提高以及劳动时间的增加。劳动力质量的提高表现为劳动者品德修养、文化素养、技术能力、健康程度的提升。劳动力质量的提高可以弥补数量的不足。一般而言，在经济发展的初期，经济增长所需要的劳动增加主要靠劳动力数量的增加，发展到一定阶段后，人口增长率下降，就需要提高劳动力质量来弥补数量的不足。

新型生产要素——数据

除了劳动和资本，自然资源也会对经济增长产生影响，但它并非决定性因素。例如，日本、卢森堡等自然资源匮乏的国家，就是靠发展资本密集型产业和技术等快速发展的。

(二) 技术

狭义的技术进步是指生产工艺、中间投入品以及制造技能等方面的革新和改进，例如改造旧设备、采用新设备、改进旧工艺、使用新的原材料和能源、研究开发新产品等。

广义的技术进步是指技术所涵盖的各种形式的知识积累与改进。技术进步在经济增长中的作用体现为生产率的提高，即同样的生产要素投入可以获得更多的产出。

 视野拓展

> 对经济增长原因的探讨会引出这样一些问题：为什么一些国家比另一些国家积累了更多的生产要素，开发了更好的技术？如果增加生产要素投入和采用新技术就能提高产出，那么所有国家不都想这么做吗？为什么不同国家之间会有那么大差距？这是因为，生产要素和技术（直接原因）是由其他更深层次的因素（根本原因）决定的，这些因素可总结为制度、文化和地理。因此，总产出函数可由复合函数来表示，公式为
>
> $$Y = A(F)f[K(F), L(F)] \qquad (11\text{-}2\text{-}2)$$
>
> 式（11-2-2）中，F 代表增长的根本原因，生产要素和技术都是关于 F 的函数。

三、经济增长的方式

根据增长原因的不同,经济增长方式可以分为粗放型经济增长和集约型经济增长。

(一)粗放型经济增长

粗放型经济增长是指主要依靠增加资本、人力、自然资源等生产要素的投入来实现经济增长的增长方式。这种增长方式效率低下,资源浪费严重,生态环境问题突出。低效率与经济增长的高速度形成了恶性循环:低效率意味着要实现经济高增长必须有更多的生产要素投入,因此提高效率相关的技术投入就会不足,技术进步、产业结构调整就难以实现,经济增长不得不延续低效率的粗放增长。

(二)集约型经济增长

集约型经济增长是指在生产规模不变的条件下,依靠新技术、新工艺、提高劳动者素质等技术进步,以提高生产率的方式来实现经济增长的增长方式。以这种方式实现的经济增长效率高、消耗较低、成本较低,产品质量能不断提高,经济效益较高。

四、经济增长模型

对经济增长原因的分析借助了总产出函数,这种分析本质上是静态分析。为了解释各增长因素如何促进经济增长,我们需要进行动态分析,即了解经济增长模型。

(一)新古典增长模型

新古典增长模型由经济学家罗伯特·默顿·索洛等人提出,因此又称为"索洛模型",其公式为

$$\Delta k = sf(k) - (n + \delta + g)k \quad (11\text{-}2\text{-}3)$$

式(11-2-3)中,k($k = K/AN$,其中,K 为资本,A 为技术,N 为人口)为有效劳动平均资本,Δk 为有效劳动平均资本变动,s 为储蓄率,$f(k)$ 为人均收入,n 为人口增长率,δ 为折旧率,g 为技术进步率,$sf(k)$ 为人均储蓄。

新古典增长模型认为,无论经济体的初始有效劳动平均资本是多少,最终都会收敛到保持不变的状态,即 $\Delta k = 0$,这个状态被称为"稳态",如图 11-2-2 所示。

在图 11-2-2 中,y($y = Y/AN$)为有效劳动平均产出。$sf(k)$ 曲线与 $(n+\delta+g)k$ 曲线相交于点 D,此时 $\Delta k = 0$,所以点 D 所对应的状态为该模型的稳态。当经济达到稳态时,k 和 y 分别为常数 k^* 和 sy^*,而人均产出 $Y/N = Ay$,故人均产出取决于技术进步,人均产出增长率为技术进步率 g,相应地,总产出增长率为技术进步率和人口增长率的和,即 $n + g$。

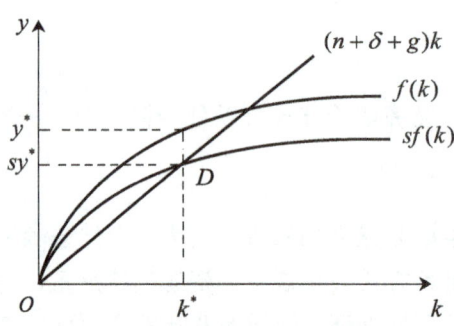

图 11-2-2 新古典增长模型的稳态

从图 11-2-2 中还可以看出,当储蓄率 s 上升时,$sf(k)$ 曲线更靠近 $f(k)$ 曲线,此时交点 D 便会上移,进而 y^* 也会随之增长。但这一增长只是水平效应,只能暂时提高产出,随着时间的推移,经济增长率依然是原来的水平。

综上所述,新古典增长模型认为:① 增长需要用人均数据衡量;② 决定经济增长的因素为物质资本、人力资本和技术水平;③ 只有技术进步才能解释生活水平(即人均产出)的长期上升,总产出增长率等于技术进步率与人口增长率的和。

但是,索洛模型把技术水平看成外生因素,且技术进步是经济增长的关键因素,因此,索洛模型说明不了经济增长的源泉和动力所在。

(二)内生增长模型

1986 年,美国经济学家保罗·罗默等人建立了内生增长模型,将储蓄率、人口增长率与技术进步等重要因素作为内生变量来考虑,从而得出由模型的内部因素决定经济的长期增长。该模型的公式为

$$\frac{\Delta Y}{Y} = \frac{\Delta K}{K} = sA - \delta \qquad (11\text{-}2\text{-}4)$$

式(11-2-4)中,A 是一个常量,它衡量一单位资本的产出量。这个模型不存在资本边际收益递减,额外一单位资本均生产 A 单位的额外产出。该式表明,只要 $sA > \delta$,即使没有外生技术进步的假设,经济也会一直增长,s 越高,增长率也将越高。进一步地,这一模型暗示,那些能永久提高投资率的政府政策会使经济增长率不断地提高。

内生增长模型比较集中地讨论了技术进步对经济增长的作用,它将知识看作一种资本。下面我们根据这一思路举一个简单的例子。

假设经济有两个部门,分别为制造业企业和研究型大学。企业生产产品和劳务并将其用于投资和消费,大学生产"知识"这一生产要素,并供整个经济免费利用。因此,有以下公式:

$$Y = f[K, (1-u)EN] \qquad (11\text{-}2\text{-}5)$$

$$\Delta E = g(u)E \qquad (11\text{-}2\text{-}6)$$

$$\Delta K = sY - \delta K \qquad (11\text{-}2\text{-}7)$$

式（11-2-5）是企业的生产函数，式（11-2-6）是大学的生产函数，式（11-2-7）是资本积累方程。其中，u 为在大学的劳动的比例，$(1-u)$ 为在企业的劳动的比例，E 为知识存量，$g(u)$ 为知识增长函数。在这里，长期增长是内生的，因为大学的知识创造不会停止。

课堂讨论

内生增长理论有哪些政策意义？

经济人物

保罗·罗默，出生于 1955 年，美国经济学家，内生增长理论主要建立者之一，2016 年被世界银行任命为新任首席经济学家。2018 年因为在创新、气候和经济增长方面研究的杰出贡献，与威廉·诺德豪斯共同获诺贝尔经济学奖。

罗默在 1986 年建立了内生经济增长模型，把知识这一因素完整纳入经济和技术体系，看作经济增长的内生变量。他对纠正新古典经济增长模型的局限性的探讨重新激起了经济学界对经济增长理论的兴趣。

班级_____   姓名_____   学号_____

任务检测

一、单选题

1. 下列选项中，不属于经济增长原因的是（   ）。
   A．劳动要素的增长　　　　　B．资本要素的增长
   C．生产要素生产率的提高　　D．出口的增加
2. 经济增长最基本的特征是（   ）。
   A．国内生产总值的增加　　　B．技术的进步
   C．制度与意识的调整　　　　D．人口的增加

二、多选题

3. 劳动增长的主要途径有（   ）。
   A．人口增加　　　　　　　　B．就业率提高
   C．劳动时间增加　　　　　　D．职业技能提高
4. 下列影响经济增长的因素中，可视为技术进步的有（   ）。
   A．就业人数增加　　　　　　B．改造旧设备
   C．采用新设备　　　　　　　D．改进旧工艺

三、简答题

5. 简述经济增长与经济发展的区别。

6. 经济增长的原因有哪些？

班级_____　　姓名_____　　学号_____

项目实训——探索我国经济发展成就与高质量发展之路

一、实训目标

使学生了解我国经济发展成就，理解我国实现高质量发展的原因、必要性以及为全球可持续发展做出的贡献，从而树立道路自信、理论自信、制度自信，提升爱国情感。

二、实训内容和要求

1. 小组工作

（1）学生自由分组，搜集国家统计局 2024 年发布的新中国 75 年经济社会发展成就系列报告，并对其进行学习。

（2）组内讨论，分析我国创造经济奇迹的原因以及实现高质量发展的必要性。

2. 班级交流

全班组织开展交流研讨，每组派一名代表发言，其他小组成员可以进行评价、提问，或者针对发言内容发表自己的观点并阐述理由。发言人及本组成员可针对提问进行答辩。

3. 考核

每个小组提交一份以高质量发展为主题的文章，学生和教师根据学生平时课堂表现、提交的文章、班级交流发言情况在表 11-3-1 中进行评估打分，综合评定本项目的成绩。

表 11-3-1　项目考核表

考核内容	分　值	考核分数		
		自　评	组　评	师　评
日常考勤和课堂纪律	10 分			
学习态度和课堂参与	10 分			
完成任务检测并保证题目的正确率	50 分			
参与项目实训并积极完成各项任务	30 分			
合计	100 分			
综合评价	综合分数_____（自评×25%+组评×25%+师评×50%） 综合等级_____ 综合评语： 指导老师签字_____			

项目十二

开放条件下的宏观经济

国家统计局 2024 年发布的新中国 75 年经济社会发展成就系列报告指出:"新中国成立初期,我国社会生产力落后,经济基础薄弱,再加上西方国家的经济封锁,对外货物贸易处于封闭半封闭状态,1950 年我国货物进出口总额仅 11.3 亿美元。20 世纪 50—60 年代,我国货物贸易规模有所扩大,年均增速为 6.9%。进入 20 世纪 70 年代,国际环境出现积极变化,我国恢复在联合国的合法席位,对外贸易获得较快发展,货物进出口总额由 1970 年的 45.9 亿美元增长到 1978 年的 206 亿美元,年均增长 20.7%。1978 年以来,在改革开放政策指引下,我国不断深化外贸体制改革,持续提高对外开放水平,货物贸易规模稳步扩大。特别是 2001 年加入世界贸易组织以来,我国紧抓经济全球化机遇,积极加强与世界各国的经贸合作,对外贸易迈上新台阶。2004 年、2007 年、2011 年货物进出口规模分别突破 1 万亿美元、2 万亿美元、3 万亿美元。1979—2012 年,我国货物进出口总额增长 186.4 倍,年均增长 16.6%。党的十八大以来,面对复杂严峻的国际环境,我国坚持稳中求进工作总基调,深度融入全球经济,全力推进对外贸易高质量发展。2023 年,货物进出口总额达到 59 360 亿美元;2013—2023 年,我国货物进出口总额年均增长 4%,增速高于同期全球货物贸易平均水平 1.6 个百分点。改革开放前,我国货物贸易规模较小,在国际市场所占份额很低,到 1978 年,货物进出口总额仅占国际市场的 0.8%。改革开放以来,随着我国对外贸易的快速发展,货物贸易规模不断扩大,在国际市场所占份额和位次逐步提高。2009 年,我国成为全球货物贸易第一大出口国和第二大进口国,货物进出口总额占国际市场的比重提升至 8.7%。2013 年,我国货物进出口总额占国际市场的比重进一步提升至 11.0%,首次超越美国,成为全球货物贸易第一大国。此后除个别年份外我国一直保持全球第一,2023 年我国货物进出口总额占国际市场的 12.4%。"

我国已成为全球制造业第一大国、货物贸易第一大国、商品消费第二大国,以及外汇储备第一大国。综合国力飞跃的同时,我国也实现了从世界体系边缘到走近世界舞台中央的华丽转身,成为国际体系的重要参与者、建设者、贡献者。

本项目主要介绍国际贸易、汇率与国际收支的相关知识,内容包括国际贸易的分类、国际贸易理论、贸易保护、国际贸易政策、汇率理论和国际收支等。通过这些知识来解释开放条件下的国际经济对我国宏观经济的影响。

项目概览

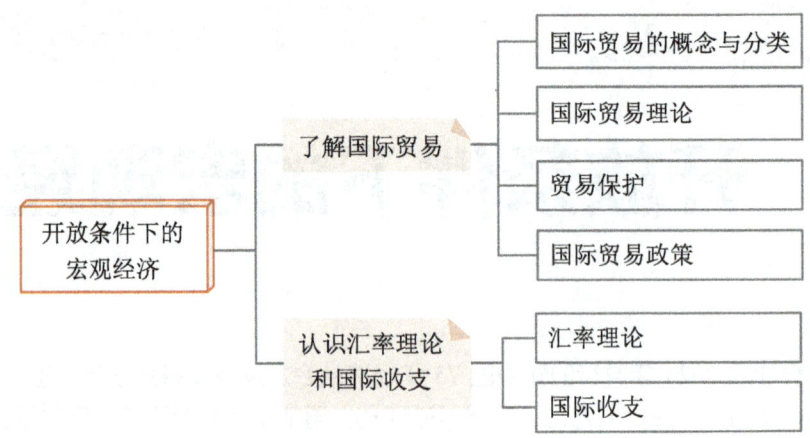

学习目标

知识目标

（1）掌握国际贸易的概念与分类。
（2）了解国际贸易理论与贸易保护。
（3）了解国际贸易政策工具与作用。
（4）掌握汇率的标价方法和汇率制度。
（5）了解国际收支平衡表的内容。

能力目标

（1）能够分析一国的贸易特点并评价其贸易政策。
（2）能够分析汇率变动对经济的影响。
（3）能够分析和评价一国的国际收支状况。

素质目标

（1）通过了解我国对外开放政策的原理，提高学习经济学的兴趣，培养经济思维。
（2）认识我国对世界经济发展的贡献以及展现出的大国担当，树立道路自信与制度自信。

班级_____   姓名_____   学号_____

任务一　了解国际贸易

任务工单

（一）任务描述

纵观国际贸易几千年的发展历史，霸主更迭，各个国家的成功之路大相径庭，对国际贸易的看法也相去甚远。为什么西班牙即使面临通货膨胀也要严禁黄金白银输出国外？是什么促使英国不惜发动战争也要打开其他国家的贸易大门？又是什么推动美国发起并拟定了《关税与贸易总协定》，将其作为推行全球贸易自由化的临时契约？国际贸易究竟可以为一个国家带来什么？

以小组为单位，搜集近5年我国对外贸易的相关数据以及已实施的政策，并分析这些数据与政策之间的关系。

（二）任务分工

全班学生以3～5人为一组进行分组，每组设组长1名，小组讨论任务分工并将分工情况填写至表12-1-1中。

表12-1-1　小组成员及分工情况

小组成员	姓　名	学　号	任务分工
组长			
组员			

（三）任务准备

请各组长组织组员进行预习，收集和整理相关资料，讨论并用通俗易懂的语言结合具体事例回答下列问题。

（1）什么是国际贸易？

（2）国际贸易有哪些分类？

班级_____ 姓名_____ 学号_____

（3）国际贸易有哪些政策工具？

（四）任务实施

通过课堂学习、小组合作查阅资料等，完成表12-1-2。

表12-1-2 近5年我国对外贸易的相关数据、政策及分析

年 份	对外贸易数据			对外贸易政策	分 析
	进出口总额	进口总额	出口总额		

（五）任务评价

各组派代表展示任务实施成果，并配合指导老师完成表12-1-3所示的任务评价。

表12-1-3 任务评价

评价项目	评价内容	分 值	评价分数		
			自 评	组 评	师 评
职业素养考核目标（40%）	考勤、仪容仪表	10分			
	责任意识、纪律意识	10分			
	团队合作与交流	20分			
专业能力考核目标（60%）	任务准备过程讨论及记录的完成度	20分			
	任务实施过程记录的完成度	20分			
	任务实施成果的展示效果	20分			
	合计	100分			
综合评价	综合分数_____（自评×25%+组评×25%+师评×50%） 综合等级_____ 综合评语：				

指导老师签字_____

项目十二　开放条件下的宏观经济

一、国际贸易的概念与分类

（一）国际贸易的概念

国际贸易是指不同国家（或地区）之间货物和服务的交换活动，反映了世界各国在经济上的相互依存和联系。

（二）国际贸易的分类

1. 根据商品性质分类

根据商品性质的不同，国际贸易可分为国际货物贸易和国际服务贸易。国际货物贸易和国际服务贸易的概念与特点如表12-1-4所示。

表12-1-4　国际货物贸易和国际服务贸易的概念与特点

类型	概念	特点
国际货物贸易	国际货物贸易又称"国际有形贸易"，是指那些有形的、物质性的实体商品进出口所形成的交易活动，如粮食、原材料、机器、车辆、船舶、飞机等商品的交换活动	货物贸易具有可看见、可触摸的外在物理特性
国际服务贸易	国际服务贸易又称"国际无形贸易"，是指一切不具备自然属性的、无实物形态的商品进出口所形成的交易活动，如运输、金融、旅游、租赁、技术等劳务的交换活动	服务贸易不具有可看见、可触摸的外在物理特性

视野拓展

在《服务贸易总协定》中，国际服务贸易被界定为如下几种：① 跨境交付；② 境外消费；③ 商业存在；④ 自然人流动。

2. 根据商品移动方向分类

根据商品移动方向的不同，国际贸易可以分为出口贸易、进口贸易和过境贸易，具体内容如图12-1-1所示。

出口贸易
一个国家将其生产和加工的商品运往他国市场销售

进口贸易
一个国家将外国生产和加工的商品运入本国市场销售

过境贸易
一个国家向另一个国家出口商品时，由于地理位置的因素而必须经过第三国，对第三国来说，该笔交易就属于过境贸易

图12-1-1　出口贸易、进口贸易和过境贸易

过境贸易又可分为直接过境贸易和间接过境贸易。直接过境贸易，即外国商品经过本国时并不存入本国海关保税仓库，而是直接转运出境，即纯属转运性质的贸易。间接过境贸易，即外国商品运到本国后，先存入海关保税仓库，之后未经加工改制，又从海关保税

仓库提出，运出国境。

在过境贸易中，第三国虽然没有直接参与交易，但商品要进出该国的国境或关境，要经过海关并进行统计，从而构成该国进出口贸易的一部分。不过，如果这类贸易只是通过航空运输飞越第三国领空，则第三国海关不会把它列入过境贸易。

 视野拓展

> 一国出口总额与进口总额之间的差额称为"贸易差额"。
> 出口总额与进口总额相等的现象，称为"贸易平衡"。
> 出口总额大于进口总额，即贸易盈余的现象，称为"贸易顺差"或"出超"。
> 进口总额大于出口总额，即贸易赤字的现象，称为"贸易逆差"或"入超"。

二、国际贸易理论

在经济全球化和世界多极化的大背景下，世界各国的经济发展不再是封闭独立个体的发展，而是越来越依赖世界市场和国际贸易的发展，其中的原因可以结合以下理论理解。

（一）绝对优势理论

英国古典经济学家亚当·斯密提出，分工能提高生产率，这一原则不仅适用于国内，而且适用于各国之间。他认为，当一国相对另一国在某种产品的生产上有绝对优势，但在另一种产品生产上有绝对劣势时，两国可以专门生产自己有绝对优势的产品，并用其中一部分来交换自己有绝对劣势的产品。这样，生产率大大提高，资源得到有效利用，两种产品的产出都会增加，增加的产出可用来测度两国分工及贸易所带来的利益，适当地分配这种利益就可以使两国都受益。这就是绝对优势理论。根据这一理论，亚当·斯密提出了自由贸易的主张。

 **学习札记**

> 专业化分工也增加了世界财富。

（二）比较优势理论

在现实社会中，有些国家比较发达，有可能在各种产品的生产上都具有绝对优势，而另外一些国家可能不具有任何生产技术上的绝对优势，但是贸易仍然在这两种国家之间发生。这时候，亚当·斯密的绝对优势理论就无法解释这种绝对先进和绝对落后国家之间的贸易。因此，另一位著名的古典经济学家大卫·李嘉图在继承和发展了亚当·斯密绝对优势理论的基础上，提出了比较优势理论。比较优势理论认为，即使一个国家在两种产品的生产上与另一国相比均处于劣势（即不存在绝对优势产品），仍有可能进行互惠贸易。它可以专门生产并出口绝对劣势相对较小的产品（即比较优势产品），同时进口其绝对劣势相对较大的产品（即比较劣势产品）。

经典案例

假定世界上只有两个国家（如 A 国和 B 国），只生产两种产品（如葡萄酒和羊毛），投入的资源只有劳动。A 国生产 1 箱葡萄酒，投入的劳动是 80 人；B 国生产 1 箱葡萄酒，投入的劳动是 120 人。在葡萄酒的生产上，A 国使用的资源（劳动）少于 B 国，所以 A 国具有绝对优势。在羊毛的生产上，A 国生产 1 千克羊毛，投入的劳动是 90 人，B 国生产 1 千克羊毛，投入的劳动是 100 人，A 国仍然具有绝对优势。两国的绝对优势如表 12-1-5 所示。

表 12-1-5　两国的绝对优势

生产成本	葡萄酒/（人/箱）	羊毛/（人/千克）
A 国生产成本	80	90
B 国生产成本	120	100

从 A 国的角度看，两种产品的生产成本都比 B 国低，但低的程度不同，葡萄酒的成本相当于 B 国的 80/120（约 67%），而羊毛的成本相当于 B 国的 90/100（90%），所以 A 国生产葡萄酒的优势更大一些。也就是说，A 国生产葡萄酒具有比较优势。

从 B 国的角度看，两种产品的生产成本都比 A 国高，但高的程度不同，葡萄酒的成本相当于 A 国的 120/80 倍（1.5 倍），而羊毛的成本相当于 A 国的 100/90 倍（约 1.1 倍），所以 B 国生产羊毛的劣势更小一些。也就是说，B 国生产羊毛具有比较优势。

在没有贸易的条件下，A 国和 B 国都需要生产这两种产品，以满足各自国内消费者的需要。所以，在资源有限[A 国有 170 人（80+90=170 人）的劳动资源，B 国有 220 人（120+100=220 人）的劳动资源]且不从事国际贸易的条件下，全世界共有 2 箱葡萄酒和 2 千克羊毛的财富。如果两国开展国际贸易，就可以进行分工，这样两国都可以把本国的有限资源转移到本国具有比较优势的部门，A 国将生产羊毛的 90 人转移至生产葡萄酒的部门，按照现有的生产技术或劳动生产率，A 国就可以生产出 2.125 箱[(80+90)/80=2.125 箱]的葡萄酒；B 国则可以将生产葡萄酒的 120 人转移到生产羊毛的部门，按照 B 国现有的生产技术或劳动生产率，B 国可以生产出 2.2 千克[(120+100)/100=2.2 千克]的羊毛。

假设 A 国可用 1 箱葡萄酒与 B 国交换 1 千克羊毛，最终，A 国拥有 1.125 箱葡萄酒和 1 千克羊毛，比参与国际贸易前多 0.125 箱葡萄酒的财富；B 国拥有 1 箱葡萄酒和 1.2 千克羊毛，比参与国际贸易前多 0.2 千克羊毛的财富。由于两国进行了贸易，因此虽然资源并没有增加，但两国的财富都增加了。参与国际贸易前后两国财富对比如表 12-1-6 所示。

表 12-1-6 参与国际贸易前后两国财富对比

财富范围	贸易（分工）前		分工后		贸易后	
	葡萄酒/箱	羊毛/千克	葡萄酒/箱	羊毛/千克	葡萄酒/箱	羊毛/千克
A国	1	1	2.125		1.125	1
B国	1	1		2.2	1	1.2

 课堂讨论

如何从机会成本的角度理解比较优势理论？

（三）要素禀赋理论

要素禀赋理论强调的是各国自然资源的差异。这一理论的基本内容：生产不同商品所使用的各种生产要素的比例是不同的，各国所拥有的资源不同使各国间的贸易互利。具体来说，劳动力丰富而价格低的国家生产劳动密集型商品；资本丰富而价格低的国家生产资本密集型商品，然后进行交换。根据这种理论，国际贸易能够给各国带来以下好处。

（1）资源配置在世界范围内实现最优。各国按自己的资源条件进行专业化生产，这就可以使资源得到最有效的运用。由于资源配置状况的改善，因此同样的资源可以生产出更多的商品，从而增加世界各国的福利。

（2）商品价格的均等化。各国商品在世界范围内进行竞争，其结果是各种商品在各国的价格水平相等，并且位于最低的价格水平。

（3）生产要素价格的均等化。通过国际贸易，各国生产要素价格也会趋于均等化。在贸易之前，同种生产要素在各国的价格不同，这正是开展贸易的原因。在各国之间的贸易中，某种生产要素价格低的国家生产密集使用这种生产要素的商品并出口，对生产要素需求的增加使要素价格随之提高。而这种生产要素价格高的国家进口这类商品，其生产要素价格必然下降，结果就是各国生产要素价格均等化。

 素养之窗

在当前社会，人们越来越重视自己的人生设计，以了解自己究竟想要什么、想要成为什么样的人，以及如何拥有自己理想中的生活。作为大学生，我们也应提前制订合适的人生目标，而不是盲目地"边跑边看路"。那么，如何确立自己的人生目标呢？这里便可以利用比较优势原理和要素禀赋原理。

在确立目标时，我们应想清楚在未来的社会竞争中，自己具备怎样的比较优势。例如，与在操场上运动相比，你在化学实验中的表现更出众，那你就可以将当运动员这个选项从人生设计的目标集中剔除，然后在与化学实验相关的目标集中进行比较和选择。此外，我们还要分析自己拥有的要素禀赋，如家庭背景、个人关系网络、性格特征和能力。这些都可以帮助自己选择更合适的人生目标，进而集中精力，为实现人生目标最大限度地发挥个人的潜能。

（四）新国际贸易理论

战后发达国家之间商品贸易的迅速增长是传统的比较优势理论和要素禀赋理论都无法解释的。20世纪80年代以后，美国经济学家克鲁格曼等提出了新国际贸易理论来解释这种现象。这种理论的依据是世界市场竞争的不完全性和规模经济的存在。新贸易理论从需求出发来解释国际贸易。该理论认为，由于收入和偏好不同，消费者的需求也千差万别。即使是对同一种商品，如汽车，消费者也有不同的需求，有的人喜欢豪华型的，有的人喜欢节能型的。这种对商品不同的需求促使企业生产有差别的商品，引起垄断，这样，像汽车这种制成品的市场就是不完全竞争市场。在这种市场上，企业只有具有一定的规模才能具备创造商品差别的能力，也才能实现低成本生产，即规模经济十分重要。如果企业以本国需求为目标来生产有差别的商品（如不同的汽车），国内市场有限，难以实现规模经济，因此需要以满足全世界范围内的需求为目标。这样，各国生产有细微差别的制成品，然后进行交易，各国都实现了规模经济，企业和消费者都会受益，这就是国际贸易的利益所在。

国际贸易的作用

各种自由贸易理论从不同维度证明了国际贸易的优点，推动了国际贸易的发展。

三、贸易保护

自亚当·斯密以来的各种自由贸易理论的基本观点都认为自由贸易可以推动经济发展，增加各国福利，而贸易保护是不利于经济发展的。但自重商主义以来的贸易保护理论均在一定程度上反映了国际贸易发展的现实，即贸易保护有其存在的必定性和现实条件。重商主义是历史上最早的贸易保护理论，其中心观点是，只有金银形式的货币才是一国真正的财富，增加一国财富的唯一方法是只出口不进口，或者多出口少进口。当一国有贸易顺差时，其他国家的金银流入，这时，本国财富就增加了。由此得出贸易限制政策有利于一国经济的结论。重商主义的这种理论是贸易保护主义的鼻祖。

在现代经济中，仍有一定影响的贸易保护理论如表12-1-7所示。

表12-1-7　贸易保护理论

理　论	中心观点
工作岗位论	与其他国家之间的贸易会减少国内的工作岗位，从而加剧失业
国家安全论	有些行业（如钢铁行业）影响到国家安全，如果实行自由贸易，一旦出口国与进口国成为敌对国，进口国的国家安全就会受到威胁
幼稚产业保护论	为了使国内尚不具备国际竞争力（具有发展潜力，但暂时缺乏资金等发展要素）的行业得以发展，需要对其进行保护，至少是暂时的保护
战略性保护论	一国要建立起自己有比较优势的战略性行业，才能进入世界市场进行竞争，因此应为了建立国内有竞争力的行业而进行贸易保护

续表

理 论	中心观点
不公平竞争论	发达国家在世界市场上具有垄断地位,此外,国际经济秩序总体上有利于发达国家,因此,发展中国家用限制性贸易政策保护自己的国内市场是天经地义的
作为讨价还价筹码的保护论	各国在国际贸易中会就开放市场、降低关税等问题进行谈判,为了在谈判中有讨价还价的余地,需要对一些部门实行保护

总之,这些理论都说明了贸易保护政策的有利性与合理性,这正是贸易保护主义经常抬头,国际贸易纷争与贸易战从未停止过的原因。

四、国际贸易政策

国际贸易政策是指世界各国或地区之间进行商品交换活动时所制定和采取的一系列政策、措施。从单一国家或地区的角度出发,国际贸易政策就是该国或地区的对外贸易政策,是该国或地区从事对外贸易活动时应遵循的总体指导方针和原则。

(一)国际贸易政策工具

国际贸易政策工具可以分为鼓励贸易工具和限制贸易工具两类,如图12-1-2所示。

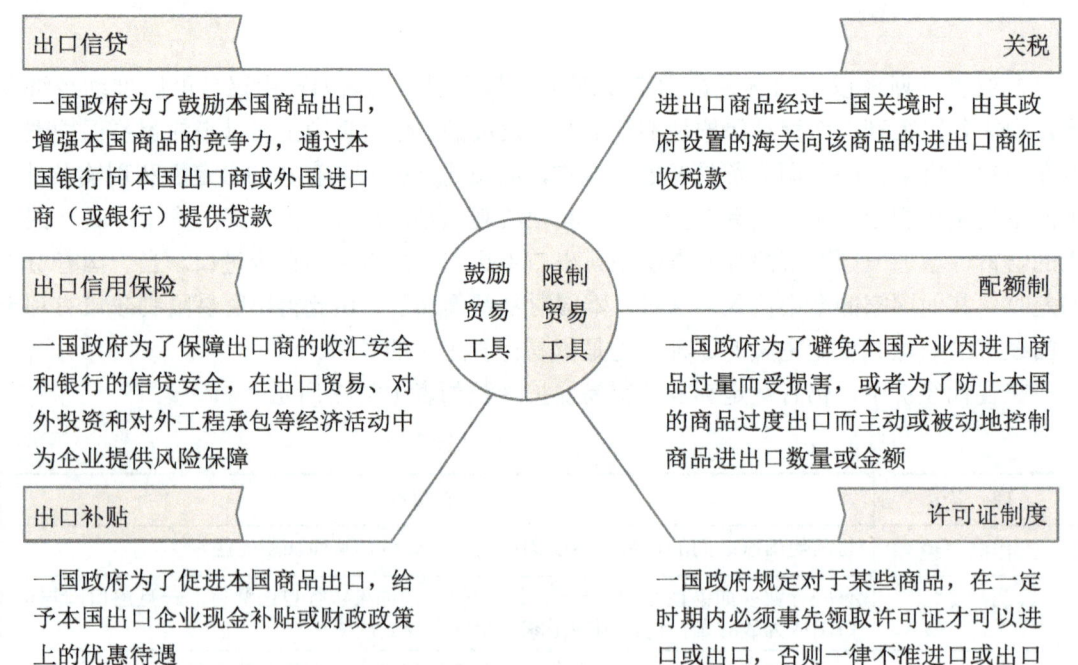

图12-1-2 国际贸易政策工具

(二)国际贸易政策的作用

国际贸易政策不仅能影响一国的对外贸易,而且能够影响该国国内的产业结构,甚至可以成为一国的外交手段。

1. 扩大本国出口市场

各国通过制定相应的国际贸易政策和措施，改善本国出口商的经营环境，降低本国出口商的经营成本，甚至鼓励外国进口商增加进口，从而使本国的出口市场不断扩大。

2. 保护本国国内市场

各国通过制定相应的国际贸易政策和措施，限制外国商品和服务的进口，使本国商品和服务免受国外商品和服务的冲击，从而为本国企业创造更宽松的发展空间。

3. 促进国内产业结构调整

各国为国内大力发展的产业制定相应的支持性的政策，同时限制外国同类商品和服务的进口，以使该产业能够快速发展壮大。而对本国的其他产业，尤其是希望淘汰的产业，则无须进行支持或保护。通过利用这种政策性的引导和国际市场的优胜劣汰规律，各国能有效地促进本国产业结构进行不断调整。

4. 维护和发展本国的对外经济政治关系

国际贸易政策可以成为一个国家外交谈判的筹码。各国可以通过给予对方贸易优惠的进口政策，增进两国之间的合作关系。各国在遭受其他国家不公正对待的时候，国际贸易政策也可以成为有力的反击手段。

（三）国际贸易政策制定的多元影响因素

国际贸易政策属于上层建筑，它既反映了经济基础和当权阶级的利益与要求，同时又维护和促进了经济的发展。各国在制定国际贸易政策的过程中，主要受以下因素影响。

（1）本国的经济结构与比较优势。

（2）本国商品在国际市场上的竞争能力。

（3）本国与他国经济、投资的合作情况。

（4）本国物价、就业状况。

（5）本国与他国的政治、外交关系。

（6）本国在世界经济、贸易组织中享受的权利与应尽的义务。

（7）各国政府和领导人的经济思想与贸易理论。

经济指南

《"十四五"对外贸易高质量发展规划》提出，"十四五"时期我国将努力实现贸易综合实力进一步增强、协调创新水平进一步提高、畅通循环能力进一步提升、贸易开放合作进一步深化、贸易安全体系进一步完善的目标。

通过扫描二维码和查阅相关资料，详细了解《"十四五"对外贸易高质量发展规划》，同时感受我国在对外贸易中为世界做出的贡献，树立民族自信和爱国情怀。

《"十四五"对外贸易高质量发展规划》

班级_____ 姓名_____ 学号_____

任务检测

一、单选题

1. 根据要素禀赋理论，国际贸易能够给各国带来的好处不包括（　　）。
   A. 资源配置在世界范围内实现最优
   B. 商品价格的均等化
   C. 失业率下降
   D. 生产要素价格的均等化

2. 贸易逆差是指一个国家或地区（　　）。
   A. 本年度进口额高于上年度进口额　　B. 出口总额小于进口总额
   C. 进口总额小于出口总额　　　　　　D. 外汇流入大于外汇流出

3. 假定国家 X 和 Y 都生产商品 A 和 B，下列选项中，X 国生产商品 A 有比较优势的是（　　）。
   A. 生产 1 单位商品 A 所放弃的商品 B 比 Y 国少
   B. 生产 1 单位商品 A 所需要的劳动投入比 Y 国少
   C. 生产 1 单位商品 A 所需要的资本投入比 Y 国少
   D. 生产 1 单位商品 A 所需要的所有投入比 Y 国少

4. 亚当·斯密和大卫·李嘉图认为国际贸易产生的原因和基础是（　　）。
   A. 各国间商品价格不同
   B. 各国生产要素禀赋不同
   C. 各国生产各种商品的劳动生产率不同
   D. 各国间要素价格不同

5. 假设生产服装的资本劳动比为 1/5，生产计算机的资本劳动比为 3/1。下列选项中，说法正确的是（　　）。
   A. 服装和计算机均为劳动密集型商品
   B. 服装是劳动密集型商品，计算机是资本密集型商品
   C. 服装和计算机均为资本密集型商品
   D. 服装是资本密集型商品，计算机是劳动密集型商品

二、多选题

6. 下列属于国际服务贸易的有（　　）。
   A. 出国留学　　　　　　　　　　　　B. 出国旅游
   C. 出国购物　　　　　　　　　　　　D. 出国看病

班级_____　　姓名_____　　学号_____

7. 下列选项中，属于促进国际贸易的国际贸易政策工具的有（　　）。
   A．出口信贷　　　　　　　　　B．出口信用保险
   C．出口配额　　　　　　　　　D．出口补贴

8. 关于幼稚产业保护论，下列说法正确的有（　　）。
   A．一国政府应该保护具有发展潜力的产业
   B．一国政府应该保护暂时缺乏发展要素的产业
   C．一国政府应该保护小产业
   D．一国政府选定了一个产业，应该永远保护下去

三、简答题

9. 简述要素禀赋理论的内容。

10. 限制国际贸易的国际贸易政策工具有哪些？它们是如何限制的？

班级_____　　　姓名_____　　　学号_____

任务二　认识汇率理论和国际收支

任务工单 ▶▶▶

（一）任务描述

有这样一个关于汇率的趣味故事。在美国和墨西哥的边界，一个游客在边界一边的墨西哥小镇上用 0.1 比索买了一杯果汁，他付了 1 比索，找回 0.9 比索。过了一段时间，他到边界另一边的美国小镇上，发现美元和比索的汇率是 1 美元对 0.9 比索。于是他用剩下的 0.9 比索换了 1 美元，用 0.1 美元买了一杯果汁，找回 0.9 美元。又过了一段时间，他回到墨西哥的小镇上，发现比索和美元的汇率是 1 比索对 0.9 美元。于是，他把 0.9 美元换成 1 比索，又买了果汁喝。就这样，他在两个小镇上喝来喝去，总还是有 1 美元或 1 比索。换言之，他喝到了免费的果汁。那到底是谁在为他的果汁买单呢？

以小组为单位，探讨汇率变动对我国经济贸易的影响。

（二）任务分工

全班学生以 3～5 人为一组进行分组，每组设组长 1 名，小组讨论任务分工并将分工情况填写至表 12-2-1 中。

表 12-2-1　小组成员及分工情况

小组成员	姓　名	学　号	任务分工
组长			
组员			

（三）任务准备

请各组长组织组员进行预习，收集和整理相关资料，讨论并用通俗易懂的语言结合具体事例回答下列问题。

（1）什么是汇率？

（2）什么是固定汇率制度？什么是浮动汇率制度？

班级_____   姓名_____   学号_____

(3) 什么是国际收支失衡?

(四) 任务实施

通过课堂学习、小组合作查阅资料等,完成表 12-2-2。

表 12-2-2　汇率变动对我国经济贸易的影响

问　题	答　案
人民币贬值会对我国经济贸易产生哪些影响?	
人民币升值会对我国经济贸易产生哪些影响?	

(五) 任务评价

各组派代表展示任务实施成果,并配合指导老师完成表 12-2-3 所示的任务评价。

表 12-2-3　任务评价

评价项目	评价内容	分　值	评价分数		
			自　评	组　评	师　评
职业素养考核目标(40%)	考勤、仪容仪表	10 分			
	责任意识、纪律意识	10 分			
	团队合作与交流	20 分			
专业能力考核目标(60%)	任务准备过程讨论及记录的完成度	20 分			
	任务实施过程记录的完成度	20 分			
	任务实施成果的展示效果	20 分			
	合计	100 分			
综合评价	综合分数_____(自评×25%+组评×25%+师评×50%) 综合等级_____ 综合评语:				

指导老师签字_____

一、汇率理论

（一）外汇和汇率的概念

在各国经济往来中，汇率是十分重要的，因此，要了解开放经济，就必须了解一些外汇和汇率的基本知识。

外汇是外币资金的总称，是指以外币表示的用于国际结算的支付手段以及可用于国际支付手段的特殊债券和其他货币资金。

汇率又称"外汇利率""外汇汇率"或"外汇行市"，是指一国货币与另一国货币的比率或比价，或者说是用一国货币表示的另一国货币的价格。它是由于国际结算中本币与外币折合兑换的需要而产生的。在现行的货币制度下，汇率以两国货币实际所代表的价值量为依据。

> 现在的外汇市场一般用直接标价法，我国采用的也是直接标价法。

（二）汇率标价方法

汇率有直接标价法和间接标价法两种标价方法，具体如表 12-2-4 所示。

表 12-2-4 直接标价法和间接标价法

汇率标价方法	概念	举例
直接标价法	是指以一定单位的外国货币为标准，将其折算成若干单位的本国货币来表示的标价方法	某日中国银行人民币牌价为 1 美元对人民币 6.133 1 元，这就是直接标价法下的汇率
间接标价法	是指以一定单位的本国货币为标准，将其折算成若干单位的外国货币来表示的标价方法	在美国外汇市场上，1 美元对 0.755 9 欧元就是间接标价法下的汇率

（三）汇率的决定

有关汇率决定的理论很多，例如，用国际资金供求关系解释汇率决定的国际借贷理论；用人们对外汇主观心理评价解释汇率决定的汇兑心理理论等。但到目前为止，最有影响的还是购买力平价理论。

购买力平价理论（也称"购买力平价说"）是 20 世纪初由瑞典经济学家卡塞尔提出的。该理论认为，人们对外国货币的需求是由于用它可以购买外国的商品和劳务，外国人需要本国货币也是因为用它可以购买国内的商品和劳务。因此，本国货币与外国货币相交换，就等于本国与外国购买力的交换。所以，两国货币购买力之比就是决定汇率的首要的、最基本的依据，汇率的变化也是由购买力之比的变化而决定的，即汇率的涨落是货币购买力变化的结果。

从表现形式上来看，购买力平价理论有两种定义，即绝对购买力平价理论和相对购买力平价理论。绝对购买力平价理论认为,一国货币的价值及对它的需求是由单位货币在国内所能买到的商品和劳务的数量决定的,即由它的购买力决定的,因此两国货币之间的汇率可以表示为两国货币的购买力之比。相对购买力平价理论认为,汇率变动的主要因素是不同国家之间货币购买力或物价的相对变化,同汇率处于均衡的时期相比,当两国购买力比率发生变化时,两国货币之间的汇率就必须调整。

汇率作为外汇的价格还取决于外汇的供求关系。汇率的变动实际上反映了一国的国际收支与经济状况,受多种因素(如国际收支状况、通货膨胀率、利率、经济增长率、财政赤字、外汇储备等)影响。

视野拓展

> 与汇率密切相关的还有两个基本概念,即汇率升值与汇率贬值。
>
> 汇率升值是指用本国货币表示的外国货币的价格下跌了。例如,如果美元与人民币的汇率由1美元对人民币7元下降为1美元对人民币6元,则对中国来说是汇率升值,因为用人民币表示的美元价格下跌了,意味着人民币升值了。
>
> 汇率贬值是指用本国货币表示的外国货币的价格上升了。例如,如果美元与人民币的汇率由1美元对人民币6元上升为1美元对人民币7元,则对中国来说是汇率贬值,因为用人民币表示的美元价格上升了,意味着人民币贬值了。

(四)汇率制度

1. 固定汇率制度

固定汇率制度是货币当局把本国货币对其他货币的汇率加以基本固定,波动幅度限制在一定的、很小的范围之内的汇率制度。在这种制度下,中央银行固定了汇率,并按这一水平进行外汇的买卖。中央银行必须为任何国际收支盈余或赤字按官方汇率提供外汇。有盈余时购入外汇,有赤字时售出外汇,以维持固定的汇率。

实行固定汇率有利于一国经济的稳定,也有利于维护国际金融体系与国际经济交往的稳定,减少国际贸易与国际投资的风险。但是,实行固定汇率要求一国的中央银行有足够的外汇或黄金储备。如果不具备这一条件,则很容易出现外汇黑市,黑市的汇率要远远高于官方汇率,这样反而不利于经济发展与外汇管理。

2. 浮动汇率制度

浮动汇率制度是相对于固定汇率制度而言的,是指汇率完全由市场的供求决定,政府不加任何干预的汇率制度。浮动汇率制度又分为自由浮动与管理浮动。自由浮动又称"清洁浮动",是指中央银行对外汇市场不采取任何干预措施,汇率完全由市场力量自发决定。管理浮动又称"肮脏浮动",是指实行浮动汇率制度的国家,其中央银行为了控制或减缓市场汇率的波动,对外汇市场进行各种形式的干预,主要是根据外汇市场的情况售出或购入外汇,以通过对外汇供求的影响来影响汇率。

实行浮动汇率有利于通过汇率的波动来调节经济,也有利于促进国际贸易,尤其是在中央银行的外汇与黄金储备不足以维持固定汇率的情况下,实行浮动汇率对经济较为有利,同时也能取缔非法的外汇黑市交易。但浮动汇率不利于国内经济和国际经济关系的稳定,会加剧经济波动。

> **经济指南**
>
> 我国按照对外经济发展的实际情况,选择若干种主要货币,赋予相应的权重,组成一个货币篮子,在此基础上测算人民币多边汇率水平的变化,实行以市场供求为基础、参考一篮子货币进行调节、有管理的浮动汇率制度。这种制度依据市场供求关系形成了有管理的浮动汇率,既联系了多种货币,又保留了货币当局对调节汇率的主动权和控制力。

(五)汇率变动的影响

汇率变动对一国经济的影响主要体现在国际贸易方面。一般而言,当一国货币对外贬值时,可以相对降低该国出口商品的价格,提高该国出口商品在国际市场上的竞争能力,从而刺激该国扩大出口,增加外汇收入。同时,进口商品价格会相对提高,从而对进口商品的需求减少,外汇支出因此减少。当一国货币对外升值时,情况恰好相反。也就是说,当一国货币对外贬值时,会通过增加出口收入、减少进口支出来改善贸易收支状况。

外汇波动引发墨西哥金融危机

二、国际收支

(一)国际收支的概念

在开放经济中,各国之间的经济交往必然引起国际间的支付,因此,与开放经济密切相关的一个十分重要的问题便是国际收支。国际收支是指一国在一定时期(通常是一年)内,对外国的全部经济交易所引起的货币收支总额。

(二)国际收支平衡表

1. 国际收支平衡表的概念

国际收支平衡表是一国在一年中全部对外经济交易用复式簿记原理进行系统记录的报表。一国的国际收支集中反映在国际收支平衡表中,因此它是分析和判断一国国际收支均衡与否的主要依据。

2. 编制国际收支平衡表的原则

编制国际收支平衡表有以下三项基本原则。

国际收支平衡表

(1)只有国内外经济单位间的经济交易才计入国际收支,其中包括居民、企业与政府。区分国内与国外的概念十分重要。例如,一家企业在国内的部分属于国内,而在外国的子公司被视为国外。

（2）要区分借方和贷方两类不同的交易。借方是国内单位付给国外单位的全部交易项目，是一国资产的减少或负债的增加；贷方是国外单位付给国内单位的全部交易项目，是一国资产的增加或负债的减少。在国际收支平衡表上，最后借方与贷方总是平衡的。

（3）国际收支平衡表是复式簿记。国际收支中每一笔单独交易的记录，都分别记在两个金额相等但方向相反的借贷科目下，以此反映每笔交易的流入与流出。

3. 国际收支平衡表的内容

国际收支平衡表所包含的内容很多，由于编制要求不同，所以各国的国际收支平衡表所含内容也不完全相同。目前，国际货币基金组织根据不同账户提供和获得经济资源的性质，将国际收支平衡表分为经常账户、资本和金融账户、净误差与遗漏账户三大部分，如表 12-2-5 所示。

表 12-2-5 国际收支平衡表

账　户	概　念	包含项目
经常账户	显示的是居民与非居民之间货物和服务、初次收入、二次收入的流量	货物和服务、初次收入、二次收入
资本和金融账户	反映资本在居民与非居民之间的转移	资本账户：资本转移、非生产/非金融资产交易 金融账户：直接投资、证券投资和其他投资项目
净误差与遗漏账户	是一种人为设置的抵销账户，用来抵销编表时出现的净的借方或贷方余额	—

（三）国际收支失衡

1. 国际收支失衡的原因与影响

国际收支平衡表原则上借方和贷方的总额是相等的，差额为零。但在实际中，我们又常常遇到国际收支失衡的情况。那么，到底什么是国际收支失衡呢？

理论上一般把国际经济交易分为性质不同的两种类型。一类是自主性交易（也称"事前交易"），即经济主体为了追逐利润、履行义务或出于其他考虑而主动进行的交易。例如，商品和劳务的买卖、收益的转移、无偿转让，各种形式的对外直接投资、证券投资等都属于这类交易。它是由经济主体积极主动地进行的，不以收支平衡为目的或出发点，因此所产生的货币收支不能恰好相等，不是借方大于贷方，就是贷方大于借方。另一类是调节性交易（也称"事后交易"），即那些并非出于自身需要，仅是为了平衡自主性交易出现的缺口或差额而进行的交易。例如，官方短期借贷、官方储备资产增减等便属于这类交易。

如果自主性交易的收入大于支出，则称其为国际收支顺差（或盈余），意味着外汇储备上升，易导致国内货币投放量增加，物价上涨，通货膨胀加重；如果自主性交易的支出大于收入，则称其为国际收支逆差（或赤字），意味着国内对外汇的需求超过供给，本国货币面临贬值的压力。一般来说，国际收支偏离平衡的程度越大，持续时间越长，带来的不利影响也越大，国际收支逆差产生的后果也更加严重，轻则导致国内经济萎缩、失业率上升、人民生活水平下降，重则导致国家外汇储备枯竭、国家支付危机及社会不稳定等。

2. 国际收支失衡的自动调节机制

当一国出现国际收支逆差时，外汇市场中对外汇的需求将超过外汇供给，外汇汇率上升，本币贬值，进而引起本国商品的相对价格下降，外国商品的相对价格上升，导致本国的出口扩张和进口减少，国际收支改善。当该国出现国际收支顺差时，又会引起外汇汇率下降，本币升值，进口增加，出口减少，国际收支恶化，如图 12-2-1 所示。

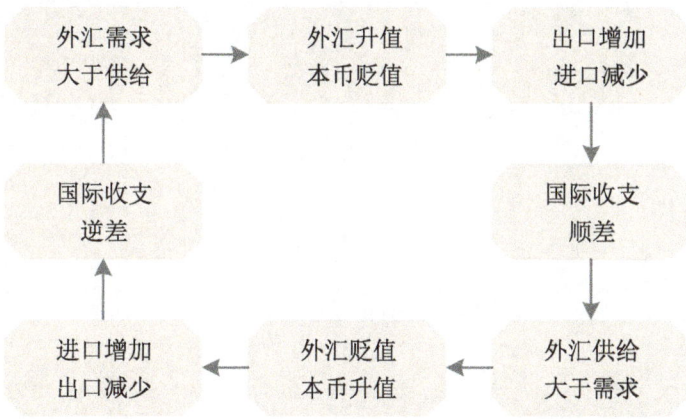

图 12-2-1　国际收支失衡的自动调节机制

必须注意的是，上述机制的条件是实行浮动汇率制度。对实行浮动汇率制度的国家来说，仅仅通过外汇市场的供求变化引起汇率变动就能实现对外经济平衡，这就减少了对国内经济的干扰，更有利于经济的平稳运行。然而对于实行固定汇率制度的国家来说，国际收支失衡的自动调节机制是通过影响一国的货币供给、物价水平、市场利率等经济指标而发生作用的，因此其对外失衡的调节在很大程度上是通过影响国内经济目标的平衡而实现的，甚至有时是通过牺牲国内经济平衡而实现对外国际收支平衡。

班级_____　　姓名_____　　学号_____

任务检测

一、单选题

1. 对于人民币和美元来说，如果人民币的汇率上升，则美元的汇率将（　　）。
   A. 上升　　　　　　　　　　　　B. 下降
   C. 不变　　　　　　　　　　　　D. 不确定

2. 下列选项中，属于国际收支平衡表中经常账户的是（　　）。
   A. 资本性转移　　　　　　　　　B. 间接投资
   C. 服务　　　　　　　　　　　　D. 证券投资

3. 下列选项中，属于国际收支平衡表中资本和金融账户的是（　　）。
   A. 货物　　　　　　　　　　　　B. 服务
   C. 收入　　　　　　　　　　　　D. 证券投资

4. 在固定汇率制度下，一国货币对他国货币的汇率（　　）。
   A. 绝对固定
   B. 基本固定，在一定范围内波动
   C. 由外汇市场的供求关系决定
   D. 由外汇市场和中央银行共同决定

5. 小李按1美元对人民币8元的汇率换了1 000美元，两年后美元兑换人民币的汇率跌了20%，他又将美元重新换成人民币，在不考虑通货膨胀率等其他因素的条件下，小李（　　）。
   A. 损失人民币1 600元　　　　　B. 损失1 600美元
   C. 获利人民币1 600元　　　　　D. 获利1 600美元

二、多选题

6. 在其他条件不变的情况下，本币价格下降则（　　）。
   A. 本国出口增加　　　　　　　　B. 本国出口减少
   C. 本国进口增加　　　　　　　　D. 本国进口减少

7. 下列选项中，可以列入我国的国际收支的有（　　）。
   A. 世界银行向我国提供的贷款
   B. 到我国旅游的外国游客在我国的花销
   C. 我国驻美国大使馆工作人员在美国的开销
   D. 在我国工作2年的外国专家在我国的开支

班级_____ 姓名_____ 学号_____

三、简答题

8. 简述固定汇率制度和浮动汇率制度。

班级_____ 姓名_____ 学号_____

项目实训——探讨人民币汇率变动对我国宏观经济和人们日常生活的影响

一、实训目标

培养学生对汇率问题的分析能力，提高其对国际金融现象的关注度，同时能将国际金融与国际贸易联系起来。

二、实训内容和要求

1. 准备工作

将学生分为偶数个小组（每组不少于 4 个人），两两配对，选择关于问题"人民币升值好还是贬值好？"的正反方。

2. 小组讨论

小组搜集关于人民币升值或贬值的最新报道，从多方面讨论人民币汇率变动对我国宏观经济和人们日常生活的影响，准备有利于本方的论点。

3. 辩论比赛

组织开展辩论赛，辩论结束后其他小组成员可进行评价、提问，或者针对辩论内容发表自己的观点。本组成员可针对提问进行答辩。最后由教师和其他小组成员投票决定获胜方。

4. 考核

每个小组整理并提交辩论稿，学生和教师根据学生的课堂表现、提交的辩论稿、辩论赛情况在表 12-3-1 中进行评估打分，综合评定本项目的成绩。

表 12-3-1 项目考核表

考核内容	分值	考核分数		
		自评	组评	师评
日常考勤和课堂纪律	10 分			
学习态度和课堂参与	10 分			
完成任务检测并保证题目的正确率	50 分			
参与项目实训并积极完成各项任务	30 分			
合计	100 分			
综合评价	综合分数_____（自评×25%+组评×25%+师评×50%） 综合等级_____ 综合评语：			

指导老师签字_____